DE LA COMMUNE

A L'ANARCHIE

A LA MÊME LIBRAIRIE:

LA CONQUÊTE DU PAIN, par *Pierre Kropotkine*. Un volume in-18, avec préface par *Elisée Reclus*, 4e édition. Prix 3 50

ANARCHISTES, mœurs du jour, par *John-Henry Mackay*, traduction de *Louis de Hessem*. Un volume in-18. Prix . . . 3 50

LA SOCIÉTÉ MOURANTE ET L'ANARCHIE, par *Jean Grave*. Un volume in-18, avec préface par *Octave Mirbeau*. Prix 3 50

CHARLES MALATO

DE LA COMMUNE

A

L'ANARCHIE

DEUXIÈME ÉDITION

PARIS

P. V. STOCK, ÉDITEUR

LIBRAIRIE TRESSE & STOCK

8, 9, 10   1, GALERIE DU THÉATRE-FRANÇAIS

PALAIS-ROYAL

1894

Il a été tiré à part de cet ouvrage, sur papier de Hollande, dix exemplaires numérotés à la Presse.

ERRATA :

Page 14, 22ᵉ ligne, lire : « immanente », au lieu de « imminente ».

— 19, 11ᵉ   »   — « souleur »   —   « douleur ».

— 177, 8ᵉ   »   — « Touho »,   —   « Toucho ».

— 188, dernière ligne, lire: « pussions », au lieu de « puissions »

— 212, 21ᵉ ligne,   — « Mamari »,   —   « Manari ».

— 224, 27ᵉ   »   — « découvert », — « découverte ».

— 231, 9ᵉ   »   — « me dit-il plus tard lorsque je le vis ».

— 251, 12ᵉ   »   — « fini », au lieu de « finit ».

— 256, 23ᵉ   »   — « formuler des », au lieu de « formuler ces ».

— 264, 22ᵉ   »   — « nous nous-mêmes », au lieu de « nous-mêmes ».

— 266, 29ᵉ   »   — « contre elles les », au lieu de « contre les ».

— 271, 24ᵉ   »   — « chauvin » au lieu de « chanoine ».

LA COMMUNE A L'ANARCHIE

CHAPITRE Ier.

A BORD DU « VAR ».

Les idées vont vite à notre époque : pour qui se reporte à quelque vingt ans en arrière, au lendemain de la guerre et de la Commune, la transformation dans les goûts, dans les opinions, dans les mœurs est grande, troublante même pour les timides. On s'essayait à balbutier le mot république, sans, du reste, rien entrevoir derrière, et voici qu'après la république, enlisée dans l'ornière bourgeoise, et le socialisme, émasculé par ses propres chefs, l'anarchie, à son tour, entre en scène, non seulement dans le domaine spéculatif, mais dans celui des faits. Les vieux jacobins, admirateurs minuscules des « géants de la Convention », sont descendus dans leur tombe ; les fougueux démocrates d'antan ont pris du ventre et de la sagesse ; les débris de la Commune, après avoir étonné le monde de leur courage et de leur foi, ne surprennent plus que par la petitesse ou le vide de leurs conceptions : pauvres astres, jadis rutilants, aujourd'hui éteints ! Ils n'ont cependant pas plus que d'autres, trahi ou renoncé à ce qui fut leur idéal et qu'ils défendirent : seulement, le monde a marché.

1

Je me rappelle les déportés de *la Nouvelle*, auxquels s'attachait une légende terrible et qui représentaient alors par excellence l'élément énergique et avancé du prolétariat. Ils avaient été acteurs dans une lutte impitoyable, signalée par les exécutions et les incendies ; ils avaient défendu stoïquement leur drapeau rouge et, en général, se tenaient fermes dans l'exil, quelques-uns mettant même leur âme dans une évocation émue à la « république immortelle » ou au « grand Paris révolutionnaire ». Puis, ils se sont endormis là dessus et vingt années d'évolution psychologique et sociale leur ont échappé. Désorientés, inconscients de ce monde nouveau, à l'éclosion duquel ils ont contribué, mais qui a grandi sans eux, ils ne savent plus, pour le grand nombre, que lancer l'anathème à leurs successeurs, les anarchistes d'aujourd'hui, qui, eux, les traitent de fossiles.

Ces pages seront un aperçu de cette évolution, non moins que le récit d'anecdotes survenues un peu partout et qui auront, à défaut d'autre, le mérite d'être authentiques. Que le lecteur excuse la forme personnelle du récit : si le *moi* devient haïssable lorsqu'il est absorbant et veut tout primer, par contre, il est souvent un gage de sincérité. Puisqu'il faut mettre en scène des personnages, pourquoi ne pas donner la préférence à ceux qui existent réellement ? Et quels sentiments, quelles passions, quelles luttes morales, quels combats d'idées peut-on mieux analyser et décrire que ceux qu'on a soi-même ressentis ?

Le premier mars 1875, je quittai Brest à bord de la frégate *le Var*, en partance pour la *Nouvelle Calédonie*.

Dans cette arche de Noé, que conduisait avec une circonspection exagérée le baron Testu de Balincourt, il y avait tous les échantillons d'animaux à deux pattes : déportés politiques, forçats, — on en prit, le lendemain, trois cents à l'île d'Aix, — fantassins de marine, artilleurs, gendarmes, surveillants militaires, fonctionnaires grands, moyens et petits, émigrants libres, familles allant rejoindre leur chef. De l'arrière, où trônaient le commandant et son état-major, aux cages des prisonniers, en passant par le *vulgum pecus*, dont j'étais, parqué dans la batterie basse, ce navire offrait bien l'image de notre société hiérarchique et autoritaire !

Mon père, condamné à la déportation simple, faisait partie des vingt-cinq communards enfermés dans un compartiment grillé de l'entrepont sous la surveillance peu bénigne de quatre ou cinq gendarmes. Ma mère qui l'accompagnait comme moi au lieu d'exil, partageait, dans la batterie basse, le domicile commun des voyageurs libres : la nuit, une toile pudiquement baissée séparait les hamacs féminins des hamacs masculins et un factionnaire, rigide comme un eunuque dans l'observation de sa consigne, veillait à la répression des ardeurs coupables.

J'avais dix-sept ans, beaucoup d'imagination et de sensibilité naïve, énormément de timidité, — et il m'en est resté pas mal, — par contre, nulle crainte des dangers. C'est une anomalie qu'on rencontre fréquemment chez les victimes d'une trop bonne éducation bourgeoise. Mon père, bien que foncièrement révolutionnaire de tempérament et même d'esprit, a toujours conservé les mœurs de son aristocratique famille, et ma mère, élevée également dans un milieu des moins plébéiens, s'en ressentait malgré une grande largeur de pensée et de sentiment. Ayant perdu deux enfants en bas âge, ils avaient

reporté sur moi toute leur affection, m'entourant de
soins excessifs. C'est au point que, à un âge où d'autres
adolescents jouent déjà au petit crevé, je ne sortais jamais seul dans la rue et tournais un quart d'heure la
langue dans ma bouche avant d'oser m'adresser directement à qui que ce fût. La lecture des épopées classiques
puis des merveilleux romans de chevalerie, enfin de Jules
Verne et du capitaine Mayne-Reid, m'avait enflammé
de bonne heure ; je m'étais rêvé bien des fois combattant
le grizzly ou le congouar; pendant le siège et la Commune, je brûlais de faire le coup de feu et avais, à cet
effet, harcelé mes parents de mes insistances réitérées,
mais je serais mort de honte plutôt que de laisser échapper la moindre expression risquée. « Fi donc, Charles !
« tu parles comme un homme du peuple ! » m'aurait
dit ma bonı ˮ grand'mère.

Comment, avec ces timidités, imputables surtout au
milieu et à l'éducation, ai-je pu rompre plus tard en vi-
sière avec tout ce qui est lois, usages, conventions, et
devenir un de ces farouches anarchistes qui se proposent très sincèrement de retourner la société comme
une omelette? Il a fallu pour amener pareille transformation, que le dégoût de cette société fût bien fort et la
supériorité des idées perturbatrices bien manifeste.

Cependant, quelque éloigné de Ravachol que je fusse
alors, j'avais déjà, peu avant l'époque où commence ce
récit, commis mon acte individuel.

Mon père, poursuivi beaucoup plus pour son passé
révolutionnaire en Italie que pour le rôle assez modeste
quoique ferme, qu'il joua pendant la Commune, n'avait
été l'objet, au début, que d'un simple arrêté d'expulsion
Au lieu de s'y conformer, il déménagea, pour la sixième

ou septième fois depuis l'entrée des Versaillais, et demeura à Paris, où l'attachaient ses affaires commerciales, florissantes alors. Mais, un an plus tard, l'avénement au pouvoir du maréchal Mac-Mahon, servi par un ministère de combat, amena une recrudescence de réaction ; les dossiers d'un grand nombre de communards ayant été révisés, mon père fut condamné par contumace à la déportation dans une enceinte fortifiée et, sans l'avis officieux d'un ami, son arrestation eût été opérée.

Il put s'enfuir, mais, à ce moment, on n'y allait point par quatre chemins. Pour forcer le contumax à se présenter, on arrêta ma mère et mit l'embargo sur tout ce que nous possédions. Mon père, menacé d'être traité, non en adversaire politique, mais en banqueroutier, revint effectivement et fut appréhendé, sans que pour cela, on relâchât la prisonnière. Et des mois s'écoulaient !

J'exécutai alors une tentative qui paraîtra bien romantique aux graves personnes habituées à juger sainement les choses.

Le vent était alors au bonapartisme : on prévoyait si bien un pronunciamento en faveur de la dynastie déchue que, sans plus tarder, les républicains avancés, Gambetta en tête, commençaient d'ores et déjà, principalement dans la région lyonnaise, l'organisation clandestine des fameux « comités de résistance ». Quelque jeune que je fusse, je savais bien des choses, et en sentais d'intuition beaucoup d'autres : je rédigeai à la main une vingtaine de proclamations, les fourrai dans une serviette de toile cirée et attendis l'heure des ténèbres.

Ces brûlots n'étaient nullement anarchistes, comme d'autres que je devais élaborer par la suite, pas davantage socialistes, — j'ignorais tout du socialisme, — ni

même républicains, — bien que la république me parût
l'idéal absolu et infranchissable. Tablant sur l'état d'esprit et de choses, j'avais écrit des proclamations bona-
partistes, informant en substance le peuple de Paris, que
le régime auquel étaient dues vingt années de prospérité
— quel cynisme! — opérait sa résurrection, tout comme
le phénix mythique, et ressaisissait le pouvoir.

« Que le grand parti des honnêtes gens se rallie autour
» de nous ! » avais-je conclu, ou à peu près, en signant
sans hésitation : « Le comité impérialiste ».

Toutefois, par un singulier scrupule, que je n'aurais
certes plus maintenant, j'avais, pour figurer les noms
des membres de cet imaginaire comité, tronçonné mon
propre nom de la façon suivante : Char, Lesamand,
Antoi, Nemal, Ato, Decorné, (au lieu de Charles, Amand,
Antoine Malato de Corné).

Mon plan était de placarder nuitamment ces affiches
dans quelques quartiers populeux, de façon à exciter, le
matin suivant, l'émotion des ouvriers républicains qui
les liraient en allant à leur travail et, naturellement, s'at-
trouperaient pour les commenter. Je serais sur l'un de
ces points et, semant des bruits de toutes sortes, mettant à profit les infaillibles brutalités de la police, qui ne
manquerait pas de charger nos rassemblements, peut-
être, arriverai-je à déterminer un coup d'emballement
populaire ! La liberté des communards prisonniers, en
général, et de mes parents, en particulier, pourrait en
sortir et qui sait quoi encore !

Tout hasardé que puisse sembler ce projet, comme il
ne compromettait que moi, je l'exécutai. Sans m'être
confié à âme qui vive, je me dirigeai à la brune vers la
place de la Bastille, achetai deux sous de colle à bouché

chez le dernier marchand encore ouvert, et, peu après, commençai mon travail d'affichage. Le faubourg Saint-Antoine, Charonne, Belleville, quartiers les plus révolutionnaires, reçurent les premiers manifestes; puis, traversant le canal Saint-Martin, je m'orientai vers la hideuse masure de Saint-Lazare, où était détenue ma mère; mais, avant d'y arriver, mon odyssée prit fin. Deux gardiens de la paix m'aperçurent en train d'afficher, me signalèrent et, rue d'Alsace, je me trouvai pris, comme dans un traquenard entre des agents, débouchant sur mes derrières et ma droite, le parapet du chemin de fer de l'Est et le poste de police. Je fûs arrêté, mais ne perdis point mon sang-froid et jouai la folie, déclarant au brigadier ahuri que j'étais l'auguste rejeton de Napoléon III, fraîchement débarqué d'Angleterre avec le docteur Coneau pour faire le bonheur du peuple français. Cette prétention n'empêcha pas qu'après quelques étapes, dont je fais grâce au lecteur, l'on me dirigeât sur le Dépôt où je séjournai une dizaine de jours au *commun* puis, ayant eu la prudence de recouvrer progressivement la raison, je fûs rendu au pavé de Paris. Ceux qui avaient disposé si arbitrairement de la liberté et de la fortune de mes parents, hésitèrent sans doute à poursuivre rigoureusement un adolescent : j'avais accompli ma dix-septième année pendant cette première captivité, qui ne devait pas être la seule.

La peine, prononcée par contumace contre mon père, avait été, par jugement contradictoire, commuée en celle de la déportation simple. C'était presque la liberté.... à l'autre bout du monde : ma mère et moi, enfin réunis, disions sans regret adieu à la terre natale où nous laissions : elle sa bourgeoise famille, moi mes rêves d'avenir.

Par contre, j'emportai, ancré dans mon cœur, le désir de la revanche, revanche qui s'étendant plus tard des hommes aux institutions, les grandes coupables, devait faire de moi un adepte de la révolution sociale.

Il était bien curieux pour un jeune homme ignorant tout de la vie, ce troupeau humain entassé à bord du *Var*. L'équipage, en presque totalité, était breton, doué de sympathies médiocres à l'égard des « Parisiens, » qui le lui rendaient. Sauvages et fanatiques, terribles instruments aux mains de la réaction, les compatriotes du pieux Trochu avaient, sans hésitation, tiré sur le peuple pendant le premier siège, puis s'étaient signalés dans l'hécatombe de Mai. Pour ces primitifs, en général honnêtes et courageux, mais par cela même, d'autant plus redoutables dans leur aveuglement, tout ce qui venait de la ville rebelle était ennemi ou, au moins, suspect. Habitués au sarrazin de leur pays, ils s'indignaient que des passagers, qualifiés, pour la plupart d'*indigents*, montrassent quelque répugnance devant l'exécrable ordinaire du bord.

Lorsque, six ans plus tard, de retour à Brest, il me fut donné de connaître la population ouvrière, je ressentis une impression toute différente. Il y a beaucoup à attendre, pour les futurs mouvements sociaux, de cet élément armoricain, jeune, enthousiaste et tenace.

Passagers libres, détenus, soldats, marins, se trouvent divisés à bord par *plats* de sept à dix : deux hommes sont de service chaque jour pour chercher les vivres, porter à la marmite commune le maigre lambeau de viande que transperce une broche portant le numéro du plat, monter les bancs et les tables, les démonter. Puis, c'est le lavage du plancher à grand renfort de raclettes et de fauberts, la prise des hamacs dans les bastingages, après le coup de sifflet qui suit la prière du soir, l'installation de ces lits suspendus, où l'on dort si bien, bercé par le roulis, et qu'on enlève le lendemain matin pour les reporter à leur place première. Ces exercices réitérés ne laissent pas de donner un excellent appétit : il ne manque que la possibilité de le satisfaire.

L'ordinaire est des plus lacédémoniens : le matin, quelques débris de biscuits de mer, un boujaron (6 centilitres) de tafia et un liquide tiède et noirâtre, audacieusement qualifié de café, où nage parfois la chique du maître coq. A midi, vingt-trois centilitres d'un vin qui serait bon si les magasiniers ne le baptisaient plus que de raison, du pain de munition, une eau chaude censée être du bouillon et, trois fois par semaine, un microscopique morceau de carne desséchée. Nous apprîmes, non sans quelque surprise, que cette carne était la viande des bœufs que nous avions vu embarquer, mais notre étonnement cessa quand nous pûmes constater *de visu* que, par humanité sans doute, ces bœufs n'étaient généralement abattus qu'une fois crevés sous les influences combinées du froid, de la faim et du roulis. Un de ces ruminants, surnommé *Mouton*, et qui méritait bien cette appellation par sa douceur, fut, le plus longtemps possible, soustrait au couteau impitoyable du sacrificateur : il restait le dernier de son espèce et se promenait librement sur le pont; mais à la fin, celle que nous éprouvions, décida de son sort. Pauvre Mouton!

Le soir, une nouvelle mesure de vin, du biscuit et une potée de légumes on ne peut plus secs, contemporains de Bougainville et de La Pérouse, qui eussent avantageusement chargé des mousquets, composent

I.

un repas moins sybaritique encore que le déjeuner.

Les mercredis et vendredis, deux sardines par personne ou une croûte de fromage tête de mort remplacent les aliments gras : le salut éternel ne vaut-il pas quelques tiraillements d'estomac? Le lundi, les boîtes de conserves fournissent un endaubage gluant et insipide, que les gourmandes passagères font cuire au four du maître coq, inséré — l'endaubage, — dans l'épaisseur d'un biscuit détrempé. Le samedi, lard à midi et, comme dans les prisons, riz le soir : une vraie colle d'affichage devant laquelle reculent les plus affamés.

Tandis que les stoïques dévorent silencieusement leur pitance, les raffinés s'ingénient à des combinaisons impossibles et, souvent, de guerre lasse, vident à la poulaine le contenu du baquet commun. Car on est servi dans des auges en bois, auxquelles il ne faudrait cependant pas donner ce nom, sous peine de rigueurs disciplinaires ou, tout au moins, d'invectives : on dit par euphémismes des « bailles. »

La poulaine, partie extrême du navire, à l'avant, sous le beaupré, est en même temps que latrines, cercle démocratique et social. C'est un buen-retiro qui n'est pas retiré du tout et, si je ne craignais de faire un mauvais calembour, je dirais un salon en plein vent. Tandis que les uns, la main appuyée à un câble de fer, se dégonflent au-dessus du réceptacle impur, leur nudité fouettée par la brise ou par l'écume des hautes lames, d'autres, principalement des marins esquivant la manœuvre, vont, viennent, causent, s'arrêtent, regardant le bâtiment filer, jusqu'à ce qu'un quartier-maître, faisant irruption, rappelle les paresseux au devoir par la parole et par le geste.

Elle est salée, la parole, chez ces hommes de l'Océan :
« coïons ! rossards ! fils de garce! » Le geste n'a rien de
mièvre : bourrades à assommer un bœuf ou grands coups
de pied un peu partout. Quand ils jouent, souvent à la
main chaude, ils mettent leur gloire à s'estropier, ayant
l'admiration du primitif pour la force musculaire.

Quoi d'étonnant à cela? pendant des siècles, ils n'ont
eu pour culture intellectuelle que les oraisons de leurs
prêtres et pour délassements que des luttes de bêtes fauves. Combien en sont encore, non à l'époque de Darwin,
mais à celle de Duguesclin !

Aussi, faut-il voir le dédain des ouvriers cultivés pour
ces pauvres diables ! Comme à mon retour en France,
égaré aux environs de Brest, je demandais mon chemin
à des paysans qui ne comprenaient pas un mot de français : « Quoi, vous parlez à ces *canaques* ? » me dirent
des travailleurs de la ville, survenant fort à propos pour
me tirer d'embarras.

Vieil antagonisme des villes et des campagnes, créé
par l'ignorance, soigneusement entretenu par les dirigeants et qui, en 93, 48 et en 71, paralysas la révolution !
tu disparaîtras enfin quand la suppression du pouvoir et
l'universalisation de la propriété auront harmonisé les
intérêts.

Cet esprit particulariste se remarque chez les soldats
embarqués sur le *Var*. Fantassins de marine, ils mépri-
sent les lignards et les matelots qui le leur rendent bien,
— rivalité d'esclaves ! Dans les récits stupides ou ordu-
riers qui font naître de gros rires, ils daubent sur les
chie-dans-l'eau et les *culs rouges*. De leur côté, les quartiers-maîtres ne se font pas faute de tracasser, brutaliser
même les militaires, soumis, en plus de leur discipline

ordinaire, à celle, si rigoureuse, du bord. Au débarquement, les comptes se règlent d'ordinaire par des coups
de poing.... quelquefois de sabre : on appelle cela de
l'*esprit de corps* !

L'infanterie de marine, vouée aux voyages et aux ex-
péditions exotiques, est cependant une arme relativement intelligente : elle tient, moins que la ligne ou la
cavalerie, casernées dans les villes, au décorum impeccable et abrutissant : polissage des boutons, miroitement
du ceinturon, plissage réglementaire de la cravate et de
la capote. Elle renferme des tempéraments et des fortes
têtes qui, malheureusement, n'appliquent guère leur
initiative qu'au brigandage militaire. Les chefs passent
parfois bien des choses à ces indisciplinés, parce que,
dans les luttes toutes différentes des guerres méthodiques
à l'européenne, leur spontanéité en fait de bons tueurs
d'hommes.

Les vingt-cinq déportés encagés dans l'entrepont représentaient à bord l'élément le mieux doué au point
de vue cérébral. La plupart, l'âge et l'exil aidant, sont
devenus de parfaits opportunistes : le secret de l'évolution accomplie sans eux leur a échappé. Il y avait là, cependant, des hommes d'une valeur réelle, en tous cas
fort supérieurs aux mannequins galonnés de l'arrière.

Le doyen était Mabille, sexagénaire qui, après avoir
conspiré, fait le coup de feu et traîné de prison en prison
avec Raspail, Barbès et Blanqui, était tout naturellement prédestiné à la Nouvelle-Calédonie. Dans tout
mouvement révolutionnaire, les très jeunes et les vieux
sont les meilleurs combattants, les premiers enfiévrés
par un enthousiasme qui ne connaît pas d'obstacles, les
seconds bronzés par toute une vie de luttes et n'ayant

plus rien à espérer ni à craindre. Mabille, condamné à la déportation dans une enceinte fortifiée, se fit, à la presqu'île Ducos, l'éducateur de ceux, toujours nombreux, qui s'étaient trouvés acteurs dans l'insurrection, sans trop savoir pourquoi. Il leur apprit qu'il y avait une question sociale. Puis, de retour en France, au bout de six années, âgé de quelque soixante-douze ans et ne trouvant plus de travail, il se suicida. Telle fut la fin de ce travailleur modeste, honnête et courageux.

Marchand était un beau garçon, d'environ vingt-cinq ans, instruit et enjoué qui, malgré son jeune âge, avait rempli fort crânement les fonctions de capitaine : physionomie bien parisienne. Il n'a pas traîné longtemps : il avait laissé son cœur en France et il en est mort. Du reste, la mortalité, parmi les déportés, était grande surtout chez les jeunes, victimes de la nostalgie ou des chagrins d'amour.

Mort aussi Ponsard, un ex-marin qui avait quitté la flotte pour servir la Commune et qu'un emprisonnement prolongé dans les in-pace versaillais avait rendu poitrinaire. Mort aussi Bisson, un grand mécanicien, jovial, haut en couleurs, beaucoup plus républicain que socialiste, comme l'étaient, du reste, la plupart de ses camarades. Mort aussi, Redon, l'ex-commandant du fort d'Issy. Mort Ardouin, bureaucrate soigné et malheureux époux. Mort Olive, inoffensif franc-maçon, qui répétait tragiquement en reprisant ses fonds de culottes — il était tailleur — : « On m'a envoyé à *Nouméia* » comme membre d'une société secrète ! » Et qui sait encore combien d'autres !

Une heure par jour, les déportés, affublés de blouses de toile et de képis sans galons ni numéro, dévalaient

de leur cage et montaient prendre l'air sur le pont. Le
port, autorisé, de la barbe et des moustaches les distinguait des forçats rasés, eux, comme des esclaves. A ces
derniers seulement s'applique la qualification de « transportés », qu'il ne faut pas confondre avec l'autre : un
déporté est un ennemi politique vaincu, auquel les épiciers libéraux de Nouméa condescendent à serrer la main
sans trop rougir ; un transporté est un vulgaire malfai-
teur, un paria.

En général, les forçats, n'étant pas soutenus par une
idée supérieure, se montrent serviles devant le garde-
chiourme : aussi celui-ci les préfère-t-il au déporté raisonneur et fier. Les surveillants militaires qui, à bord
du *Var*, gardaient les *droits communs*, se montraient de
beaucoup moins rudes que les gendarmes chargés de
veiller sur les communards. « Si c'est un transporté,
soignez-le ; si c'est un déporté, laissez-le crever, » telle
est l'aimable recommandation que donnait au médecin
de la *Dives* le capitaine Lucas. Celui-ci, peu après avoir
prononcé cette parole, est mort comme un chien, au
milieu des souffrances de la dyssenterie, ce qui ferait
presque croire à la fameuse justice imminente des choses !

Les officiers du *Var*, il faut le reconnaître, ne se
montraient pas féroces à l'excès. Envers la vile multitude, ils apparaissaient bien plus indifférents que tra-
cassiers : il semblait que, pour eux, la vie s'arrêtât au
« carré ».

Immigrants et immigrantes libres, bien que, intellectuellement, au-dessous des déportés, n'en étaient pas
moins curieux à étudier. Là aussi, on rencontrait des
types bizarres.

Tout d'abord, grouillait un lot de Marseillais aventureux et bruyants, séduits par les légendes qu'on faisait circuler en France sur la colonie océanienne. A en croire les impudentes petites brochures répandues à profusion, c'était pour les habiles, munis du moindre capital, la fortune à bref délai et pour les ouvriers désargentés, mais travailleurs, tout au moins l'aisance.

Combien, ils ont dû en rabattre de ces beaux contes !

Un des plus étranges était le père Marc, quinquagénaire grand, sec et nerveux, qui avait écoulé la plus grande partie de sa vie en voyages et en aventures dans les deux Amériques. Il avait eu des hauts et des bas; pour le moment, il n'avait même pas de chaussettes. Judicieusement, alors, il s'était dit que crever de faim pour crever de faim, mieux valait que ce fût en voyageant pour tenter la chance une fois de plus. Le gouvernement cherchait à peupler les colonies et, afin de débarrasser la métropole d'un contingent de malheureux qui eussent pu devenir redoutables, leur donnait des facilités pour s'expatrier. Marc avait réussi à obtenir gratuitement le passage et l'entretien à bord, de Brest à Nouméa, en qualité d'émigrant indigent. Il pensait que si, en Nouvelle-Calédonie, la fortune ne le favorisait pas, il en serait quitte pour adresser aux autorités une demande de rapatriement. C'est, en effet, ce qu'il dut faire par la suite : quelques mois plus tard, nous le vîmes revenir de Téremba à Nouméa, minable, émacié, vêtu d'une soutane trouée qu'un missionnaire lui avait abandonnée par compassion.

Plusieurs autres revinrent comme lui de la brousse, maudissant la crédulité qui leur avait fait ajouter foi aux racontars officiels. Quelques-uns tâchèrent de se caser à

Nouméa dans l'administration, la plupart repartirent
pour la vieille Europe, emportant au cœur l'âpre rancune de leur espoir trompé.

A mentionner aussi Mérano, un brave Toulousain que
les nécessités de la vie poussaient à aller faire le commerçant sous les tropiques et qui, dans son propre pays
eût fait un fort bon chanteur. Il avait une superbe voix
de basse et, à tout instant de la journée, nous l'entendions trémoler :

> La blonde enfant de la colline
> . . . .

ou :

> Pourquoi passer si tôt, temps heureux des chimères ?
> . . . .

D'autres fredonnaient *les Cuirassiers de Reischoffen*,
les Petits enfants de l'Alsace ou des bribes de *la Fille
de Madame Angot*, encore en pleine vogue à ce moment.
Pendant cette traversée pénible, dont la monotonie n'était guère coupée que par des disputes, hommes et femmes s'égosillaient à qui mieux mieux. Les chansons
patriotiques et sentimentales dominaient, puis quelques
compositions égrillardes d'une poésie douteuse ; les enfants organisaient des rondes comme à terre et répétaient les vieux airs ingénus que nous avons tous connus.

Près de vingt ans nous séparent de cette époque : on
chantait encore et, bien que le stupide refrain du café-
concert eût déjà conquis sa vogue, il ne primait pas
comme aujourd'hui. La génération présente, ou bien
raisonne à froid et ne chante pas du tout ou bien se
vautre dans l'orgie grossière et alors se contente de

brailler les premières insanités venues. La bourgeoisie
tombe en déliquescence, entraînant avec elle une partie
du prolétariat qu'elle a contaminée : il est temps que
l'autre partie, la couche profonde, se soulève et boule-
verse tout pour régénérer.

Il ne faut pas oublier, parmi les passagers remarquables, un coiffeur rochellois du nom de Pricot : il eût
mérité de naître entre la Garonne et les Pyrénées.
C'était un de ces douzièmes de savants qui, bavardant,
sur tout à tort et à travers, passent pour aigles auprès
des imbéciles. Malgré son bagout, la fortune ne lui avait
pas souri et il allait au pays des Canaques, prêt à entreprendre tous les métiers. Cinq ans plus tard, étant
gérant du bureau télégraphique de Thio, je l'eus sous
mes ordres, — quel mot pour un anarchiste ! — en qualité de surveillant des lignes. Sa femme, petite, laide
et tout à fait illettrée l'accompagnait, ainsi que leur enfant, pauvre créature qu'ils rudoyaient sans cesse.

Le côté féminin mérite aussi quelque description. Du
1er mars, jour de notre départ, au 28 juillet, jour de
notre débarquement, la batterie basse fut animée par les
querelles homériques de mesdames Boisgontier, Ardouin
et Redon.

Madame Boisgontier était une petite et grosse commère
qui tranchait de la distinction parce qu'elle avait des cheveux blancs et portait une robe de soie. Elle se disait
Espagnole et avait peut-être voyagé au pays des Isabelle,
mais semblait plutôt originaire de la place Maubert. Rien
n'était plus comique que les exclamations épicées qui lui
échappaient au milieu de ses tirades les plus majestueuses,
rien n'était plus amusant que ses pataquès qui décélaient
une ignorance sans limites. Une nuit, la mer furieuse

battait plus que de raison les flancs du navire. — « Ah!
» gémit madame Boisgontier, au milieu de ses compa-
» gnes réveillées en sursaut, ce sont des bandes de re-
» quins qui assaillent le *Var* avec leurs cornes! »

Le mari de madame Boisgontier, qui faisait partie des
vingt-cinq déportés, en était certainement le moins sympathique. Digne de sa compagne, il avait, pendant que
les autres se battaient, grappillé à l'intendance, tout juste
assez instruit pour opérer des soustractions. Ce riz-pain-
sel communard était dédaigneusement tenu à l'écart par
les autres prisonniers politiques.

Mesdames Ardouin et Redon, dont les maris étaient
aussi déportés, soutenaient contre madame Boisgontier
leur aînée de quelque vingt-cinq ans, une guerre ininterrompue. Grosses injures et coups d'épingles, épigram-
mes, qui circulaient d'un bout à l'autre de la batterie,
tracasseries variées, tout était mis en œuvre de part et
d'autre. Sur le passage de la duègne, les deux jeunes
femmes chantaient à la cantonade :

> Dans la batt'rie, c'qu'il y a d'plus beau,
> En vérité, c'est le vieux tableau!

Inutile de dire qui était le vieux tableau.

La prison, — et n'étions-nous pas sur une prison
flottante? — aigrit le caractère. Il en est de même de
l'exil : à Genève, à Bruxelles, à Londres, les membres
des diverses proscriptions se sont toujours déchirés, se
jetant à la tête les responsabilités de la défaite et les
imputations outrageantes. La vie incessamment commune, sans possibilité de s'isoler à intervalles nécessaires,
finit par exacerber les natures délicates. Partis de France
avec un esprit unanime de tolérance et de solidarité, les

passagers du *Var* se sont quittés sur le sol calédonien
en s'écriant: « Au plaisir de ne jamais se revoir ! »

Faut-il mentionner encore madame G***, épouse laide
mais infidèle d'un patron coiffeur, courant la préten-
taine en compagnie de sa fille et d'un chérubin du
rasoir, qui la planta là à Nouméa pour entrer dignement
dans l'administration ? madame Gerf***, jeune et avenante blanchisseuse brestoise, qui, tout en devisant d'a-
mour avec un beau caporal d'armes, s'en allait rejoindre
son mari, ouvrier de l'Etat, à Taïti? La pauvrette ! quelle
ne fut pas sa douleur en trouvant à Nouméa une lettre
l'informant que son conjoint, insoucieux des nœuds sacrés du mariage, venait de repartir pour l'Europe, histoire de fausser réception à sa légitime ! Et mademoiselle Marie Robert, jeune fille sans orthographe mais
dont les beaux yeux captivèrent quelques années plus
tard, le grand chef arabe Mokrani !

Mais il serait impardonnable de passer sous silence la
mère La Fouine, ou plutôt la famille La Fouine, car ils
étaient trois : la mère, la fille et le fils.

Tous trois horribles, repoussants de saleté et idiots
par dessus le marché, devaient leur surnom à l'aspect
caractéristique et animal de leur visage : front fuyant,
nez allongé et crochu, petits yeux scrutateurs et pétil-
lants d'une malice bête. Ils s'étaient embarqués sans
autre bagage qu'un vase nocturne tenu à la main et renfermant, garde-manger d'un nouveau genre, les provisions de... bouche de la famille. L'homme qu'ils allaient
rejoindre, était forçat de droit commun, quelque part à
l'île Nou ou à Bourail. « Ah ! déclarait avec son intona-
» tion inimitable la mère La Fouine aux autres femmes
» de la batterie, vous faites six mille lieues pour aller

» coucher avec votre mari, je les faisons pour aller cou-
» cher avec le mien et avec bien d'autres encore... ma
» bônne ! »

Ah oui ! le gouvernement de la plèbe ne vaudrait pas
mieux — quoique tout différent — que celui de l'aristocratie. Le ciel nous préserve, ou plutôt préservons-nous
nous-mêmes, des princes et surtout des princesses du
Quatrième-Etat ! Mais si la plèbe est encore si abaissée,
si abrupte, à qui la faute, sinon à ceux qui l'ont main-
tenue éternellement dans l'abjection ?

La mère La Fouine avait environ quarante ans, son
fils quatre ou cinq et sa fille seize. Cette dernière, j'en
frémis encore, se prit à ressentir quelque sympathie à
mon endroit. Il n'est guère convenable de se vanter de
ses bonnes fortunes, mais celle-ci avait si peu le caractère d'une bonne fortune que je crois pouvoir en parler
sans être taxé de fatuité excessive. De temps en temps,
la pauvre idiote interrompait sa chasse à la vermine
pour se diriger de mon côté avec un sourire qu'elle s'efforçait de rendre aimable et qui me glaçait le sang dans
les veines. Pauvre fille, que les autres passagers eussent
rabrouée et qui me persécutait de sa tendresse parce que
je ne voulais la brusquer ! Elle a dû faire, à l'arrivée, le
bonheur de quelque forçat libéré, car les femmes étant
rares à la Nouvelle, les moins séduisantes trouvaient
des admirateurs. Si ma timidité m'a nui souventes fois,
d'autre part, ma peur de blesser m'a infligé, au cours
d'une vie mouvementée, quelques semblables bonnes
fortunes que je me suis généralement efforcé de ne pas
pousser jusqu'au bout.

Tels étaient, mâles et femelles, les personnages les
plus caractéristiques du bord. Nous séjournâmes, dans

ce pandémonium, depuis le premier mars jusqu'au 28
juillet, c'est-à-dire cent quarante-sept jours.

CHAPITRE II.

A NOUMÉA.

Nous relâchâmes deux fois sur notre route : la première fois à Las Palmas, l'une des Canaries, pendant
une demi-journée, la seconde fois à l'île Sainte-Catherine,
sur la côte brésilienne, pendant près de deux semaines.

Retracer les divers incidents du bord serait fastidieux :
ne les trouve-t-on pas dans tous les récits de voyages au
long cours ? calmes plats, tempêtes, baptême de la ligne,
passage du pot-aux-noirs, apparitions de poissons vo-
lants, pêche aux albatros, funérailles de passagers d'a-
près le cérémonial maritime. Par trois fois, nous vîmes
un corps cousu dans un sac, boulet aux pieds, disparaître sous les vagues, pâture offerte aux requins suivant
le sillage du navire. Nous marchions avec une lenteur
désespérante, parfois ramenés brusquement en arrière
par les vents contraires et tirant des bordées ou naviguant au plus près toute une semaine durant. Il y avait
bien une machine, assez disproportionnée à la force du
bâtiment, mais on ne s'en servait guère qu'au moment
de mouiller en rade, pour se donner une allure coquette.

On voulut cependant l'allumer, une nuit, pendant les
calmes plats du passage des tropiques : au matin, on re-
leva mort un des chauffeurs : il était cuit, littéralement
cuit, jusqu'au cœur!

Nous mouillâmes, le 25 avril, devant l'île montagneuse et boisée, qui couvre l'entrée de la ville de Sainte-Catherine, située à quelque vingt milles de là. Après deux mois de ballottement entre le ciel et l'eau, il nous fut bien doux de descendre à terre, ce que nous fîmes en titubant comme des ivrognes. Déportés et transportés restaient, eux, confinés dans leurs batteries, avec la vue tantalisante de la terre ferme, pendant que nous courions sur la plage et dans les forêts, entrant dans les habitations clair-semées, en quête de ravitaillement. Inutile de dire que ceux d'entre nous qui parlaient l'italien ou le provençal se comprenaient avec les Brésiliens... trop bien parfois, car, un matin, nous vîmes revenir, pâles et harassés, tous nos Marseillais. Ceux-ci, partis la veille dans la sournoise intention de conter fleurette aux beautés locales, avaient dû, devant l'irritation des pères, époux et fiancés, fuir dans les bois et y passer la nuit. Ils étaient fort dévots, ces insulaires, comme en témoignaient les gravures religieuses appendues aux parois de leurs cases en torchis ; mais la religion ne semblait pas refréner à l'excès leur tempérament où couvaient toutes les ardeurs latines et africaines, car l'élément nègre était en forte proportion.

Ce fut un de ces fils de Cham qui m'apprit à occire ma première volaille. J'avais battu l'île en compagnie de ma mère et de quelques dames, sans pouvoir, au bout de deux heures d'investigations, trouver autre chose que deux ou trois *tortillas*, galettes de maïs mal écrasé, et une demi-livre de cassonade ; je ne parle pas, bien entendu, des oranges qu'on n'avait que la peine de cueillir et qui jonchaient le sol comme dans nos bois les feuilles mortes. A toutes nos demandes de comesti-

bles, le commerçant de l'endroit, trônant majestueusement dans sa boutique vide, nous avait répondu avec un
immuable sourire : « Naô tieno » (Je n'en ai pas). Aussi
quel fut notre soulagement en tombant dans une case,
habitée par un vieux pêcheur, ses deux filles, grandes et
velues, et un serviteur nègre, lesquels consentirent à
nous vendre un dindon ! Seul homme de la bande, je fus
chargé de l'exécution, pour laquelle je m'armai d'insen-
sibilité et d'un bon couteau. Mais, malgré tous mes
efforts, je ne parvenais que très imparfaitement à faire
naitre en moi les sentiments d'un Troppmann ou d'un
Gallifet et, dans l'intention presque charitable d'abréger
le supplice de la pauvre bête, je lui sciai fiévreusement
la nuque. Cet exercice, pénible sous tous les rapports,
durait depuis deux bonnes minutes déjà, lorsque le
nègre saisi d'indignation ou de dédain devant mon inex-
périence, se leva, me prit, d'une main la victime, de
l'autre l'instrument de supplice et, en un éclair de temps
ouvrit la gorge du volatile. « Voilà comment on s'y
» prend, civilisé ignare qui pouvez être bachelier, mais
» ne savez pas venir à bout d'un dindon », me disait le
regard méprisant du noir. Je n'oubliai pas la leçon et,
les besoins de la vie aidant, ai fait périr, par la suite,
bien que n'y trouvant guère de plaisir, un nombre assez
respectable de gibier de plume ou de poil.

Incident à noter : nous avions à notre bord un ex-sous-
lieutenant d'infanterie, tombé — à la suite de quelles
frasques ? — surveillant militaire, c'est-à-dire garde-
chiourme. Peut-être eut-il conscience de sa déchéance
ou finit-il par appréhender pour sa jeune femme, qui
l'accompagnait, le contact trop prolongé des « dames »
de ses nouveaux collègues, sorties, en immense majo-

rité, du *Chapeau-Rouge* de Toulon. Toujours est-il qu'au moment de lever l'ancre, le couple qui s'était fait conduire à Sainte-Catherine avec sa malle, sous prétexte de se reposer en ville quelque huit ou dix jours, ne revint plus. L'ancien officier avait peut-être compris qu'on peut gagner sa vie autrement qu'en se faisant geôlier.

Après avoir couru à l'ouest jusqu'à la côte américaine, il était dans la logique administrative de retourner à l'est pour gagner la Nouvelle-Calédonie qu'on pouvait tout aussi bien atteindre en doublant le cap Horn. C'est ce qu'on ne manqua pas de faire et je me demande encore la raison pour laquelle fut accompli cet immense crochet à angle presque droit. Parbleu! pour chercher les vents alizés, m'ont dit maintes fois les gens du métier. Mais, nous les trouvâmes si peu, qu'après avoir subi de furieux grains vers le cap de Bonne-Espérance, que nous doublâmes par une mer démontée, nous fûmes, dans l'Océan indien, le jouet de tous les mauvais génies de l'air et de l'eau. Les bœufs, que nous avions embarqués à Sainte-Catherine et qui étaient simplement attachés côte à côte, à l'avant du navire, exposés à toutes les intempéries, crevaient avec un ensemble admirable, ce qui avait le bon effet de leur épargner toute souffrance lorsque, fidèle aux usages, le boucher du bord venait saigner ces cadavres.

Deux mois après notre départ d'Amérique, nous étions à peu près morts d'inanition; la vue de la Tasmanie, que nous longeâmes au sud, nous ranima : encore dix ou douze jours et nous arrivions à destination. Le 25 juillet, au matin, les scrutateurs les plus perçants, rassemblés à l'avant, signalèrent en effet, la terre, une vague ligne grisâtre tranchant à peine sur l'azur impeccable du ciel et le bleu moiré de la mer. La terre! un immense soupir de soulagement s'échappa de toutes les poitrines : cent quarante-cinq jours de souffrances, de dénûment, d'humiliations, de disputes étaient déjà presque oubliés.

De la cabine du commandant aux cages des prisonniers, le branle-bas était général. Nous ne quittions plus le pont : peu à peu les contours de la terre se précisaient, la mer blanchissait à l'approche des récifs; vers midi, nous passions devant le phare Amédée. L'île océanienne nous apparaissait alors avec ses superpositions de montagnes, dont l'une, le mont Dore, de sept cent soixante-quinze mètres, domine toute la côte sud-ouest. Sur notre droite, nous laissions l'île aux Lapins, simple banc de sable recouvert de quelque verdure, et nous pénétrions dans la rade de Nouméa, entre l'île Nou et la pointe de l'Artillerie. Une ville en amphithéâtre, assez grande mais irrégulière et dénuée de végétation, s'étendait devant nous : de maigres arbustes, poussant comme à regret dans un sol rougeâtre, faisaient semblant d'abriter des maisons en bois, hautes de dix pieds et couvertes d'une toiture plate en zinc. La réverbération du soleil sur ces plaques métalliques, qui rend les rues de Nouméa presque infranchissables de midi à trois heures, est une des principales causes de la fréquence des ophthalmies. Ajoutons cependant qu'en l'an de grâce 1894, l'aspect de Nouméa s'est considérablement modifié : la ville éclairée au *gaz* (1) compte maintenant de véritables maisons en pierres de taille, possédant non plus un simple rez-de-chaussée avec vérandah, mais plusieurs étages. En 1875, l'hôtel du gouverneur, situé au fond d'un très beau jardin, était à peu près le seul édifice qui rappelât en partie l'architecture européenne.

A peine eut-on jeté l'ancre, une embarcation du port,

montée par quelques officiers, nous accosta. Elle était
conduite par des rameurs canaques et nous dévorions
des yeux, sinon en anthropophages du moins en curieux,
ces bruns insulaires, vêtus d'un simple caleçon et porteurs
d'une formidable tignasse crépue, rougie à la chaux. Les
traits de leur visage manquaient, certes, de finesse, mais
le torse était beau ; la poitrine et la croupe étalaient de
vigoureuses rotondités qu'eussent, certes, enviées bien
des femmes.

Les immigrants libres furent les premiers à quitter le
bord ; puis commença le débarquement des trois cents
forçats et de la troupe. Les déportés, à leur tour, furent
séparés en deux bandes : les uns dirigés de suite sur la
presqu'île Ducos, les autres réservés pour l'île des Pins.

Ce ne fut que le 28, au bout de trois jours, que ces
derniers furent provisoirement débarqués à Nouméa,
leurs familles avec eux. On remit à chaque proscrit une
carte d'identité, en l'avertissant de répondre à la première réquisition de l'autorité, de se conduire pendant
son séjour au chef-lieu selon les prescriptions rigoureu-
ses de la civilité puérile et honnête, de ne pas circuler
dans les rues après le coup de canon tiré tous les soirs
à dix heures. Puis, on nous laissa libres... relativement.

Notre premier mouvement fut de tomber dans les bras
les uns des autres : enfin, nous étions réunis, hors de la
surveillance des argousins ! Notre second fut de chercher
un domicile et, très heureusement, nous trouvâmes une
chambre meublée dans la maison d'un déporté qui, chose
doublement incroyable, était à force de travail, devenu
propriétaire et, néanmoins, demeuré très brave homme.
Je crois même qu'il fit des difficultés, pour se laisser
payer la semaine pendant laquelle nous restâmes ses

locataires. De semblables anomalies ne peuvent évidemment se voir qu'aux antipodes.

Mon père, comme la plupart de ses compagnons, avait, à l'arrivée, commencé par retirer sa livrée de prisonnier dont le port n'était plus obligatoire. Rien ne nous signalant à l'attention particulière de la police locale, nous jouîmes du plaisir d'aller et venir dans les rues de cette ville en miniature et même de pousser quelque peu sur les grandes routes. Nous croisions tantôt l'équipage emmenant l'épicier enrichi, qui était alors le maire, et la blanchisseuse arrivée qui était la mairesse, tantôt des groupes de sous-officiers ou de marins, flânant de café en café, ou bien des bandes de Canaques, appartenant aux mille archipels du Pacifique et qui, se tenant par le bras, erraient une fois leur travail terminé, en chantant une mélopée plaintive.

La Nouvelle-Calédonie, découverte le 4 septembre 1774, par le capitaine Cook, est une île longue et étroite, qui mesure à peu près quatre-vingts lieues de long et treize de large étant comprise entre 20°5' et 22°24' de latitude sud, et 161°39' et 164°35' de longitude est. Il y a un siècle, elle comptait quelque soixante mille habitants indigènes ; ce nombre est, aujourd'hui réduit à peu près au tiers, grâce à l'influence bienfaisante de la civilisation. Il faut ajouter à ce contingent environ quinze mille Canaques peuplant les dépendances, c'est-à-dire les îles Kunié (des Pins), Maré, Lifou, Ouvéa et le minuscule archipel des Bélep, au nord. Située entre les Nouvelles-Hébrides, au nord et au nord-est, les îles Fidji à l'est, la Nouvelle-Zélande au sud et l'Australie à l'ouest, la Nouvelle-Calédonie est toute dans la sphère d'attraction de la grande colonie britannique. Commer-

cialement, elle est bien plus anglaise que française, dépendant de l'Australie pour le combustible, les comestibles et les communications avec le reste du monde.
En 1887, pour se reporter à une époque relativement
récente , le commerce d'importation s'est élevé à
8.053.378 francs, dont 3.767.218 francs seulement pour
les marchandises françaises. La même année, le chiffre
d'exportation était de 2.406.475 francs. Fidèle à ses tra-
ditions intelligentes en matière de colonisation, le gouvernement de la métropole se réserve l'honneur de supporter les charges et d'équilibrer le budget local.

Ce fut le 24 septembre 1853 que l'Etat français, représenté dans la circonstance par l'amiral Febvrier-Despointes, eut l'idée généreuse de communiquer sa civilisation et ses lois à de candides anthropophages qui s'en
étaient jusqu'alors très bien passés. Le lieutenant de
vaisseau Tardy de Montravel poursuivit cette tâche en
choisissant, pour y créer le chef-lieu, le seul point de la
côte où manquât l'eau douce. L'œuvre de colonisation,
si bien commencée, ne pouvait que croître et embellir :
des missionnaires, qui avaient devancé les marins, tra-
vaillèrent à la conversion des âmes en s'emparant des
meilleurs terrains ; d'honorables forbans écumèrent cette
partie du Pacifique sous la protection du drapeau français ; tout ce que la marine comptait de riz-pain-sel, de
bureaucrates grincheux, de freluquets à galons et de
Ramollots féroces s'abattit comme un fléau dévastateur
sur ce malheureux pays. Il ne manquait plus à la colonie
que des colons : les administrateurs s'efforcèrent d'en
attirer par tous les moyens. Les racontars les plus insensés circulèrent en France sous forme de brochures
touchant la fertilité vraiment extraordinaire de la Nou-

velle-Calédonie, l'abondance et la variété de ses produits, la richesse de ses mines ; puis, comme les immigrants tardaient par trop à y affluer, on en introduisit malgré eux. Le 3 septembre 1863, un décret convertit l'île océanienne en pénitencier et, le 2 janvier de l'année suivante, un convoi de deux cent cinquante forçats partait de Toulon à destination de Nouméa.

Depuis, la colonisation libre et la colonisation pénitentiaire n'ont cessé de se livrer un duel à mort. Les forçats libérés sont obligés de séjourner dans le pays un temps égal à celui de leur condamnation : c'est ce qu'on appelle *le doublage*. Grâce à cette loi, aussi hypocrite que peu connue, un malheureux condamné à cinq de bagne ne peut recouvrer son entière liberté qu'au bout de dix années. Quant à ceux que frappe une pénalité d'un terme égal ou supérieur à huit ans, ils doivent faire leur deuil de toute espèce de retour : ils sont condamnés à vivre et à mourir au lieu d'expiation. Naturellement, les libérés astreints à la résidence sont obligés, ne pouvant vivre de l'air du temps, de s'employer à n'importe quel prix, faisant aux ouvriers libres, la même concurrence économique que, dans les pays de grande industrie, font les étrangers aux travailleurs indigènes. Même les transportés en cours de peine peuvent être engagés par des colons en qualité de *garçons de famille*, c'est-à-dire de factotums. J'eus, par la suite, auprès de moi le *garçon de famille* d'un de mes collègues du télégraphe : c'était un ancien instituteur qui, avant d'entrer au bagne, avait fait une pause chez le duc de Morny en qualité de cuisinier. Il maniait la casserole avec génie, mais ses fréquentations aristocratiques l'avaient à tout jamais corrompu : il était menteur comme un député et voleur comme un ministre.

2.

Il ne faut pas s'étonner, si avec une civilisation apportée par les prêtres, les marins, les forçats et l'écume des chevaliers d'industrie, les Canaques, d'anthropophages honnêtes et hospitaliers, sont devenus progressivement fourbes, rapaces, ivrognes et pédérastes. Comme si ce n'était assez de dépraver ces indigènes après les avoir dépossédés, les fils de la vieille Europe se livrent à la traite des insulaires voisins, sous ila protection du drapeau français. Pendant les huit jours que nous passâmes à Nouméa, entre notre débarquement et notre départ pour l'île des Pins, nous ne fûmes pas peu surpris d'entendre d'honorables habitants du crû nous engager à *acheter* un Néo-Hébridais ou, au moins un Indien malabar.

En effet, une agence, dirigée par deux commerçants des plus notables, MM. Joubert et Carter, tenait débit de viande humaine. Des navires frétés par cette officine, s'en allaient aux Nouvelles-Hébrides, l'archipel le plus voisin, recruter des sauvages des deux sexes, désireux, comme les petits savoyards, de voir du pays et de subvenir à leur existence en travaillant comme esclaves, alors qu'ils n'avaient qu'à se laisser vivre dans une indolence béate, au sein de leur tribu communiste. Les moyens mis en œuvre pour amener ces pauvres diables à Nouméa n'étaient pas bien variés : lorsque le loup de mer se fichait des apparences, il se contentait de les attirer à son bord sous prétexte de faire des échanges; puis confisquant leurs marchandises et coulant leur embarcation, il négligeait de les renvoyer à terre. Quand, au contraire, le digne marin avait le scrupule d'agir régulièrement, ce qui arrivait quelquefois, il entrait en pourparlers avec le chef de tribu qui moyennant un stock de calicot, de

tafia avarié et de vieux fusils inoffensifs, lui remettait un
certain nombre de ses sujets mâles et femelles, ne manquant pas, selon toute vraisemblance, d'y comprendre
les fortes têtes, dangereuses pour son autorité. Dans les
deux cas, les Néo-Hébridais étaient mis aux fers, à fond
de cale, philanthropique précaution contre des tentatives
d'évasion à la nage qui eussent pu leur coûter la vie,
dans ces mers peuplées de requins. Une fois à Nouméa,
on les débarquait encore tout ahuris de ce voyage accompli dans les ténèbres, on les immatriculait au bureau
de l'*immigration*, nom euphémique donné à la traite,
puis on les adjugeait au premier acquéreur pour une
période de trois ans et moyennant une somme variant
entre 150 et 300 francs. Cette vente s'appelait un *enga-*
gement et l'esclave était censé contracter volontairement,
en toute connaissance de cause : inutile de dire qu'il ne
voyait jamais le prix de vente de sa liberté, que se partageaient généralement le chef du bureau de l'immigration et l'engageur. Pas plus, d'ailleurs qu'il ne voyait la
fin de sa servitude; d'abord, parce que la mortalité pèse
d'une façon effrayante sur les *Néo-Hébridais*, arrachés à
leur pays, à leurs habitudes, à leur indolence, affamés et
roués de coups; ensuite, parce que ces primitifs n'ont
qu'une vague notion du temps (j'en ai vu, à Oubatche,
qui, vendus depuis dix-neuf ans, attendaient toujours
l'expiration de trois années); puis, enfin et raison majeure, parce que, si le recrutement est organisé, le rapatriement ne l'est pas du tout. La vie de ces serfs, chez
leur patron, surtout en dehors de Nouméa, est un véritable enfer : dérisoirement nourris de maïs ou de riz,
avec de l'eau pour boisson, roués de coups, pourchassés
par la police indigène à chaque tentative d'évasion, ils

sont censés recevoir un salaire mensuel de douze francs qu'ils ne touchent jamais, grâce à un ingénieux système d'amendes, que l'engageur peut infliger selon son bon plaisir.

Tels étaient les pauvres diables à teint cuivré et à physionomie généralement intelligente et triste que nous voyions le soir, errer par bandes dans les rues, en murmurant un chant sauvage et étrange, moins monotone, que celui des Néo-Calédoniens, car les exécutants observent entre eux des intervalles de plusieurs tons.

Du reste, nous n'eûmes pas, pour cette fois, le loisir de pousser ces études plus loin. L'ordre de nous diriger sur l'île des Pins, lieu d'internement des déportés simples, venait d'arriver : il fallait nous préparer à partir.

CHAPITRE III.

ARRIVÉE A L'ÎLE DES PINS.

Il y a douze lieues et demie de l'extrémité nord de l'île des Pins à l'extrémité sud de la Nouvelle-Calédonie et à peu près le double de Nouméa à la pointe Kuto, où résidait le commandant militaire de l'île. Aussi l'aviso le *Coëtlogon*, qui nous avait pris à son bord, dans la matinée, nous débarqua-t-il le même jour, vers les quatre heures de l'après-midi.

L'île des Pins, en canaque *Kunié*, fut découverte, le 26 septembre 1774, par l'infatigable Cook qui, deux jours après, fit voile pour la Nouvelle-Zélande. La beauté ma-

jestueuse de ses arbres, dont une espèce conserve l'appellation donnée par le navigateur anglais (pin colon-
naire), explique pourquoi le nom européen s'est peu à
peu substitué au nom indigène. L'île, habitée par quelque trois mille Canaques sous l'autorité nominale de la
reine Hortense et sous celle, beaucoup plus effective,
des missionnaires, servait alors de résidence à quatre
mille déportés, répartis en quatre communes. Des compatriotes d'Abd-el-Kader, insurgés de 1871, l'habitaient
également, à titre forcé et constituaient à Gadji, une
cinquième commune, dite *des Arabes*. Elle mesure, du
nord au sud, environ vingt kilomètres et, de l'est à
l'ouest, à peu près douze : le pic N'ga, la domine d'une
hauteur de deux cent soixante-six mètres. Le commandant militaire, homme intelligent, avait eu l'excellente
idée d'installer au sommet de ce cône, dénué d'ombre et
grillé du soleil, un poste d'observation où l'on envoyait
les gardes-chiourmes coupables de peccadilles : ils s'y
torréfiaient ainsi dans un ennui mitigé d'abrutissement.

Du reste, nous constatâmes avec plaisir que l'élément
militaire et l'élément geôlier, tout aussi peu sympathiques l'un que l'autre, ne vivaient pas en bonne intelligence. Les surveillants de la déportation et de la trans-
portation, recrutés soi-disant parmi les anciens sous-
officiers, comptaient, à côté de quelques sergents
authentiques, assez bonnes bêtes pour la plupart, tout
ce que l'on peut rêver de plus canaille. Ils vivaient sur
le forçat, l'exploitant de mille manières, comme le sou-
teneur sur la prostituée. Avec le déporté, fier et méprisant son chiaoux, c'était autre chose ; aussi la rancune
des surveillants rabroués se traduisait-elle par mille
exations et, même, au début, par des coups de revolver

tirés sur les rangs à l'appel du soir, — attentats assassins que n'expliquait pas la moindre provocation.
Etrangers à toute idée politique ou sociale, ils voyaient
dans les communards non des ennemis vaincus, mais
des coupables qui refusaient obstinément de se re-
pentir.

Les premiers déportés arrivés à l'île des Pins avaient
trouvé un pays couvert de broussailles et de lianes, où
il fallait, presque à chaque pas, se frayer un sentier la
hache à la main. De maisons encore moins que de routes! Ils débroussèrent, construisirent, ensemencèrent le
sol et de cette terre de relégation, pittoresque et salubre,
en somme, firent un séjour supportable. On leur laissa la
latitude de s'organiser et, répartis en quatre communes,
ils élirent pour chacune d'elles un délégué chargé de se
tenir en rapports avec l'administration pour les distri-
butions de vivres, d'habillements et les communications
diverses. Cette ombre de régime municipal satisfaisait
quelques loustics, peu exigeants en matière de revendi-
cations sociales et qui disaient plaisamment : « On nous
» a déportés parce que [nous voulions la Commune en
» France et on nous la donne ici ! » D'autres, il est vrai,
avaient vu un peu plus loin, animés d'un bon socialisme
fraternitaire, tels que le père Asseline, ébéniste presque
septuagénaire, qui chantait aux Arabes, souriants dans
leur gravité :

> Les peuples sont pour nous des frères,
>   Des frères! (*bis*)
> Et les tyrans des ennemis !

Après les difficultés inséparables de tout premier début, en Océanie aussi bien qu'en Europe, les proscrits

avaient joui d'un instant de détente. On avait tant besoin
d'eux! Sans le budget de la déportation et le personnel
qu'il permettait d'entretenir, la Nouvelle-Calédonie, en
ce moment galvanisée, fût retombée dans son effacement
et sa torpeur mortelle. Puis, où trouver des ouvriers,
surtout des ouvriers d'art, comparables à ces Parisiens,
enfants de Montmartre ou du faubourg Saint-Antoine?
Ce n'était certes point parmi les forçats, pour la plupart
hommes des champs ou étrangers à toute profession.
Depuis les routes de l'île des Pins jusqu'à ces coffrets de
santal et de bois de rose, merveilleusement ouvragés,
c'étaient les déportés qui faisaient tout. Aussi, le gouverneur Gaulthier de la Richerie se montra-t-il relativement bonasse envers eux : il toléra le séjour d'un certain
nombre sur la Grande-Terre, autorisa les déportés de
la presqu'île Ducos à se rendre à Nouméa, permit même
des promenades en mer. L'occasion était vraiment trop
belle : Henri Rochefort comprit que son devoir d'homme
d'esprit était de ne pas moisir davantage dans la colonie
pénitentiaire. Ses ressources pécuniaires le lui permettant, il s'échappa, le 18 mars 1874, au bout de trois
mois de séjour, suivi par ses amis Pain, Grousset, Jourde,
Ballière et Grantil.

Cette évasion fut un véritable coup de foudre. De la
Richerie en tomba, le premier, assommé. En même
temps son successeur intérimaire, le colonel Alleyron
prenait des mesures draconiennes, renvoyant les déportés qui à la presqu'île Ducos, qui à l'île des Pins, tandis que le contre-amiral Ribourt, envoyé de France
pour faire une enquête, expulsait de la colonie des né-
gociants libres, comme M. Puech, parfaitement étrangers à l'affaire, mais suspects pour leurs tendances libé-

rales. Les missionnaires maristes, déjà si influents, de-
vinrent omnipotents ; tout dut se courber devant leur
autocratie papelarde et, pour leur garantir place ga-
gnée, le ministère envoya comme gouverneur le capitaine de vaisseau, bientôt promu contre-amiral, de
Pritzbuer, protestant converti au catholicisme et, comme
tous les renégats, fervent adorateur de ce qu'il avait
autrefois brûlé.

De 1853 à 1880, les missionnaires maristes, lâchés
sur la colonie océanienne, — les Néo-Hébridais les dé-
nomment spirituellement « sauterelles noires », [— ont
tenu le haut du pavé. Pendant cette période, deux gou-
verneurs seulement ont osé leur faire obstacle : le premier, l'amiral Guillain en est mort ; le second, Olry, a
vu son administration bouleversée par l'insurrection canaque de 1878, due, certes, en grande partie à des ran-
cunes racistes et économiques, mais à laquelle l'influence
tortueuse des missionnaires n'a pas été étrangère.

Les bons pères qui s'adressent si fructueusement à la
pitié des fidèles en leur contant les pérégrinations héroïques entreprises pour l'amour du Christ, n'eurent pas
grandes vicissitudes à subir en Nouvelle-Calédonie.
Sans perdre un cheveu de leur tête, ils ont acquis terrains, troupeaux, richesses, et influence sur les noirs
comme sur les blancs. A la vérité, leur subtilité tenace
a été bien supérieure à l'esprit routinier du colon, lequel rabroue l'indigène en lui jetant dédaigneusement le
mot « Sauvage ! » Eux, n'ont pas dédaigné de se faire
canaques avec le Canaque pour l'amuser, le séduire et
finalement le conquérir. Mieux que tous autres, ou plutôt seuls, ils se sont donné la peine d'apprendre les divers idiomes et l'un de ces missionnaires, le Père Rous-

sel, établi à Wagap, passait pour posséder au plus haut
degré l'éloquence du crû. Digne continuateur de
Pierre l'Ermite, il se servait de son ascendant, pour
entraîner ses ouailles à la guerre contre les infidèles.
Ils se sont d'abord appliqués à capter les chefs avec des
cadeaux, des tours de physique et de la médecine
usuelle : une fois maîtres des potentats, ils ont eu les
sujets.

A côté des maristes, des frères soit ouvriers soit ensei-
gnants, s'occupent des travaux matériels des missions
et de l'éducation selon le Syllabus. Détail caractéristique, les Pères sont presque tous gras et fleuris, les frères ouvriers maigres et secs : cela doit tenir à la différence des occupations. « Nous avons fait vœu de nous
» consacrer à jamais à la conversion des âmes, décla-
» rent béatement les missionnaires, nous ne devons plus
» revoir notre patrie. » Parbleu ! la plupart ont commis
des frasques qui rendaient leur séjour en Europe impossible et, comme l'Eglise catholique a horreur du
scandale, on les a expédiés sans bruit aux antipodes !
Nous aurons l'occasion de reparler d'eux à plusieurs reprises.

Des sœurs de Saint-Joseph de Cluny travaillent plus
spécialement les âmes féminines. Elles dirigent, à Nouméa, une maison d'orphelines, pauvres filles ignorantes
de tout, que l'on marie au premier rastaqouère venu
qui en veut ! Elles ont également, à Bourail, la surveillance du *paddock*, sobriquet sous lequel on désigne la
maison qui reçoit les femmes condamnées provenant
des centrales de France. Ces recluses transportées sur
leur demande dans la colonie, pour y trouver épouseur,
constituent, la plupart du temps, de singuliers ménages ;

en attendant, elles trompent le temps et leurs désirs
comme elles peuvent ; d'où le surnom pittoresque de
« paddock », donné à la maison : paddock en effet, désigne l'enclos où l'on enferme les bœufs... et les vaches.

Le chef suprême de ce clergé était, à l'époque, un
petit homme gras et rubicond... comme la lune, ajou-
taient les méchants, Monseigneur Vitte, évêque *in par-
tibus* d'Anastasiopolis. Il ne semblait pas très fort, brave
encore moins, car au premier coup de feu de l'insurrection canaque, il détala, rentrant en Europe, peut-être
après avoir allumé la mèche, et oncques on ne le revit.
Le provicaire apostolique qui le dirigeait, le révérend
Père Fraysse, jeune, intelligent et ambitieux, le remplaça après son départ et ne tarda pas à être promu à
l'épiscopat, au grand, quoique sourd, mécontentement
des autres missionnaires épaissis par l'âge.

Mais revenons à notre arrivée à l'île des Pins, dont
nous nous sommes passablement écartés.

On nous débarqua, après les colis, vers quatre heures
du soir, à la presqu'île Kuto, et, après un court speech
du commandant Barthélemy, qui nous assigna nos rési-
dences respectives : « un tel à la première commune,
un tel à la deuxième, etc., » les surveillants militaires
nous indiquèrent du geste la grand'route et nous laissèrent aller.

— Mais où coucherons-nous ? leur avait demandé
candidement une femme de notre troupe.

— Dame ! fut-il répondu le plus sérieusement du
monde, l'habitude est d'aller coucher chez ses amis et
connaissances.

Chez ses amis et connaissances, à six mille cinq cents

lieues de ses pénates ! Il ne pouvait y avoir qu'un garde-chiourme pour trouver celle-là.

Cependant, l'apparition du *Coëtlogon* avait causé chez les déportés une grande rumeur, la même qui se renouvelait tous les trois ou quatre mois. De nouveaux compagnons de malheur allaient arriver, apportant avec eux des nouvelles de la vieille Europe. Depuis César, les Gaulois sont restés un peuple de curieux, avides d'informations et, faute de mieux, on ne se montrait pas trop difficile, à l'île des Pins, en fait d'actualité. Les moindres faits et gestes des prétendants monarchiques et des marabouts républicains, transmis de bouche en bouche et défigurés par l'ignorance ou la naïveté, par le besoin de croire quelque chose, atteignaient des proportions stupéfiantes. Les condamnés de l'île des Pins, très braves gens, étaient cependant, en général, d'une culture intellectuelle inférieure à ceux de la presqu'île Ducos. Ces derniers comprenaient des membres de la Commune et du Comité central, des officiers d'état-major, de gros bonnets, enfin, bourgeois tout au moins d'éducation. A l'île des Pins, l'élément prolétarien dominait, non sans mélange car on y compta : un docte professeur, Charmat, un sculpteur de premier ordre, Capellaro, et quelques journalistes Bouis, Cos et Léonce Rousset. Ce dernier mérite une notice spéciale : nous reparlerons de lui plus loin.

En débouchant à Uro, sur le territoire de la première commune nous trouvâmes un groupe de déportés qui, n'ayant pas le droit de dépasser cette limite, étaient rassemblés là pour nous accueillir. La plupart attendaient un fils, une femme : « Auguste ! » crie une voix émue.

— « Me voilà ! » Et un grand jeune homme embrasse

son père, avec lequel il s'éloigne aussitôt, tout joyeux.
— « Tiens ! c'est toi, vieux ? » exclame un autre. Et
deux amis, qui se retrouvent, se serrent la main. D'autres, qui attendaient quelque cher absent, nous dévisa-
gent en silence, puis, déçus, se retirent tristement, sans
mot dire.

Notre troupe s'égrène : quelques-uns ont retrouvé les
leurs et, dans leur satisfaction égoïste, nous abandon-
nent.

Des habitants, peu nombreux, car ils sont pauvres et,
à la longue, le sentiment de solidarité s'émousse, offrent
l'hospitalité aux arrivants. Tant bien que mal, on se
débrouille, on se case : deux ou trois seulement, qui
nous avaient quittés pour aller à l'aventure, durent passer
la nuit dans les bâtiments de l'école sur les bancs et
les tables.

Le criminel qui nous offrit sa case et son lit de camp,
allant lui-même partager celui d'un camarade, s'appelait
Kahil et avait des manières fort avenantes. Nous apprîmes non sans surprise, deux ou trois jours après, qu'il
passait pour légèrement suspect aux yeux de méfiants :
son crime était de tenir les livres l'administration déli-
vrant les vivres aux déportés. Parmi ces proscrits républicains, imbus de la tradition jacobine, on était fort
soupçonneux ; nous-mêmes, parfois, donnions dans ce
travers. Ainsi, pendant nos huit jours passés au chef-lieu,
ayant effectué une promenade un peu éloignée vers
la mer, nous nous étions crus suivis pas à pas, par un
mouchard : ce mouchard n'était autre qu'un débonnaire
commerçant du Diahot de passage à Nouméa. Kahil
se montra toujours aussi discret qu'obligeant envers
nous. Du reste, nous n'entendions pas demeurer à sa

charge : dès le lendemain, nous cherchâmes une paillotte.

On donne ce nom significatif, en Nouvelle-Calédonie, à toutes les habitations primitives, construites en torchis et couvertes d'un toit de paille. Quelques déportés industrieux, après s'en être élevé pour leur usage personnel, en édifiaient qu'ils vendaient aux nouveaux arrivants. De celles-ci, plusieurs avaient un véritable cachet de pittoresque et d'originalité.

On nous montra, entre autres, dans un bout de champ, au pied de collines rocheuses, une coquette habitation blanchie à la chaux et ornée d'un véritable perron : une manière de château rustique. Mais on y était exposé, nous dirent les voisins, à un complet immergement en temps pluvieux, les eaux ruisselant, par les crevasses des collines, dans la plaine qu'elles transformaient en véritable lac. Et si l'eau du ciel vous douchait lorsqu'elle se mettait à dégouliner pour de bon ! Les habitants de l'île des Pins ont conservé le souvenir d'une nuit où la pluie torrentielle, succédant à une tempête aérienne, transperça les toitures, comme l'eût fait la chute ininterrompue d'une masse métallique, et obligea les occupants inondés dans les lits à se réfugier derrière leur parapluie. Heureux ceux qui avaient emporté dans leur exil cet objet bourgeois mais utile !

Nous finîmes par trouver une paillotte dans une situation agréable, sur une hauteur à pente douce, à deux pas de la forêt qui s'étend le long du littoral ouest. Que de fois avons-nous suivi la route qui passait devant notre demeure, pour nous enfoncer dans la brousse, rêver sous les grands pins et devant la mer infinie, murmurant son éternelle plainte !

Sur cette terre, à peu près vierge, et où le terrain ne

manquait pas trop, les déportés eussent pu expérimenter
bien des systèmes sociologiques, depuis l'individualisme
pur et simple qui, à la vérité, n'est guère un système,
jusqu'au communisme étroitement autoritaire de Cabet,
en passant par le mutuellisme, le fouriérisme et le col-
lectivisme de Collins. Ils ne versaient cependant guère
plus dans le socialisme pratique que dans le socialisme
théorique : à l'exception d'une ferme exploitée par une
dizaine peut-être de déportés, ils vivaient soit seuls, soit
par associations de deux, associations harmoniques et
durables parce qu'elles étaient basées sur les affinités.

Ceux qui nous vendirent notre paillotte, jolie case, de
huit mètres sur cinq, entourée d'une vérandah, et que,
peu après, nous fîmes blanchir à la chaux extérieure-
ment, étaient deux associés qu'on eût juré créés l'un
pour l'autre, tant ils se complétaient. Baury, grand, gros,
parleur agréable et doué d'une écriture superbe, chantait du matin au soir, pendant que Boisselet, petit, sec,
inculte et taciturne, au fond admirant son ami, beso-
gnait comme un nègre. Aucun des deux ne semblait
mécontent de cette singulière division du travail, les
chants de Baury galvanisant sans doute les forces de
Boisselet et l'aidant à trouver son labeur moins long ou
plus agréable.

Moyennant cent cinquante francs, nous eûmes avec
un assez vaste terrain en partie défriché, la séduisante
paillotte à laquelle il ne manquait qu'un toit. La première nuit que nous passâmes dans notre habitation de
terre, tenus éveillés par un murmure aigu, incessant, le
cri des cigales — nous contemplâmes, au-dessus de nos
couchettes, le firmament noir, brillant d'étoiles sans
nombre. C'était un spectacle saisissant pour des bour-

geois parisiens et il nous porta à faire bien des réflexions
philosophiques que, dans l'intérêt du lecteur, je m'abs-
tiens de reproduire ici.

CHAPITRE IV.

L'ÎLE DES PINS ET SES HABITANTS.

La Nouvelle-Calédonie, par sa constitution géologique
et la direction de ses grandes chaînes de montagnes, se
rattache au prolongement du système asiatico-océanien,
passant par les îles de la Sonde, la Nouvelle-Guinée, les
Salomon et les Nouvelles-Hébrides, parallèlement à la
chaîne de montagnes qui longe la côte australienne au
nord et à l'est. Un mur de corail, coupé par des passes,
l'encercle, se prolongeant, évasé, au nord et au sud. A
une époque reculée, l'île occupait certainement tout
l'espace limité aujourd'hui par le grand récif ; elle se reliait aux Bélep, aux Loyalty, à Kunié ; bien plus, elle
avait dû, vers la fin de la période crétacée, se trouver, par
suite de l'exhaussement du sol et du retrait de la mer,
rattachée à l'Australie. Un continent, bizarrement den-
telé, occupait alors la surface de l'Océanie. Plus tard,
vers le milieu de la période tertiaire, la mer reprit ses
droits : les terres mal soudées se disloquèrent, d'aucunes
s'effondrèrent et disparurent dans les abîmes liquides ;
d'autres demeurèrent presque à fleur d'eau et servirent
de rendez-vous aux innombrables polypiers qui vinrent
y édifier des îles de corail. La découverte d'un débris

fossile de grand pachyderme confirme l'existence de
cet ancien continent austral, car, à l'arrivée des Européens, la Nouvelle-Calédonie ne possédait plus aucun
quadrupède. Les Canaques du sud ont, en outre, une
vague idée qu'autrefois, on allait à pied du pays des
Touaourous à Kunié ; est-ce une croyance qu'ils ont
reçue des explorateurs blancs ou un lambeau persistant
de tradition transmise à travers les âges par quelques
descendants des aborigènes d'alors ? C'est une question
difficile à résoudre, car les Néo-Calédoniens d'aujour-
d'hui ne constituent pas une race ancienne : ils sont for-
més du mélange des Mélanaisiens, petits, noirâtres, mé-
diocrement intelligents, et des Polynésiens d'Ouvéa
(archipel Wallis) grands, souples et forts, au teint cuivre-
doré, à l'intelligence ouverte, arrivés plus tard, il y a
environ cent quatre-vingts ans. Savoir si la Nouvelle-
Calédonie avait des habitants humains à l'époque tertiaire est un problème dont on n'a pas encore trouvé la
solution.

L'île des Pins, géologiquement, se rattache à la Grande-
Terre. Elle est la continuation d'une chaîne serpenti-
neuse passant par l'archipel Bélep, au nord, Arama,
Poum, Koumac, Gomen, Gatope, Koné, Pouembout,
Tiaoué, Adio, Mou, Monéo, Houaïlou, Canala, Thio,
Bourendy, Yaté, le mont Doré. Les hauteurs sont rougeâtres et arides : la végétation mord difficilement dans
ce sol tout de nickel, de pyrites et de chromate de fer ;
mais les parties basses, fertilisées par les alluvions, arrosées par de nombreux cours d'eau, sont, en général,
verdoyantes. Sur certains points, la mer semble se retirer, laissant à découvert des plages marécageuses où
croît le palétuvier : les femmes indigènes s'aventurent

sans hésitation sur ce sol mouvant pour y chercher des crabes, tandis que l'Européen risque à chaque pas de s'enliser.

Par le dialecte et les mœurs, les indigènes de Kunié se rattachent aux Nouméas et aux Touaourous. Ils ont eu avec eux de fréquentes guerres et les habitants de la grande terre les dépeignaient dans leurs légendes comme un peuple de géants. Le dernier grand chef de l'île des Pins fut Vandégou, brave potentat, qui, par amour des petits cadeaux, se laissa cajoler simultanément par les Anglais et les Français jusqu'au jour où, la grâce des maristes aidant, il se déclara sous le protectorat des seconds. Sa fille Hortense fut proclamée reine, au mépris absolu de tous les usages : cette innovation révolutionnaire n'a qu'une explication, mais toute plausible : Hortense avait été élevée par les sœurs et devait être l'instrument docile des missionnaires. Les bons Pères savent violer les usages dynastiques lorsque leur intérêt les y pousse !

Le doyen des serviteurs de Dieu, à l'île des Pins, était le Père Goujon. Un nom prédestiné, car il aimait fort le poisson et avait un moyen original de s'en procurer, il faisait venir ses fidèles au teint bronzé et leur disait : « Mes enfants, le bon Dieu m'avertit qu'il doit donner » ce soir ou demain un grand pilou [1]. Partez à la pêche » pour qu'il ne manque de rien. » Et les canaques de partir, et lorsque la pêche n'était pas satisfaisante ou que le révérend avait à traiter ses collègues il gourmandait paternellement ses ouailles : « Vous oubliez, leur

1. Pilou-pilou ou simplement pilou, grande solennité dansante, accompagnée de festins où jadis la viande humaine tenait la première place.

3.

» rappelait-il, que le bon Dieu a beaucoup d'invités ; ses » douze apôtres et un grand nombre de saints. » Les candides insulaires retournaient alors lutter contre le poisson.

Ce fait paraîtra à d'aucuns peu vraisemblable, forgé peut-être par l'esprit de parti. Pourtant c'est une des supercheries les plus anodines de ces bons Pères qui, sentant leur règne fini en Europe, s'en vont colporter chez les sauvages les bourdes qui n'ont plus cours chez nous. Aussi s'efforcent-ils jalousement d'empêcher tout contact entre leurs fidèles noirs et les blancs infidèles ou hérétiques. Ils sentent qu'à côté des cadeaux néfastes qu'ils leur font, les Européens communiquent cependant aux naturels quelques bribes d'esprit d'examen et de scepticisme. L'ivrognerie, la syphilis, passe encore! Mais la libre-pensée, jamais !

Stylés par d'aussi bons éducateurs, les indigènes de Kunié ne devaient guère frayer avec les déportés : « Mé-» chant Tayo [1], tu as tué le « bon Dieu de Paris ! » dirent-ils plus d'une fois aux communards. Il s'agissait de l'exécution de l'archevêque Darboy, imputable surtout à ses ennemis les ultramontains et au machiavélique Thiers, braves gens qui devaient se frotter les mains en chantonnant à la sourdine ces vers de Cavalier dit Pipe-en-Bois :

Et c'est ainsi qu'on creva la paillasse
A monseigneur l'archevêque de Paris!

Les directeurs spirituels de la reine Hortense avaient

1. Tayo, mot d'origine polynésienne qui veut dire « ami, camarade » et, par amplification « homme ». L'idée que les hommes sont des amis ne pouvait naître évidemment que dans un cerveau sauvage.

octroyé son cœur, sa main et ses dépendances à Samuel
brave canaque à l'intelligence bornée, qui se distinguait
de ses sujets en portant une paire de souliers. La chaussure est un des bienfaits de la civilisation auxquels s'ac-
coutumeront le plus difficilement les indigènes. Les
grands chefs qui, par amour de la fashion européenne,
se soumettent à la torture du brodequin, perdent peu à
peu leur qualité d'excellents marcheurs ; leur pied qui
jadis défiait la morsure des rocs et des épines, devient
sensible, en même temps que le soulier, auquel ils ne
sont pas accoutumés, alourdit leur marche.

Nous eûmes le loisir d'étudier les hommes et les choses
de l'île des Pins pendant à peu près un mois. Nous y
connûmes intimement les Arabes, déportés parce qu'on
leur avait volé leurs terres, leurs troupeaux, leurs femmes, parce que les spéculateurs algériens convoitaient
leurs biens et que les officiers avaient besoin d'une campagne pour de l'avancement. Leur grand chef, Mokrani,
parlait fort bien le français, voire même le parisien ; il
descendait par les femmes, nous assura-t-on sérieusement,
de l'aristocratique famille des Montmorency et son nom
arabe n'était qu'une corruption du nom français. En tout
cas, il possédait, ainsi que bien d'autres de ses compatriotes, les caractères physiques de race qu'on cherche
en vain chez les descendants alourdis de nos seigneurs ;
dents blanches, finesse des attaches, doigts fuselés aux
ongles roses à faire crever de dépit toutes les duchesses
du noble faubourg.

Aziz-ben-Scheick-el-Hadded était un chef religieux.
fort aimable avec nous, — on devint bientôt amis intimes, — et qui, dans l'insurrection arabe, n'avait pas
donné sa part aux chiens. Jovial et tolérant en matière

de culte, ce qui peut surprendre, il était dévoré d'un appétit énorme : un jour, en prison, il avait parié avec son
geôlier de manger tout un gigot de mouton et gagné le
pari. Les gigots de mouton, à force de s'accumuler,
avaient fini par lui donner un embonpoint inquiétant ;
du reste, figure souriante et belle, que ne déparait pas
une balafre, reçue dans un combat. Rencontre bizarre,
Aziz et celui qui lui avait administré ce coup de sabre
se retrouvèrent un jour, à Nouméa, et tombèrent... dans
les bras l'un de l'autre. Cet ancien adversaire, devenu
ami, était un ex-maréchal des logis de cavalerie lequel,
couché en joue avec un pistolet qui rata, avait jugé indispensable de mettre le tireur, Aziz, hors d'état de ré-
cidiver. Tous deux, par la suite, finirent tragiquement :
le Français, après diverses aventures comme prospec-
teur[1] et colon, mourut de faim ; l'Arabe, réussit à s'éva-
der, revint en son pays en un moment de troubles, et,
luttant naturellement contre les *roumis*, tomba dans une
embuscade où il périt.

Un autre, Ahmed, beau comme un prince des Mille et
une nuits, s'éteignit d'une maladie de langueur, regrettant, comme tous les autres, son pays et sa famille, mais
résigné aux volontés d'Allah.

Et Nanouch, un brave fanatique, qui expliquait ainsi
ses antipathies pour un coreligionnaire déporté : « Lui
kabyle Alger, moi kabyle Constantine ». Conclusion : il
faut s'exterminer ! En voilà un qui ne transigeait pas
avec les prescriptions du Coran ! Constamment, nous
ayant accordé sa sympathie, il s'invitait à déjeuner chez
nous, et, à la tête d'une bande d'affamés, envahissait

---

1. Nom donné à ceux qui vont à la découverte des mines.

notre paillotte à l'heure des repas, mais : « Madame, di-
» sait-il à ma mère, toi, ni pas mettre di la graisse di
cochon », Comment donc ! fils du Prophète, nous enver-
rons à Nouméa chercher du beurre exprès pour toi !
Ce que nous leur en avons fait commettre à leur insu
des transgressions aux sacrés préceptes culinaires.

Ces malheureux, victimes de la cupidité européenne
n'ont jamais revu leur pays : il eût fallu faire semblant
de leur rendre ce qu'on leur avait volé et cela on ne le
pouvait.

Le macaroni à la sauce tomate, confectionné par mon
père avec un brio tout italien, les attirait. La vérité
m'oblige à déclarer que, à table, ces Arabes démentaient
la réputation de sobriété qu'on a faite à leur race. Ils
nous remerciaient, à la fin du repas, en tirant de leur
gosier quelques-unes de ces éructations sonores qui
sont prescrites, en pareille circonstance, par leur code
de civilité. Cette coutume m'a mis plus tard, dans un
grand embarras : j'avais été, ainsi que mon père, invité
à déjeuner par Tahar-ben-Résgui, musulman élevé à
l'européenne et fils d'un officier d'ordonnance du duc
d'Aumale. « Comment faire ? me demandai-je avec
» anxiété entre le dessert et le café. Si je demeure
» aphone, sa susceptibilité arabe se froissera. Si je fais
» fonctionner mon larynx, il est capable, en tant que
» francisé, de me traiter de cochon. » Je regardais mon
père qui demeurait impassible et j'étais tenté de lui crier :
« Mais rote donc, ou tu vas nous faire prendre pour des
» gens sans éducation ! » Il ne broncha pas, et moi je
simulai un hoquet étranglé, que notre hôte était libre
d'interpréter comme il le voulait. Escobar n'eût guère
mieux trouvé.

Nous eûmes bientôt un grand chagrin. Parmi les déportés qui avaient fait le voyage avec nous, se trouvait
un ex-marin, Ponsard, garçon sympathique et d'à peu
près vingt-huit ans. Fortement atteint de la poitrine, il
s'était attaché à nous, avec cette affection mélancolique
de certains malades, et mes parents qui le lui rendaient
l'avaient invité, une fois arrivés, à vivre avec nous
comme dans sa famille. Mais son état s'était tellement
aggravé qu'on dut le transporter à l'hôpital. Nous allâmes l'y voir : justement, il y avait une amélioration
sensible sur les jours précédents. Plus que jamais, nous
parlâmes de la vie commune sitôt qu'il serait guéri défi-
nitivement, et Ponsard, pâle, la tête soulevée sur l'oreil-
ler, nous suivait de son regard brillant. Il désirait une
orange et en trouver n'était pas une petite affaire. Nous
envoyâmes à la mission du Sud : le lendemain, ayant le
fruit désiré, nous nous levâmes de bonne heure mon
père et moi pour aller le lui porter. — « C'est inutile,
» nous dit ma mère, Ponsard est mort cette nuit, à telle
» heure : je l'ai senti. » Nous pâlîmes, car nous savions
que ma mère, d'une intelligence affinée et d'une délicatesse de nerfs maladive, éprouvait, dans les occasions
douloureuses, des pressentiments trop bien réalisés.
Nous allâmes à l'hôpital : à l'heure dite, Ponsard était
passé de vie à trépas !

Quatre ans s'étaient écoulés depuis l'écrasement de la
Commune et l'on ne voyait encore aucun indice de changement : la réaction tenait la France et le monde. Plus
d'un, parmi les déportés, commençait à regarder tristement en arrière. — « Ah ! si le petit Badingue pouvait
» revenir, on ferait l'amnistie et nous rentrerions ! »
murmurait un mécanicien. Néanmoins, à l'exception de

trois ou quatre pauvres diables qui s'étaient laissé ostensiblement convertir par les missionnaires, les proscrits se tenaient convenablement devant l'ennemi.

Le côté triste, c'était l'ivrognerie. A quoi bon cacher la vérité? ce n'est pas ainsi que l'on fait triompher une cause. On buvait beaucoup pendant la Commune, un peu pour se donner du montant, un peu parce qu'on en avait pris l'habitude pendant le siège, alors que les vivres étaient introuvables et la boisson à bas prix. Du reste, les révolutionnaires sanguins de cette époque déjà vieille différaient beaucoup des cérébraux d'aujourd'hui. A la presqu'île Ducos et surtout à l'île des Pins, bon nombre, qui en avaient l'occasion, noyaient leur nostalgie dans le vin et quel vin ! Pas n'était nécessaire d'en boire beaucoup pour déraisonner ou rendre tripes et boyaux.

Deux officines d'empoisonnement sont restées célèbres parmi les anciens hôtes de Kunié. Elles étaient tenues, chose triste à dire, par des déportés que leur avidité avait retranchés de toute communion avec leurs frères d'exil, pour les ravaler au rang des plus âpres mercantis. En remplaçant le jus du vin par des mixtures infernales, ces mastroquets, protégés par l'administration, sont arrivés à la fortune au détriment de la vie de bien des malheureux. Le samedi soir, après la paie faite aux déportés employés aux travaux du génie, la route était jonchée d'hommes ivres-morts, qui n'avaient peut-être pas bu deux verres de ce liquide abominable.

Un de ces mercantis, séminariste défroqué, avait été homme de lettres et même secrétaire, non de Rochefort, comme on l'a écrit parfois, mais de son journal. Eugène Mourot était arrivé à l'île des Pins dans le plus grand

dénûment. Ses camarades ouvriers, flattés de voir un
homme de plume parmi eux, lui donnèrent qui des souliers, qui un pantalon, qui une chemise. Ainsi réquipé, il
se présenta comme comptable chez le mercanti Pinjon,
fut agréé et, à force d'esprit retors, s'implanta associé.
Dès ce jour, le vin, très mauvais, devint exécrable. Mourot, non content d'empoisonner les déportés, spéculait
sur eux de toutes manières.

Il y perdit les sympathies, mais il y gagna de l'argent,
ce qui lui fut une ample compensation. Quelques
années après, il arriva au chef-lieu avec soixante mille
francs si honnêtement gagnés, spécula sur les mines
et finit, bien après l'amnistie, par retourner dans la
vieille Europe les poches à peu près vides, ayant
perdu, bu ou mangé son saint-frusquin. Prêt à tous les
métiers, il tenta de flibuster l'un, faire chanter l'autre,
réclamant même à Rochefort, qui l'envoya promener,
ses appointements de secrétaire de rédaction, au prix
de quinze cents francs par mois, pour toute la durée
des onze ou douze ans qui s'étaient écoulés *depuis la
mort du journal!* Je le revis deux ou trois fois sans
échanger avec lui plus de dix mots, courtoisement, du
reste; aussi, grande fut ma stupeur en apprenant, proscrit à Londres, que cet ex-empoisonneur, pressé de gagner un louis ou deux, avait bravement profité de mon
éloignement pour bâtir sur moi une histoire tintamarres-
que. J'étais tout simplement représenté comme agent de
Rothschild au fougueux directeur de la *Libre Parole*, qui
voit l'ennemi juif jusque dans son vase de nuit, et cela
avait permis de tirer deux ou trois numéros à grand fra-
cas. La vengeance étant le plaisir non seulement des
dieux mais même des hommes, je n'ai pu résister au

plaisir de consacrer une page à ce littérateur d'affaires.

Il y avait peu de vie publique à l'île des Pins : l'appel fait par les surveillants militaires, le soir en temps ordinaire, et deux fois par jour lorsqu'il y avait un navire en vue, était, avec les enterrements la seule occasion de rassemblements. Au début, quelques vauriens, étrangers à toute idée politique ou sociale, s'étaient constitués en une sorte d'association malfaisante, *la tierce,* à l'effet de vivre sans travailler sur les autres. On supporta quelque temps leurs attaques et leurs déprédations, puis on leur donna la chasse et on finit par n'entendre plus parler d'eux. Il en avait été de même à la presqu'île Ducos. A leur honneur, les déportés ne voulurent pas recourir à l'administration pour ce lavage de linge : un seul, Saint-Brice, délégué de commune à l'île des Pins, frappé par quelques ennemis, les avait signalés, à tort ou à raison comme appartenant à *la tierce* et les malheureux, trois jeunes gens, furent fusillés. Pour ce fait, Saint-Brice se vit mettre à l'index : personne ne lui parlait plus et ce supplice se continua, après l'amnistie, à bord de la *Loire,* qui le ramenait en France.

La prison de l'île des Pins, — l'hôtel Bardoux, comme on l'appelait, du nom de son principal geôlier, — était bien remplie. Pour la plupart, ses pensionnaires étaient coupables de tentatives d'évasion. Après celle, si heureusement réussie de Rochefort, une véritable fièvre d'escampette avait travaillé les déportés : ils ne rêvaient plus que barques les transportant sur la côte australienne. Comme la plupart étaient d'excellents ouvriers, ils se mirent en mesure de réaliser ce songe. Chaque nuit, la forêt longeant la mer fut remplie d'hommes qui, furtivement, coupaient et façonnaient des arbres, puis au petit jour, les cachaient sous quelque amas de feuillage. Combien furent surpris par les rondes de surveillants et condamnés à des années de prison pour vol du bois appartenant à l'Etat et dont il eût été moins dangereux de faire des flûtes ! Mais les autres ne se décourageaient pas. De toutes ces tentatives, la plus célèbre et la plus malheureuse fut celle du docteur Rastoul qui, avec vingt-et-un camarades, partit de l'île des Pins par une nuit de tempête. Sans doute, comptaient-ils trouver à peu de distance au large un bâtiment qui les prendrait à son bord, car à ceux mis dans la confidence qui leur disaient : « Attendez au moins vingt-quatre heures ! » partir par ce temps c'est aller à la mort, » ils répondaient invariablement : « Il faut que nous partions cette nuit. » Ils allèrent et on n'eut jamais de leurs nouvelles. Seulement, plus tard, l'autorité pénitentiaire exposa à la presqu'île Kuto des débris de bateau comme étant celui de Rastoul, à l'effet de doucher les ardeurs d'évasion.

Parmi les vingt-deux, se trouvait un Italien d'un grand courage, Palma, qui avait fait le coup de feu contre celui d'Etat, avec mon père. Je me rappelle ce dernier me narrant l'épisode : après la prise de la barricade du faubourg Saint-Martin, qu'ils défendaient, mon père, Palma, quelques Italiens et Hongrois s'étaient cachés dans une cave, sous des sacs à charbon. La troupe victorieuse perquisitionnait partout : au moment juste où elle descendait dans le sous-sol, Palma, qui voyait plutôt le côté comique que le côté tragique des choses, partit d'un formidable éclat de rire, à la grande fureur de ses compagnons. Par un bonheur providentiel, les soldats, harassés de luttes et d'exécutions ne poussèrent pas leurs

recherches à fond. Plus tard, Palma alla se battre avec
Garibaldi, prit part à la fameuse expédition des Mille et
continua de déployer pendant toute la guerre franco-
allemande et la Commune, une bravoure souriante. Au
moment suprême, il a dû narguer encore la mort de
quelque insulte.

La navigation côtière est pleine de difficultés et de
périls, tant devant la grande-terre que devant les îles qui
en dépendent. Elle demande non seulement des hommes
du métier, mais aussi des hommes connaissant à fond le
littoral. Parmi ces loups de mer, — et la Nouvelle-Calédonie en comptait d'excellents : les pilotes Fabre, Le-
leizour, le capitaine Gaspard, etc., — il y en avait un
d'une originalité sans bornes, le capitaine Hubert.

Hubert, qui se surnommait « de la Marmitte » parce
que sa famille paternelle s'appelait Delamare ou de la
Mare, était fils d'un directeur des postes et avait atteint,
dans la marine de l'Etat, le grade d'enseigne de vaisseau.
Il possédait toutes les aptitudes requises pour faire un
marin de premier ordre, n'eût-ce été un désastreux penchant pour l'absinthe. Un jour, à bord d'une corvette
ou d'un aviso, sur les côtes du Sénégal, Hubert, de service, probablement éméché, avait laissé clocher quelque
détail. « Quel est le cochon qui a fait cela? s'écria le
» Ramollot du bord, je le foutrai aux fers. » Mon com-
» mandant, nasilla l'enseigne, qui semblait avoir le
» larynx dans les narines, le cochon c'est moi, et on ne
»\fout pas aux fers un officier. » Mais on le f...lanqua
aux arrêts pour trente jours. Cette punition expirée,
Hubert, en grande tenue, s'en fut rendre à son chef hiérarchique la visite que doit tout officier puni : « Mon
» commandant, en vertu de l'article tant du règlement,

» je viens, etc... » Puis, comme ils étaient seuls, Hubert
en profita pour administrer à son commandant une maîtresse râclée. A la suite de cette algarade, le jeune officier donna sa démission et, ne sachant trop que faire,
s'en alla en Chine, d'où il vint en Nouvelle-Calédonie.
Là, il courut un peu la côte, passa pilote et acquit une
réputation hors de pair à la fois comme navigateur et
comme ivrogne. Nul ne conduisait plus habilement un
navire au milieu des traîtres récifs de la mer de Corail
et à bord, il était d'une sobriété remarquable, — peut-
être aussi l'empêchait-on de boire. Cette abstinence le
rendait malade, mais comme, une fois à terre, il prenait
sa revanche! On le voyait passer dans les rues de Nouméa, tantôt raide et majestueux comme l'incarnation de
la justice, tantôt décrivant les plus folles figures géomé-
triques et fourrant sous le nez des passants ahuris un
squelette de hareng saur dans lequel il mordait à belles
dents : « Je n'ai encore bu que quinze absinthes! cla-
» mait-il. Qui me paie la seizième? Je crève de soif! »
Et, sans respect de l'étiquette ou de la discipline, l'ancien enseigne interpellait vertement, en leur tapant sur
le ventre, lieutenants de vaisseau ou capitaines de frégate. Souventes fois, il irruptait dans les bureaux de
l'administration, faisant entendre aux ronds-de-cuir de
tout grade de dures vérités. Le chef de la colonie même
n'était pas à l'abri de ses mercuriales qu'il tolérait par
restant de sympathie pour un ancien officier de marine
et aussi par ce sentiment qui portait les rois à recevoir sans se fâcher les remontrances de leurs fous. Lorsque, dans la bonne ville de Nouméa, si respectueuse des
tyranneaux administratifs, on entendait une voix éraill-
lée par l'alcool hurler : « Je les emm... tous, depuis le

» gouverneur jusqu'au dernier policeman », on se disait
sans la moindre hésitation : « Tiens ! le capitaine Hubert
» qui passe ! »

Nous aurons occasion de reparler de ce loup de mer,
qui avait, à l'île des Pins, un rival en originalité aussi
bien qu'en intempérance dans la personne du déporté
Léonce Rousset. C'était un petit bossu, non pas tout à
fait bègue, mais bredouillant fortement, d'où l'harmonieux sobriquet de Caracaca. Intelligent, instruit et d'un
caractère fort serviable, il professait un amour immodéré pour la bouteille, qu'elle contînt du vert, du jaune,
du rouge ou du blanc. Il en résultait des situations parfois comiques, parfois tragiques, parfois les deux : ainsi
il faillit, un jour, disparaître dans une fosse d'aisance.
Les surveillants militaires, lors même qu'ils ne l'enten-
daient pas répondre, deux ou trois jours durant, à l'appel de son nom, ne s'émouvaient pas outre mesure, certains de le retrouver endormi du sommeil d'Epiménide,
au coin de quelque fourré. Ce passionné buveur possédait une plume alerte : il créa, en collaboration avec
quelques camarades, le *Parisien illustré*, petite feuille
lithographiée qui eut quelques numéros hebdomadaires
et débita de l'humour à défaut d'informations. Après
l'amnistie, Caracaca, rentré en France, prit femme et
se lança dans le journalisme industriel, mais il ne re-
nonça pas à son goût favori et, comme le capitaine Hubert, il est, je crois, mort d'avoir bu trop souvent et
trop à la fois.

Un mois et demi environ s'était écoulé depuis notre
arrivée à l'île des Pins. Des poules picoraient derrière
notre cuisine, le jardin promettait beaucoup, mon père
se tuait à arroser ses choux ; j'alternais, avec la lecture

de mes vieux classiques, les excursions dans la forêt,
d'où je rapportais de grands papillons aux ailes d'azur,
lorsque, un soir, arriva de la presqu'île Kuto l'ordre de
nous préparer à partir, le lendemain, pour Nouméa.

Nous nous regardâmes tous trois stupéfaits, n'ayant
jamais rien demandé de semblable. Comment! à peine
avions-nous eu le temps de savourer les douceurs du
propriétarisme rural et déjà il fallait nous y arracher!
Mon père qui se remémorait sans doute le vers virgi-
lien :

O fortunatos nimium sua si bona norint agricolas!
eut un mouvement de refus très catégorique qui fit
hausser les épaules à tous nos camarades :

— « Ah ça, nous dirent amicalement ceux-ci, vous êtes
» donc les derniers des crétins ! Comment vous bénéfi-
» ciez d'une mesure que d'autres ont sollicitée depuis
» deux ans et que vous n'aurez même pas eu la peine de
» demander, et vous iriez bêtement la refuser, préférant
» vous enterrer ici, loin de toute activité, de tous dé-
» bouchés. Il n'est pas permis d'être stupides à ce point-
» là! »

Ces conseils persuasifs firent leur effet. Parler à mon
père d'activité, de mouvement, d'affaires, c'était faire
vibrer en lui une corde sensible. Le lendemain, ayant
chargé un ami de réaliser en temps opportun notre paillotte, notre jardin, nos poules, nous quittions l'île des
Pins pour Nouméa à bord du vapeur « La Dépêche. »

CHAPITRE V.

DE LA DÉPORTATION AU TÉLÉGRAPHE

Le coquet petit bâtiment qui nous emmenait, n'appartenait pas à l'Etat, comme on pouvait s'en convaincre par l'aménité de son personnel, lequel ne semblait faire aucune différence entre les déportés et les autres hommes. Deux proscrits, commués à cinq années d'emprisonnement en France, nous accompagnaient et représentaient assez bien *Jean-qui-pleure* et *Jean-qui-rit*.

Le premier, Balthazar, avait dû en voir de dures sur le pavé de Paris; aussi ne témoignait-il aucun enthousiasme à l'idée de revoir une mère patrie qui lui ouvrait non ses bras mais une porte de cellule avec un geste engageant comme pour dire : « Donnez-vous donc la peine d'entrer ! »

« — Nom de Dieu de nom de Dieu ! gémissait l'infor-
» tuné, en voilà une grâce que je ne leur demandais pas!
» Je ne retrouverai jamais un patelin comme celui-ci
» quel chic pays! on se lève avec le soleil qui vous
» chauffe : on va au bois couper des fagots ou des ba-
» guettes et, sa journée finie, on a quarante sous dans
» la poche : on était si heureux ! »

L'autre, Gilbert, ne semblait aucunement partager cette manière de voir. Ouvrier parisien, gai, bon enfant, avec une pointe de sentiment, il ne pouvait contenir sa joie à la pensée de troquer le grand air de l'exil illimité contre l'hospitalité d'un cachot dans sa chère France.

Difficilement, il se retenait de piquer sur le pont du navire un cancan échevelé. Néanmoins, l'amertume de l'un
et l'exhilarance de l'autre ne les empêchaient, pas plus
que nous d'ailleurs, de faire honneur au confortable ordinaire du bord. Bien loin les immasticables fayots et
la carne des longues traversées! On est servi aussi co-
pieusement et aussi bien qu'à bord d'un transatlantique :
Gilbert engloutit une moitié de volaille et Balthazar ar-
rose d'un nombre respectable de tasses de thé une montagne de riz à la créole.

Ce voyage, commencé sous des auspices aussi favorables, se termina sans accidents ni incidents. Le soir
même, nous étions installés rue de Sébastopol, dans un
logement meublé de deux lits une table et trois chaises.
Notre propriétaire, une Anglaise, petite, rousse, bossue,
qu'animait un double et désastreux amour pour la bouteille et pour l'accordéon, nous déclara avec un sourire
épouvantable, que nous serions « all right ».

A Nouméa, les déportés se trouvaient délivrés de l'appel quotidien, mais ils devaient, chaque mois, signer
sur un livre de présence. En outre, toute perambula-
tion dans les rues, passé dix heures du soir, leur valait,
au fort Constantine une retraite pleine de méditations
salutaires, les goguettes nocturnes étant le privilège des
officiers de toutes armes. Le commissaire de police Aü-
det, type de satyre inquisiteur, qui est, je crois, maintenant au bagne, tenait la main à l'exécution de ce règlement. A la tête de sa police canaque, composée de
huit ou dix sauvages à peine vêtus, armés de sagaïes ou
de casse-tête, il parcourait fiévreusement la ville et
lorsqu'il avait la bonne fortune de rencontrer un délin-
quant, quelle ivresse! La meute se ruait sur le gibier

avec une frénésie sans pareille et se retenait à grand'
peine de le mettre en pièces.

Audet, qui n'était, en réalité, qu'un garde-chiourme
de seconde classe, délégué aux fonctions commissariales
vu ses merveilleuses aptitudes policières, fut, par la
suite, révoqué. A force de platitudes, il reparut dans
une place très subalterne, puis finit dans une affaire de
viol. Il n'est aucun déporté qui n'ait gardé de lui un
souvenir de haine ou de mépris.

Cet être avait pour digne supérieur le lieutenant-colo-
nel Charrière, directeur de l'administration pénitentiaire. Après le gouverneur, autocrate qu'assistait pour
la forme son Conseil privé, le commandant militaire
et le directeur de l'administration pénitentiaire étaient
les deux plus gros bonnets de la colonie. Aussi, tout
tremblait-il devant Charrière, tyran cruel et chapardeur,
parent par le caractère des Marcerou et des Gallifet. Il
eût été de taille à faire écorcher un homme par plaisir,
mais il n'eût pas manqué ensuite d'en vendre la peau :
ironie des choses : il se prénommait Aristide !

Un exemple de ses vols, entre mille. Un transport venait de débarquer, à destination de l'administration pénitentiaire, un certain nombre de barriques de vin. Celui qu'on expédie de France à la Nouvelle-Calédonie
est généralement bon ou, du moins, riche en alcool :
autrement il ne supporterait pas la traversée. Charrière
n'en fit pas moins refuser ce vin comme impotable et,
fonctionnaire soucieux des deniers de l'Etat, le vendit,
— à vil prix naturellement, — à un honorable commerçant qui se trouva là à point nommé. Quelques jours
plus tard, le même commerçant revendit le même vin à
la même administration, qui le trouva excellent, cette

fois, et les deux compères se partagèrent la poire.

Les colonies ont toujours été la proie d'une écume de rastaquouères. A six mille cinq cents lieues de la métropole, la Nouvelle-Calédonie, sans presse, sans tribunaux indépendants, sans assemblées élues, sans libertés d'aucune sorte, devait être encore plus mise en coupe que les autres. La servilité, l'aplatissement étaient tout le fond du caractère du colon : le moindre petit sous-lieutenant, bombardé « commandant » d'un district grand comme une sous-préfecture, se donnait des airs crevants. — « Mon commandant ! » lui bredouillaient ses administrés... Mais, attention ! voici un satrape à trois galons qui passe : vite ! la main au chapeau ! Attention encore ! voici venir monsieur le sous-directeur des travaux agricoles, monsieur le commissaire des fonds, monsieur l'ordonnateur, monsieur le commandant de gendarmerie... monsieur le gouverneur ! fléchissez le genou... monseigneur l'évêque ! Ici, on se prosterne et on baise la terre.

Cependant, plus roi encore que le gouverneur et l'évêque, trônait un bout d'Anglais souriant et affairé, qui avait commencé par tirer la brouette, à cinq francs par jour, et qui, Dieu sait à la suite de quelles mystérieuses affaires ! manipulait maintenant des millions. John Higginson était d'une habileté sans pareille pour nouer une affaire, compromettre un fonctionnaire en lui glissant un pot-de-vin et s'en faire un allié utile. A côté des grotesques chamarrés dont on adorait l'uniforme, ce petit homme, simple d'allures et coiffé d'un inamovible chapeau gris, représentait la puissance du capital.

Sa plus fructueuse opération fut celle qui, en 1878, lui valut du gouvernement la cession, pour vingt années,

de trois cents forçats, destinés à extraire le cuivre des
mines de Balade. Ces esclaves blancs devaient être payés
par le millionnaire anglais dix centimes par jour, nourriture et habillement restant aux frais de l'Etat. Du coup,
le travail libre et le petit commerce furent tués dans la
région : les mineurs de profession, les charpentiers, les
mécaniciens, dont plusieurs gagnaient de douze à quinze
francs par jour, durent céder la place aux transportés,
travaillant gauchement mais autant dire pour rien.

Quelques amis m'avaient conseillé d'entrer dans le
commerce : j'avoue que la perspective de métrer du
calicot ou de peser de la cassonade n'excitait en moi aucune émotion agréable. Et cependant, l'épicerie mène
à bien des choses ! à Nouméa, elle menait à peu près à
tout, grâce sans doute à sa fusion intime avec la nou-
veauté, l'herboristerie, la parfumerie, la cordonnerie et
le débit de boissons. Rien n'était plus commun que d'aller chez l'épicier, marchander un pantalon entre l'achat
d'un clyso-pompe et l'absorption d'un verre d'absinthe.
Ce soulagement non gratuit des besoins les plus variés
avait rendu les épiciers des hommes considérables et
considérés, la déférence que l'on refusait peut-être au
détaillant d'oignons étant accordée au débitant de sina-
pismes ou de papier Rigollot. C'était déjà le bazar ..
moins le coup d'œil, la grandeur, l'agencement et le personnel.

Insensible aux séductions du Doit et de l'Avoir,
n'ayant cependant pas l'intention de demeurer les bras
croisés, j'entrai dans une distillerie avec la naïve prétention d'y mettre en pratique ce que j'avais de connaissances physiques. *O vanitas vanitatum* ! Au lieu d'être
mis en rapport avec les alambics, les cucurbites et les

serpentins, je fus gracieusement invité par les patrons, MM. Van Oklum et Malan, à rincer les bouteilles.

Je lâchai ce travail, honorable sans doute mais peu intellectuel, pour un autre plus dans mes cordes. Notre boulanger avait deux fils dont l'éducation, reçue à l'école des frères, laissait à désirer : il voulut bien me les confier et, *in petto* fier autant qu'ému d'avoir des élèves, je m'efforçai d'inculquer à leur jeune intelligence les beautés de mon répertoire classique. Le fils d'un ami déporté vint augmenter le nombre de mes disciples et mon ardeur professorale s'en accrut. Comme un vrai serin, au lieu de tirer à la leçon, je n'avais de trêve que mon jeune troupeau n'eût sauté à pied par dessus les obstacles les plus ardus : réductions de fractions, degrés de longitude et de latitude, règles des participes passés. Grâce à ce beau zèle, les parents m'adressèrent force compliments et me retirèrent bientôt leurs enfants, les jugeant suffisamment instruits et utilisables.

Un brave bibliothécaire, honnête et indépendant, aussi quoique personnellement estimé du chef de la colonie, est-il mort dans une situation modeste, m'avait déjà offert son appui pour entrer dans une administration publique. Nous avions, jusqu'alors, décliné cette offre, pensant que la nomination d'un fils de déporté à un emploi d'expéditionnaire ou de piqueur des ponts-et-chaussées ne pourrait que donner lieu à de fâcheux commentaires. On se montrait fort soupçonneux parmi les nôtres et bien des pauvres diables étaient tenus à l'œil pour le simple fait de n'avoir jamais pâti de la mauvaise humeur de nos capricieux geôliers. Je renonçai donc à m'armer de la plume ou de l'équerre, mais une autre porte s'ouvrit bientôt devant moi. Une mission télégraphique ayant à sa tête un orientaliste distingué, Charles Lemire, était depuis quelque temps arrivée dans le pays dont elle se proposait de faire communiquer les différents centres par une ligne aérienne longeant entièrement la côte. Indépendante et scientifique d'allures, cette administration n'avait rien qui pût choquer les susceptibilités : en outre, il y avait la perspective bien alléchante pour un jeune homme nourri de Jules Verne et de Mayne-Reid, d'aller explorer cette *brousse* encore sauvage, de nouer des relations avec les derniers anthropophages, d'étudier sur place les dialectes et les mœurs. Quel beau rêve ! Aussi, cette fois, n'hésitai-je pas ; j'offris mes services et, le 14 janvier 1876, fus officiellement nommé employé colonial de troisième classe aux appointements de deux mille francs par an avec la ration de vivres en nature.

Le service télégraphique était l'un des rares qui eût un bon personnel et fonctionnât convenablement. Son directeur, le « père Lemire », comme nous l'appelions, était très aimé. Quelques employés de la métropole, passés ici au rang de grands personnages l'entouraient. C'étaient : Guette, le contrôleur, grand et beau brun, aux victorieuses moustaches, habile, instruit et enclin au radicalisme ; Tant, excellent garçon, qui ne craignit pas d'épouser une fille de déporté... après l'amnistie ; Venturini, Corse de la vieille roche, irascible et pointilleux, qui remplaça plus tard avec avantage un de ses compatriotes à la direction des Postes ; Simonin, chef surveillant des lignes, fort gaillard à la barbe fluviale et dorée bien qu'il fût du midi ; ancien second maître de la flotte, il portait volontiers sa médaille et unissait la ponctualité d'un vieux militaire à un léger vernis de sen-

4.

timents démocratiques ; du reste, intelligent, actif et
n'ayant pas la langue dans sa poche. Clech, surveillant,
travailleur et modeste, complétait le cadre métropolitain.

C'était juste assez pour assurer le service des premiers
bureaux ouverts, et encore avait-on dû, à la presqu'île
Ducos et à l'île Nou, confier la manipulation à deux surveillants. A la suite d'un voyage pédestre de reconnaissance, entrepris par Lemire tout le long de la côte, il
fut décidé d'envelopper l'île d'un réseau circulaire, de
créer des bureaux au delà d'Uaraï et de Canala, où s'arrêtait alors la communication télégraphique, et, pour
cela, de recruter un personnel colonial. Trois ou quatre
employés, deux ou trois surveillants des lignes et un
facteur urbain, qui manquait d'urbanité autant que de
tempérance, avaient déjà commencé l'apprentissage de
leurs fonctions. Je vins compléter le nombre, avec deux
des Marseillais du *Var*, rebutés de la colonisation agricole, et un brave garçon très fort en mathématiques mais
que des malheurs avaient rendu Polonais, bien qu'il fût,
je crois, du Maine-et-Loire. Nous prêtâmes le serment
de garder fidèlement le secret de la correspondance et
je me rappelle encore le trémolo ému avec lequel l'aîné
des Marseillais prononça son « je le jure ! »

Trois mois environ s'étaient écoulés : la manipulation
des appareils Moire et Bréguet n'avait plus de secrets
pour nous ; peut-être ne nous avait-on pas assez accom-
tumés aux caprices des piles Leclanché, le soin de les
monter et démonter étant réservé au seul Simonin; mais,
théoriquement, nous étions de bonne force ; la compta-
bilité était des plus aisées. On nous déclara bons pour
partir dans la *brousse*.

Le directeur de l'administration pénitentiaire n'avait pas vu d'un bon œil l'entrée d'un fils de déporté dans les télégraphes. Il s'était dit que, le cas échéant, j'eusse pu favoriser quelque évasion sur la grande terre, soit en interceptant des dépêches authentiques soit en en faisant circuler de fausses. Aussi se remuait-il des pieds et des mains pour me faire congédier : très heureusement notre service échappait à toute autorité de ce garde-chiourme en chef. Seulement, comme Charrière était homme à employer l'intrigue aussi bien que la violence, le père Lemire m'avertit que, pour qu'il me perdît de vue, je serais envoyé dans le plus reculé des nouveaux postes, au milieu des tribus encore indépendantes et peut-être anthropophages, à Oubatche.

J'en fus ravi : enfin ! j'allais donc voir des Canaques autres que ceux de la police indigène ou du port, déformés par une civilisation dont ils ne prenaient que les vices. Je disais adieu sans regrets à ce Nouméa torride et rougeâtre, où chiaoux et rastaquouères tenaient le haut du pavé ; je quittai d'un cœur léger cette ville sans bibliothèques, sans musées, sans groupements intellectuels, où l'unique distraction, pour ceux qui ne voulaient pas traîner du *Cosmopolitain Hôtel* au café Pacifique et du café Pacifique au café Ohlet, était d'aller le dimanche, entendre la fanfare des transportés sur la place des Cocotiers, au milieu des Canaques des deux sexes, les hommes en pantalons ou en chemise, les femmes en peignoir éclatant. Le beau monde, c'est-à-dire les épiciers et les blanchisseuses parvenus, s'abstenaient soigneusement de paraître dans cette foule démagogique de déportés, de libérés et de sauvages : tout au plus, voyait-on fureter un galonné cherchant bonne fortune.

Le beau sexe était rare sur la place de Nouméa et des vieilles de soixante ans trouvaient encore amateurs.

Le dimanche matin, il est vrai, nous jouissions d'un coup d'œil assez amusant. Fumant notre cigarette sous la vérandah pendant les moments de loisir, assez fréquents ce jour-là, nous voyions défiler devant nous, se rendant à l'église, tout l'élément féminin de la société nouméenne. Elles marchaient, ces pieuses dames et ces gentes demoiselles, raides comme si elles eussent avalé un paratonnerre, du reste impitoyablement coquettes et rivées, à un nœud près, aux modes de Paris, avec seulement six mois de retard. Et comme elles se sentaient dévisagées, même lorsque les stores de la vérandah étaient baissés! Aussi se redressaient-elles encore davantage, marchant de la pointe du pied avec une indifférence affectée. — Tiens! disions-nous, les demoiselles Cheval. — Attention! voici la tribu des Bataille, la mère et les filles, qui s'avance... comme dans la *Belle-Hélène*. — Madame G***, heureuse femme! pauvre mari!

L'homme propose et les événements disposent; j'attendais de jour en jour l'avis officiel de mon départ pour Oubatche, lorsqu'une insurrection des indigènes de Ti-Pindjié vint tout modifier.

Entre Hienghène et Touho, sur le littoral nord-est, s'étendaient les possessions du grand chef Poindi-Patchili : au sud de Touho, est la mission de Wagap, qui avait pour titulaire, le père Roussel. Ce point de l'île est rocheux, escarpé, bordé, néanmoins, d'une immense forêt de cocotiers, avec des torrents qui se précipitent de la chaîne de montagnes parallèle à la côte. De nombreux villages indigènes, occupant le territoire compris entre la demeure du mariste et Ti-Pindjié, résidence de

Poindi-Patchili, servaient alternativement de tampon et
de pomme de discorde entre ces deux personnages influents.

Le père Roussel était un homme énergique et d'une
ambition remuante qui, coiffé de la tiare, eût fait un
pape Jules II. Il connaissait admirablement le dialecte
du pays, assez différent des dialectes voisins, ce qui
tient peut-être à l'origine disparate de ces tribus, formées il n'y a pas deux cents ans, de réfugiés d'un peu
partout. Ayant établi son influence à Wagap, il rêva de
la faire rayonner le plus loin possible et, quand la per-
suasion n'opérait pas, le saint homme, enflammant
ses ouailles et se mettant courageusement à leur tête,
allait convertir ses opiniâtres voisins, *manu militari*.

Comme nombre d'autres chefs, Poindi-Patchili n'aimait pas ces étrangers à robe noire qui, avec des dehors
modestes, venaient substituer leur autorité à celle des
autocrates indigènes. Non seulement, il professait le
plus parfait dédain pour le mystère de la Sainte-Trinité,
mais encore il était résolu à maintenir énergiquement
ce qu'il considérait comme ses droits. Les catholiques
de Wagap ayant, pour la dixième fois, molesté leurs
frères infidèles, Poindi-Patchili leva le drapeau de la
révolte, — métaphore hardie s'il en fût, le seul linge
usité par les canaques païens étant celui qui leur couvre les parties sexuelles.

Le père Roussel, malgré ses aptitudes guerrières, fut
contraint de crier au secours. Poindi-Patchili, que j'ai
personnellement connu depuis, était un gaillard d'au
moins six pieds, à mine martiale, qui ne boudait pas
devant les sagaies ni même devant les chassepots. Un
capitaine, avec soixante-quinze fantassins de marine et

une centaine d'auxiliaires indigènes, accourut du chef-
lieu d'arrondissement de Canala, situé à une trentaine
de lieues par mer et à près du double par terre, aucune
route directe n'existant. L'employé Fournier, qui devait,
de Païta, aller ouvrir le bureau de Houaïlou fut adjoint
à la colonne avec un appareil de campagne et, par intérim, je le remplaçai dans la gérance de Houaïlou.

C'était alors le poste télégraphique le plus avancé au
nord, celui d'Oubatche n'étant pas encore aménagé.
J'allais me trouver à deux jours de marche du pays in-
surgé, communiquant avec Fournier, au nord, et le bureau de Canala, au sud. Je ne détestais pas les aventures risquées et, cependant, j'étais enchanté de ne pas
prêter le concours de mon appareil contre ces pauvres
diables de Canaques, qui, résistant à la fois aux missionnaires et à l'armée, ne pouvaient qu'avoir toutes
mes sympathies. Lorsque j'appris que Poindi-Patchili,
sommé de se rendre, avait fait la réponse suivante :
« Je sais que le P. Roussel possède beaucoup de beaux
» moutons dans sa mission et j'espère bien ne pas me
» rendre avant d'en avoir mangé quelques-uns, » je finis
par être absolument charmé de ce guerrier sauvage,
doublé d'un gastronome.

Mon ordre de départ étant enfin arrivé, je m'embarquai, le 21 avril au matin, à bord de *la Seudre*, en
compagnie du chef-surveillant. J'avais déjà fait six mille
cinq cents lieues en cinq mois de traversée, et celle de
Nouméa à Houaïlou n'en comportait pas plus d'une
soixantaine, mais c'était la première fois que mes parents me laissaient m'exposer loin d'eux aux traîtrises
de l'Océan, même Pacifique. Un mois auparavant nous
avions déjà eu un échantillon de ce que peuvent faire

les éléments quand ils s'y mettent pour de bon ; un cyclone, annoncé comme d'habitude par une forte dépression barométrique, s'était abattu sur la colonie, la balayant du nord au sud, déracinant les plus gros arbres, obstruant les routes, jetant bas comme de frêles chateaux de cartes, les maisons de Nouméa, qu'on était contraint d'attacher avec de gros câbles, de peur qu'elles ne prissent la fugue dans cette valse générale. Le déchaînement de la mer répondait au déchaînement du ciel : que de bateaux furent jetés à la côte et broyés ou engloutis au large dans le tourbillonnement éperdu des flots ! Ma mère, qui avait encore ce spectacle devant les yeux, contemplait avec angoisse la ligne bleue qui limitait notre regard et notre liberté. Ce fut avec une émotion profonde qu'elle me donna ses conseils et fourra du chocolat dans ma valise ; mon père y inséra entre un trousseau et une paire de chaussures une vieille bouteille de *Torino*, tous deux recommandèrent chaleureusement mes dix-huit ans à l'expérience de mon compagnon de voyage, et après des adieux pathétiques rappelant ceux de Robert-Robert à sa famille (voir l'intéressant et moral roman de Louis Desnoyers), je pris place dans la chaloupe de *la Seudre*.

L'équipage de cette frégate était non breton mais provençal, comme on s'en apercevait forcément dès le premier pas fait sur le pont. Plus de « Ma Doué [1] » mais des « Troun de l'air ! » en veux-tu, en voilà, une animation, un entrain incessants. Peut-être, si cela avait duré cinq mois, m'en serais-je fatigué autant que de la lourdeur des marins du *Var*, mais n'étant resté que deux

1. Mon Dieu.

jours à bord de ce bâtiment, j'en ai conservé le meilleur souvenir.

Nos fonctions nous donnaient rang de premiers maîtres, c'est-à dire d'adjudants. Cette équivalence des positions civiles et militaires était considérée comme très importante en Nouvelle-Calédonie, où le galon jouait et joue probablement encore, un si grand rôle. Les employés métropolitains, qui nous regardaient d'un air supérieur, avaient rang d'officiers et mangeaient au *carré*. Plus tard, lors de remaniements administratifs, la même situation nous fut reconnue et les porte-épaulettes durent nous traiter sur le pied d'égalité. J'ai ainsi voyagé successivement avec la plèbe, avec les élus et avec leurs sous-ordres les maîtres : je dois avouer que c'est avec ces derniers que j'ai passé les moments les plus agréables.

Partis de Nouméa à huit heures du matin, nous atteignions, vers deux heures de l'après-midi, la baie du Prony qui, s'ouvrant à l'extrémité méridionale de l'île, est appelée aussi baie du Sud. C'est une région de lacs, de rivières et de forêts renfermant toutes sortes de belles essences : le kaori, le tamanou, l'ébène, le milnéa, l'araucaria, le chêne-gomme, le hêtre-moucheté, etc. Il est regrettable que l'amiral de Montravel n'ait point songé à utiliser cette partie de la côte, ombragée, alimentée d'eaux vives et prête à donner une exploitation utile, pour en faire le chef-lieu de la colonie, au lieu de l'établir dans cette aride presqu'île de Nouméa. La situation stratégique, sans être aussi excellente, n'était pas mauvaise : une série d'anses sûres et profondes, protégées à l'ouest par l'île Ouen, à l'est par une multitude de petits récifs, ne laissant entre eux et la grande terre que le ca-

nal de la Havannah, facile à barrer. Même du côté sud,
le plus ouvert à une escadre ennemie, un débarquement
eût pu être fortement contrarié par des batteries établies
sur les sinuosités du rivage et croisant leurs feux. Mais
les intrépides guerriers auxquels la France confie la tâche de lui créer des colonies n'y regardent pas de si près :
Nouméa avait un bel aspect défensif; cette considération
prima toutes les autres. La population urbaine en fut
quitte pour ne boire que de l'eau de pluie pendant vingt-
cinq ans.

Nous longeâmes la baie du Prony sans nous y arrêter
et nous nous engageâmes dans la Havannah, mauvais
passage où la mer, resserrée entre la côte et les récifs,
fait sentir un très fort roulis. Nous dînâmes devant
Toupéty, un joyeux dîner, égayé de chants, de lazzis et
de contes rabelaisiens, dont quelques-uns ne manquaient
pas d'humour : Simonin, méridional et ancien marin,
était doublement dans son milieu parmi ces braves gens
qui nous traitaient en frères. Le soir, on mouilla dans
l'anse tout à fait déserte de Port-Bouquet, dont on partit le lendemain matin de bonne heure.

A mesure que nous remontions vers le nord, la côte
nous apparaissait plus montagneuse, la chaîne serpenti-
neuse qui meurt vers Yaté, au sud, projetant au centre
de l'île des contreforts de mille à quinze cents mètres
d'altitude. Le Humboldt, le Saint-Vincent, le mont Dô
surgissaient majestueusement comme autant de géants,
entourés à leur base d'un insondable abîme de verdure.
Parfois, un mince filet de fumée s'en élevait, allant se
détacher en gris pâle sur le ciel bleu. Informé par Simonin que là se trouvaient les repaires des *tayos broussi*,
c'est-à-dire des plus farouches ennemis de notre civili-

sation, j'ouvrais de grands yeux, espérant toujours voir quelques-uns de ces primitifs s'avancer sur le rivage. Il n'en fut rien : la nature semblait inanimée, immobilisée dans une triplicité de couleurs : la terre rouge, la forêt verte, le ciel et la mer bleus.

Les indigènes de toute la Nouvelle-Calédonie peuvent se classer en trois groupements d'après la race et en cinq ou six d'après le dialecte. La première de ces divisions est celle que reconnaissent les Canaques du sud, qui distinguent les rouges (*aboui*), polynésiens, assez rares sauf dans quelques grandes tribus du nord — des noirs (*adin'e*) — mélanésiens, — et des métis de ces deux races (*abouimié*), au teint marron. Ces trois variétés de couleur coexistant souvent dans le même village, par suite des migrations et des mariages, il n'est peut-être pas sans intérêt, au point de vue ethnologique, de donner en regard le classement par dialectes que l'on pourrait formuler ainsi :

Touaourou,

Canala,

Baye,

Touo-Wagap,

Hienghène et nord.

Les tribus de la côte ouest semblent avoir toutes été formées par celles de l'est, dont elles parlent la langue plus ou moins altérée.

Cette division idiomatique permet de reconstituer, au moins en partie, l'origine et l'histoire des diverses tribus. Elle nous montre, par exemple, que les Canaques de Touaourou (côte est), de Nouméa et de l'ile des Pins sont étroitement de même famille. Les Nouméas avaient — car cette tribu est éteinte depuis un demi-siècle, — la prononciation plus gutturale que leurs voisins du littoral est. *Gô* (moi) en touaourou, devenait en nouméa *Kô*; *dio* (eau) se changeait en *lio*, *abouî* (rouge) en *apouî*, etc. La différence du touaourou au kunié était peu sensible.

Le dernier grand chef des Nouméas, fut Damê, dont l'histoire, singulièrement ressemblante à celle du *pius Æneas*, peut être dite en moins de douze chants. Fils, non d'Anchise, mais de Sésagni, — état civil aussi honorable, — Damê était un grand chasseur et mangeur d'hommes qui, à force d'exercer son terrible appétit sur ses voisins, les contraignit à des mesures préservatrices. Un soir, pendant que sa tribu célébrait un solennel pilou à Watchio-Koueta, les Kamb'was peuplade vindicative, que guidait le féroce Ouaton, tombèrent sur elle et la massacrèrent aux trois quarts. Damê, échappa non sans peine avec Sésagni et son fils Capéia qui, tout comme Ascagne, promettait de marcher sur les traces paternelles. Il erra pendant quelques jours dans les montagnes du sud, s'y repaissant non plus de bonnes entrecôtes humaines, mais de racines presque aussi sauvages que lui. Cet ordinaire eût peut-être convenu à un végétarien : Damê ne l'était pas. Fort heureusement, le vieux Sésagni se rappela, que, parmi ses nombreuses épouses, une, la mère de Damê, appartenait à la puissante tribu des Touaourous et il engagea son rejeton à aller demander l'hospitalité à ces braves gens. C'était une excellente idée, que Damê s'empressa de mettre à exécution. Les Touaourous, avaient à cette époque, pour monarque inconstitutionnel un nommé Kaâté qui accueillit les fugitifs non à estomac, mais à bras ouverts et leur fit accorder du terrain par les chefs voisins. Le fils de Sésagni n'était pas un empaillé : il se refit une nouvelle

tribu, accrue bientôt par des mariages et par l'arrivée
constante de Nouméas échappés aux vainqueurs. Bientôt
les exilés purent goûter, avec les douceurs de la vengeance, les tibias de leurs ennemis, plat éminemment
national, — car, de temps en temps, ils franchissaient la
chaîne centrale pour tomber sur les Kamb'was sans défiance.

Damê s'était tellement relevé qu'il finit par inspirer
de sérieuses appréhensions à ses voisins, vis-à-vis desquels, cependant, il s'était toujours comporté avec beaucoup d'honnêteté. Deux petites tribus, celles des Tyas
et des Dodgis, se liguèrent contre lui et, une nuit, tombèrent sur les nouveaux villages des Nouméas, tuant et
incendiant partout. Damê, qui, décidément au milieu
même de ses adversités, jouait de bonheur, fut réveillé
juste à temps par un des siens qui lui cria : « *N'gon tôté,*
» *oushiot dé Dodgi tèt ghé* ! » phrase mélodieuse qui signifie en pur dialecte touaourou « Vous, maître, levez-
» vous ! les Dodgis nous frappent. » Le grand chef rassembla en hâte quelques-uns des siens, parmi lesquels
Capéia, — Sésagni mangeait depuis longtemps des taros
par la racine — et gagna la forêt de Coronourou. Le
lendemain avant le jour, Kaâté, informé sans retard, car
le télégraphe n'existait pas encore, accourut avec ses
guerriers au secours de son ami et Damê prit le commandement général en prononçant ces paroles mémora-
bles : « Ils nous ont frappés de nuit et par surprise :
» nous les frapperons de jour et en face. » En deux
combats, les traîtres furent exterminés : les survivants
s'enfuirent dans leurs pirogues, les Dodgis à l'île Ouen,
les Tyas à Kunié.

On pourrait arrêter là cette histoire de Damê, mais

elle a un épilogue bien canaque : à perfide, perfide et demi. Les Dodgis, décimés dans leur exil par les privations et la nostalgie, chargèrent, au bout de quelque temps deux des leurs d'aller implorer du vainqueur la permission de revenir. Damê, persuadé, en gastronome océanien, que la vengeance est un mets qu'il convient de savourer froid, feignit de pardonner et accepta même les petits cadeaux que lui offrirent ses ennemis repentants. Ceux-ci, au nombre de quatre-vingts, s'étaient rassemblés sans défiance dans l'enclos palissadé entourant la case du grand chef; accroupis sur des nattes, ils mastiquaient déjà, qui des bananes, qui des cannes à sucre, apportées par les femmes des Nouméas. Tout à coup, Damê fronça les sourcils : à ce signe jupitérien, quatre-vingts casse-tête s'abattirent sur les Dodgis, qui n'eurent même pas le temps de protester contre cette singulière façon de comprendre l'amnistie. Quelque temps après, les Tyas, poussés traitreusement par le chef de Kunié qui voulait se débarrasser d'eux, partirent pour leur pays sans en demander préalablement la permission. Ils se croyaient invincibles, ayant payé fort cher à des trafiquants européens tout un stock de vieux fusils; mais, quand ils voulurent s'en servir au débarquement, — car Damê était là qui les attendait, — ils ne purent en faire partir un seul et furent exterminés jusqu'au dernier.

Ces faits, « héroïques » autant que canailles, ont été coordonnés en légendes que se content les indigènes à la veillée et qui me furent apprises, quatre années plus tard, par un jeune Français élevé au milieu des Touaourous. Pour le moment, le brave Simonin, fier d'étaler devant moi ses connaissances encyclopédiques, me donnait sur les tribus néo-calédoniennes des notions vagues qu'il alternait avec le récit de ses campagnes au Mexique. Quand, le second jour, dans l'après-midi, nous mouillâmes devant Canala, il recommençait pour la dixième fois, l'histoire de la « bataille » de Tempico.

CHAPITRE VI.

EN ROUTE POUR HOUAÏLOU.

La rade de Canala, belle et grande, est abritée, du côté de la terre, par des montagnes qui s'avancent dans la mer presque en hémicycle. Une rivière l'emplit dans toute sa largeur, fleuve à son embouchure, ruisseau marécageux en amont. Devant nous, s'étendaient des collines verdoyantes, où apparaissaient clair-semées, des habitations européennes.

Là, nous devions quitter la *Seudre*, qui n'allait pas à Houaïlou. Après des adieux humectés non de larmes, mais de vieux tafia, nous prîmes congé, Simonin et moi, des maîtres d'équipage pour remonter en canot la rivière de Canala. Au bout de trois quarts d'heure de navigation entre les palétuviers et les roseaux, nous atterrîmes près d'un *store*[1], dont les patrons vinrent aussitôt nous offrir leurs services.

L'habitation, assez spacieuse, était construite en torchis avec vérandah. A l'intérieur, devant un comptoir, des hommes grossièrement habillés buvaient et fumaient.

1. Magasin.

Larges chapeaux de paille ou de feutre, multicolores, chemises de laine, ceintures rouges fortement serrées à la taille, pantalon de grosse moleskine et lourds souliers ferrés, cet accoutrement, qui eût fait crier à la chienlit sur le boulevard Montmartre, indiquait de véritables habitants de la brousse, mineurs et *stockmen* [1]. Deux ou trois parurent contempler avec quelque surprise mon costume gris-tendre et ma cravate azurée à la Pyrame, mais le képi galonné de mon compagnon produisit, je dois l'avouer, encore plus d'effet.

Pendant que Simonin se rendait chez le chef d'arrondissement pour le prier de mettre la baleinière du poste à notre disposition, je rôdaillais autour du magasin, ouvrant les yeux et les oreilles, en voyageur qui brûle de damer le pion au jeune Anacharsis. Un client, flairant en moi quelque précoce potentat, vint lier conversation et, comme il me parlait poliment, je lui répondis de même. A peine avait-il le dos tourné, accourut la patronne : « Monsieur, me dit-elle, prenez garde : on pourrait » vous voir causer avec lui. » — « Eh bien ? » — « Vous » ne savez pas, monsieur : c'est un libéré ! » On salue tant de coquins dans la société que, bien avant d'être anarchiste, jamais je n'ai parlé autrement qu'à d'autres aux gens estampillés criminels par la justice. La recommandation de la bonne femme ne m'avait donc nullement ému, lorsque le libéré revint. Se doutant de quelque chose, il était allé chercher une liasse de papiers, livrets et certificats de bonne conduite, qu'il se mit à me lire avec orgueil. Je laissai tomber la conversation, un peu écœuré non de sa situation sociale, mais de son servilisme.

1. Gardiens de bestiaux.

Je vis à ce moment, pour la première fois, des Canaques en costume primitif, c'est-à-dire en *moinô*. A quelle
périphrase pourrai-je recourir afin d'expliquer, sans
blesser la pudeur de nos chastes magistrats, ce qu'est le
moinô? Un doigt de gant... un peu gros, donnerait
l'idée de cet étui, fait primitivement d'herbe, et aujour-
d'hui de linge, qui cache, non pas ce qu'on enleva à
Abélard, mais ce qui est à côté. On pourrait appeler ce
.... vêtement, j'allais dire cette capote, le *baromètre de
l'amour* : en effet, rien n'est plus commode aux beautés
canaques, exemptes de préjugés, que d'y lire couramment les phases de la passion qu'elles inspirent.

Car l'amour est international ! Je fus tenté d'en douter
lorsque, le lendemain matin, un dimanche, je vis s'approcher toute une bande de *popinés*, vêtues, non du
moinô, et pour cause! mais du *tapa*, jupon très court,
tressé en filaments d'écorce, et qui s'étend de l'extrémité
la plus inférieure du ventre jusqu'à mi-cuisse. Qu'elles
étaient laides, avec leurs cheveux crépus, leurs mamelles
pointues ou flasques, leurs membres grêles ! Depuis, je
me suis habitué à leur vue, j'en ai même trouvé de fort
jolies, mais je me rappelle encore l'impression réfrigé-
rante que je ressentis, lorsqu'une de ces *popinés*, qui me
parut certainement la plus affreuse, s'approchant de moi,
me roucoula, les yeux dans les yeux : « Donne-moi...
un *chiqua*[1] ».

Ils et elles aiment le tabac, pauvres sauvages auxquels
nous avons pris la vie libre pour ne leur donner de notre
civilisation que la fumée !

1. Nom donné couramment par les Canaques de la brousse à
la figue de tabac.

Ce jour-là je m'en fus rendre visite à Venturini, que je n'ose appeler mon collègue, car il était du cadre métropolitain et moi du cadre colonial; ce qui rendait sa politesse un peu anguleuse. La plupart des employés arrivant de France étaient ainsi : ils se considéraient comme fort supérieurs au personnel recruté sur place.

Cet antagonisme n'est pas le seul, beaucoup s'en faut, qui se manifeste dans un pays où toutes les situations sociales et toutes les races sont en présence. Le fonctionnaire tyrannise le colon, celui-ci combat ou exploite le libéré; le blanc dédaigne le métis, qui méprise le Canaque indigène, lequel tient à l'écart le Néo-Hébridais, déteste l'Indien malabar et ne manifeste aucune affinité pour l'Arabe. Dans maints endroits, à Hienghène, par exemple, les Anglais étaient préférés aux Français : n'avaient-ils pas sur ceux-ci une grande supériorité, celle de n'être point les maîtres ? Il est présumable qu'en plus d'une tribu australienne, fidjienne ou maorie, les sympathies vont plutôt aux Oui-oui[1] qu'à John Bull.

Canala possédait deux grands monarques indigènes, rivaux d'influence, Gélima et Kaké, le premier sagace quoique résolu, le second qui avait, au physique comme au moral, toutes les allures d'un vieux sous-officier. Outre ces deux personnalités politiques, il en existait une troisième militaire, Nundo, le chef de guerre, mille fois plus féroce et plus ivrogne que Kaké. C'était un géant, de musculature herculéenne, à la figure épaisse et couturée de petite vérole, que surmontait une crinière rougie à la chaux, selon le procédé canaque pour

---

1. Nom donné en maints endroits de l'Océanie, aux Français et que leur a valu leur tendance à répondre affirmativement même aux questions qu'ils ne comprenaient pas.

5.

la destruction des poux. Quelquefois, un turban d'écorce
est enroulé, même chez les simples guerriers, autour de
la toison : Nundo, lui, conscient de ses avantages physiques, dédaignait cet ornement. Il m'était réservé de
faire, plus tard connaissance de cet Antinoüs bronzé ;
pour le moment, je fis celle de Gélima, auquel je trouvai
bonne mine sous son uniforme de capitaine, de Pita,
son jeune fils que je devais revoir un jour, en France, et
de Kaké, lequel, après s'être fait payer largement la
goutte, nous prêta six rameurs de sa tribu.

Nous avions l'embarcation du poste : une baleinière
mâtée, dont l'unique voile devait seconder avantageusement les efforts de notre équipage, car le lundi matin,
en quittant Canala, nous avions plein vent arrière. Les
indigènes, dont la besogne était ainsi bien simplifiée,
chantaient ces mélopées lentes et un peu mélancoliques,
dont les paroles diffèrent parfois de celles usitées
dans la langue courante. Simonin, assis près du gouvernail qu'il manipulait en marin consommé, me nommait
les différents points en vue desquels nous passions.

Deux ou trois grains brouillèrent le ciel sans inquiéter
sérieusement notre voyage. Vers les trois ou quatre
heures, nous mouillâmes à Kua. L'unique colon de la
localité était un ancien officier de marine, M. V***, qui
avait excité la réprobation générale des gens bien pensants en choisissant pour compagne illégitime une jeune
femme d'allures peu sélect. Ce brave homme ne s'en
émouvait pas, estimant l'opinion publique à sa juste valeur. Il se trouvait, du reste, assez heureux, n'ayant pas
pour la compagnie de ses semblables un goût immodéré.
Son habitation manquait du confort européen, mais il
possédait une superbe plantation de café.

Bien plus que la pomme de terre qui, sous les influences du sol, se transforme en patate, et que le maïs, dévoré chaque année par les sauterelles, le café est, de tous les produits agricoles néo-calédoniens, celui qui semble appelé au plus d'avenir, bien que les cyclones le menacent périodiquement. Il rapporte une seule fois par an mais donne une récolte satisfaisante dès la quatrième année de plantation ; sa qualité est bonne et son prix sur place d'environ 2 francs le kilogramme. Les indigènes, qui se soucient peu de cultiver nos légumes et nos fruits, ont été moins indifférents devant le café ; ils en ont planté à Nakéti, Canala, Pouébo, etc., et vendent la récolte aux Européens.

M. V... nous accueillit à bras ouverts, d'abord parce que l'hospitalité est une vertu de la brousse, — vertu qui disparaît à mesure que la civilité s'accentue ! — puis parce que la conversation de mon compagnon, ancien marin qu'il connaissait quelque peu, — qui ne connaissait Simonin sur la côte ! — lui était agréable. Pendant que sa femme tordait le cou à un poulet et que les deux loups de mer qui représentaient avec moi la population mâle, tant stable que flottante, de la localité se promenaient devant les pieds de café, en se remémorant de vieux souvenirs nautiques, j'allai me baigner dans la rivière voisine, dont la belle onde claire m'avait tenté. A mon retour, le colon m'apprit qu'il n'était pas rare d'y voir de jeunes requins se poussant de la nageoire.

Ces « tigres de mer » semblent avoir un goût très prononcé pour les explorations. A la marée montante, c'est-à-dire dès que le volume et la salure de l'eau le leur permettent, ils passent sans hésitation de l'Océan dans les rivières néo-calédoniennes. De mon temps, l'administration pénitentiaire n'avait encore trouvé le moyen, avec une main-d'œuvre de huit mille forçats, de construire un seul pont. Il s'en suivait que les voyageurs devaient, à chaque instant, soit se jeter à la nage, soit passer à gué avec de l'eau jusqu'à la poitrine, sous l'œil des jeunes requins. Ceux-ci ne se montraient pas toujours bons enfants : c'est ainsi qu'une popiné, traversant la Tiouaka, eut les deux jambes coupées net d'un terrible coup de mâchoires. Et combien d'autres ! Parfois, cependant, pour varier, lorsque l'Européen voyageait d'une rive à l'autre, à cheval sur un Canaque, l'anthropophage des mers, respectant l'anthropophage de terre, s'approchait délicatement de ses épaules pour cueillir sa proie. C'est ce qui arriva un jour à un pauvre docteur, lequel servit de pâture au vorace poisson.

On dîna aussi joyeusement qu'au café Riche, la bonne humeur complétant un repas des plus solides. Après quoi, notre hôte, nous conduisant dans un hangar, nous montra gracieusement deux bottes de paille bien fraîche, étendues à terre à notre intention. Nous y passâmes, habillés et entortillés dans une vieille couverture, une nuit excellente, agrémentée par la visite des petits cochons qui venaient nous mordiller les pieds.

Nous nous arrachâmes à ces délices vers cinq heures du matin et, prenant congé de la population blanche, nous allâmes réveiller nos Canaques, couchés dans un abri voisin et qui n'avaient jeûné ni de riz, ni de tafia. Nous mîmes à la voile et, suivant le système d'escales adopté par Simonin, arrivâmes à Poro pour l'heure du déjeuner. Là aussi il comptait des amis, un ancien quartier-maître, quelques mineurs. C'est dire que le repas fut sérieux et convenablement arrosé.

Poro, situé à dix kilomètres de Houaïlou, est une localité peuplée ou déserte, selon que l'industrie du nickel est en hausse ou en baisse. Pour le moment elle
reprenait : aussi, la population s'élevait-elle bien à une
douzaine d'habitants, logeant en commun dans une
grande case sombre et couchant sur des caisses à peine
recouvertes d'une natte. Touché de l'accueil de ces
braves gens, je les invitai avec insistance à user et abu-
ser de mon hospitalité lorsque leurs affaires les amène-
raient à Houaïlou. Ils me le promirent et ils ont cons-
ciencieusement tenu parole. Beaucoup d'autres, que je
n'avais jamais vus, attirés par l'accueil fait à leurs confrères, vinrent également et m'amenèrent de nouveaux
contingents, toujours prêts à faire honneur à une bonne
table. Cela dura tout le temps de mon séjour à Houaïlou, que je quittai, au bout de trois mois, avec un
compte de douze cents francs chez un mercanti voleur
en diable, que j'ai eu l'imbécillité de payer intégralement.

Après le pousse-café, Simonin jugea qu'il y avait assez
de vent dans les voiles pour en profiter. Nous repartî-
mes croisant en mer plusieurs pirogues remplies d'indigènes qui nous regardaient curieusement. Qu'il y a loin
de la pirogue néo-calédonienne, simple tronc d'arbre
creusé au feu et réuni par deux perches à un balancier,
à la pirogue élégamment sculptée des Polynésiens ! Cependant quelques grandes tribus : Hienghène, où domine la race venue de l'est, Pouébo, Canala même, ont
possédé de longues pirogues doubles à voiles, bâtiments
de guerre contenant jusqu'à cinquante hommes.

L'embarcation canaque, même de la forme la plus
simple, pourrait revendiquer la devise armoriale de la

ville de Paris : elle flotte, culbute même, mais ne s'engloutit pas. Son balancier la maintient constamment à la surface des flots. Chavire-t-elle, celui qui la monte la redresse presque aussi facilement que nous faisons d'un parapluie retourné par le vent; il la vide et, tranquillement, continue son voyage.

Sur leurs pirogues, qui ne valaient certainement pas les trois grandes barques de Colomb, les intrépides Polynésiens ont traversé maintes fois l'immense étendue du Pacifique. De Taïti, ils sont venus porter leurs mœurs et leur langue à la Nouvelle-Zélande, rayonnant sur les Tuamotou, les Marquises, les Tonga. Le célèbre chef Taméaméa, après avoir étendu son autorité sur tout l'archipel hawaïen, rêvait, dit-on, la conquête de Taïti, situé à huit cents lieues au sud-est.

Les navigateurs que nous rencontrions n'étaient point animés de desseins aussi vastes. Ils pêchaient tout bonnement autour d'un îlot et quelques-uns, marchant dans la mer avec de l'eau jusqu'aux épaules, immergeaient de longs filets d'une forme singulière. Qu'on se figure un engin en forme non de sac destiné à ramasser la proie, mais de rideau vertical, tendu par des pierres, fixées à son extrémité inférieure et barrant simplement le passage au poisson. Celui-ci, ou s'emprisonne dans les mailles, ou veut sauter par dessus le filet et rencontre la sagaïe de l'indigène. Les plus ordinaires de ces armes sont simplement des lances en bois, effilées à leur extrémité, que le guerrier brandit fortement à la façon des javelots antiques; d'autres remplacent la pointe par de fortes arêtes ou même, — bienfait de l'introduction des métaux! — par un trident de fer. Le poisson fugitif est ainsi transpercé au passage. La pêche se pratique de

même dans les rivières. Les Néo-Hébridais, qui possè-
dent sur les Néo-Calédoniens la supériorité de l'arc, em-
ploient fort habilement cette arme contre le gibier à
écailles. Ils ne visent pas leur proie dans l'eau où la flè-
che lancée obliquement dévierait, mais fixent un but
imaginaire au dessus de leur tête et le trait retombe
perpendiculairement de toute sa force embrocher le
poisson. On peut se demander, de même que pour le
fameux *boomerang* des Australiens, comment des sauvages, si peu familiarisés avec les mathématiques qu'ils
ne peuvent compter leur âge, ont résolu ce problème de
balistique.

L'aspect de ces naturels marchant, nageant et se jouant
dans la mer, semblables à des Tritons de bronze, délec-
tait ma jeune imagination, avide d'imprévu. Cependant,
nous arrivions à l'une des embouchures de la Boima,
rivière que nous devions remonter pendant plusieurs
kilomètres pour arriver au centre même de Houaïlou.
Chaque période de grandes pluies et d'inondations
amène des changements dans le lit des cours d'eau : tel
endroit s'ensable, tel autre, où jadis l'on avait pied, devient un gouffre profond. Pendant que Simonin tâton-
nait pour retrouver la passe, la marée, qui commençait
seulement à monter, nous emporta droit sur un écueil
où le mascaret se brisait avec fureur. Un paquet d'é-
cume vint nous couvrir et fit tournoyer notre embarcation. Mais mon compagnon a l'œil; la voile est amenée,
un tour de gouvernail donné, et nous voilà naviguant
sur la rivière tranquille, hors des atteintes de Neptune.

CHAPITRE VII.

HOUAÏLOU ET SES HABITANTS.

« A beau mentir qui vient de loin », dit le proverbe.
Si les progrès admirables de la géographie n'avaient fait
connaître à ceux de mes compatriotes qui s'y intéres-
sent, la Nouvelle-Calédonie et ses habitants, je pourrais
enfler mes mémoires jusqu'au ton de l'épopée. Comme
nombre de voyageurs procédant moins de Livingstone
que de Tartarin de Tarascon, je pourrais raconter à des
amis du merveilleux, d'imaginaires chasses au tigre et
au serpent, entremêlées de combats héroïques avec les
cannibales. Mais, vu le progrès des temps, une telle
imposture n'est plus permise : même les académiciens,
qui ne sont pourtant pas forts en connaissances encyclopédiques, savent aujourd'hui que les tigres et les ser-
pents dédaignent d'habiter la Nouvelle-Calédonie ; aussi,
la plus grosse victime de mes exploits cynégétiques a-t-
elle été le pigeon-notou. Quant aux sauvages, j'en ai
fréquenté intimement d'assez réussis ; j'ai même failli à
deux ou trois reprises, pendant l'insurrection de 1878,
y laisser ma peau ; mais, chaque fois, je m'en suis tiré
sans bataille rangée. Ce fut, du reste, un grand soulagement pour moi de n'avoir pas à me reprocher le meurtre de pauvres diables bien payés pour haïr les blancs.
Certes, ces primitifs avaient le tort de ne pas distinguer
entre les riches propriétaires et éleveurs qui leur vo-
laient la terre et les immigrants involontaires. Ils ont été
les victimes de cette étroitesse : si, au lieu de se confi-

ner à une guerre même pas nationale, car toutes les tribus ne suivirent point le mouvement, les indigènes avaient fait appel aux éléments pénitentiaires et traité avec les Anglais, jaloux de la domination française dans le Pacifique, ils eussent pu, tout au moins, éviter l'écrasement final.

Houaïlou, à l'époque où j'y arrivai, était, bien que dépendant administrativement de Canala, la localité la plus peuplée de l'île après Nouméa et Bourail. L'exploitation des mines de nickel y avait attiré près de quatre cents personnes, que gouvernait patriarcalement le surveillant militaire Cohuau, faisant fonctions de commissaire de police, et que rançonnait le mercanti Girard, d'autant plus victorieusement qu'il n'avait pas de concurrent.

On gagne gros à vendre aux mineurs. Ceux qui, en Nouvelle-Californie, en Nouvelle-Zélande et surtout en Australie, pendant la grande fièvre de l'or, ouvrirent des stores ou des cantines, arrivèrent presque tous à une fortune que ne pouvaient fixer les âpres piocheurs dépensant en folles orgies le métal précieux qu'ils ramassaient. En Nouvelle-Calédonie, bien que sur une moindre échelle, la même exploitation d'un côté, la même prodigalité de l'autre, étaient dans les mœurs. Si l'argent monnayé est rond, c'est pour rouler, évidemment, et ce que les mineurs s'empressaient de le faire rouler !

Tout d'abord, on pouvait les diviser en deux classes : les travailleurs journaliers à salaire fixe, les moins rétribués gagnant cinq francs, les autres dix, douze et jusqu'à quinze, — puis les indépendants, les *prospecteurs*, qui, la pioche sur le dos, un sac de biscuit au côté, partaient dans les montagnes, à la découverte de filons.

Quelle vie aventureuse était la leur ! Pendant des jours,
des semaines, des mois, ils erraient, creusaient le sol,
campaient à la belle étoile, vivant autant dire de rien.
Leur biscuit s'avariait, ils le mangeaient quand même,
additionné de quelques racines sauvages ; l'eau puisée
au dernier ruisseau devenait fétide, ils la buvaient, cependant, et quand ils n'en avaient plus, ils ne reculaient
pas devant l'absorption de leur urine. Mais aussi, lorsque, favorisés de la chance, ils avaient découvert un gisement et touché du généreux capitaliste quelques billets de mille francs contre la cession d'une propriété
valant un million ou deux, quelle noce !

La côte est, essentiellement métallifère, était en 1876,
parcourue, surtout de Monéo à Yaté, par des prospecteurs allant soit isolés soit en petites bandes, à la recherche du nickel. Dans le nord, la présence de l'or
avait déjà été constatée, le long du Diahot, mais combien ce roi des métaux était-il difficile à recueillir ! Les
mineurs d'Australie ont émis, à cet égard, un axiome
devenu populaire : « cuivre donne richesse, argent
» moyenne aisance, or ruine. » En effet, les frais d'ex-
traction absorbent souvent le produit et au-delà. De 1871
à 1875, la mine *la Fern Hill* avait rendu pour 700.000
francs d'or ; mais après avoir exploité les couches supé-
rieures, on se trouva, comme d'habitude, arrêté par
l'eau et les matières étrangères, antimoine, sulfures.
En 1877, sept de nos amis, presque tous déportés, découvrirent un important gisement aurifère à Galarinou, au
sud d'Oubatche. L'adversité les avait unis, l'ombre de
la richesse les brouilla : *auri sacra fames* !

Vers Touo-Wagap, finit le nickel et commence l'or,
qui s'étendant vers le nord de l'île, doit évidemment

traverser la chaîne des Oébias et le massif du Thô-non, car, sur le versant est, comme sur le versant nord, la plupart des cours d'eau contiennent des paillettes. Trois ans plus tard, Louise Michel et moi formions le projet, inexécuté, de parcourir à pied la côte, par le sud et l'est, de Nouméa jusqu'à Hienghène pour, de là, remonter dans l'intérieur, explorant les massifs de la chaîne centrale et déterminant le point de partage des eaux. Il est présumable que cette crête contient des richesses aurifères dont le Diahot et les rivières de l'est dérobent quelques parcelles. Je dois dire, — le lecteur me croira s'il veut, — que la perspective des richesses métalliques, enfouies dans les flancs de montagnes presque inaccessibles, nous tentait beaucoup moins que le pittoresque de ce voyage, auquel les circonstances nous contraignirent de renoncer.

Il serait presque impossible aux Européens et même aux indigènes de voyager pédestrement à de longues distances, si le *bichelamare* (langage des pêcheurs de l'holoturie ou *biche de mer*) ne leur permettait de s'entendre moins incomplètement que par signes. C'est un patois hétérogène, comprenant de l'anglais de cuisine, du français estropié et des mots empruntés à tous les idiomes du Pacifique. Maints déportés qui, après l'amnistie, ont écrit des mémoires, parfois inexacts, et cela se comprend car, outre qu'ils ne pouvaient voyager librement, ils devaient voir le pays de parti pris, se sont imaginé, par exemple, que les mots *tayo* (homme), *popiné* (femme), *picanini* (enfant), etc., étaient du plus pur dialecte néo-calédonien. C'est une erreur complète : le premier mot est taïtien ; le second, également d'origine polynésienne, semble une corruption de *Huahiné* ; le troisième est de l'espagnol presque pur *pique niño* (petit garçon). De même, les Néo-Calédoniens me soutenaient parfois, ne les connaissant pas dans leur langue, que les mots *caïcai* (manger), *mou'ye-mou'ye* (dormir) devaient être français ou anglais, et mes dénégations les laissaient assez incrédules.

Le *bichelamare*, où l'anglais domine, est analogue au *sabir*, parlé sur la côte barbaresque, et au *pidgeo nenglish*, usité dans l'Extrême-Orient. Qui sait, dans le cas où un bouleversement social de la vieille Europe romprait les liens l'attachant à ses colonies, si ces langues démocratiques et maritimes ne seraient pas appelées à fusionner pour constituer un volapück parlé du littoral marocain jusqu'aux îles Marquises, sur une étendue de six mille lieues !

La langue indigène de Houaïlou, certes moins utile que le *bichelamare* pour les relations internationales, est bien autrement mélodieuse. Elle contient de fort jolis mots, comme *ismami* (papillon), *nêva* (terre), *faroui* (lune, briller), *thêô* (tonnerre), onomatopée qu'on retrouve dans la plupart des autres tribus. Comme dans tous les dialectes néo-calédoniens, la numération est semi-décimale : on comprend que l'homme de la nature ait été porté à compter avec les doigts, la main fournissait une base métrique toute naturelle. La numération décimale, usitée à Taïti, indique les facultés réflectives d'une race supérieure. De leur côté, les Néo-Calédoniens l'emportent à cet égard sur les misérables tribus australiennes, qui ne pouvaient compter au-delà de deux ou de trois.

Le couaïlou, plus musical que le hanala, lui ressemble autant que le touaourou ou nouméa. Cette simili-

tude apparaîtra en donnant dans les deux idiomes le
tableau des cinq premiers nombres :

FRANÇAIS	CANALA	HOUAILOU
Un	Cha	Châga
Deux	Barou	Kwaourou
Trois	Basi	Kasili
Quatre	Kanafoué	Kafoué
Cinq	Kananini	Kani

Pour dire six, on énonce « cinq et un » (*Kani non
châga*), sept, « cinq et deux, » etc., ou même par abré-
viation, « et un », « et deux », etc. Après la dizaine, on
recommence. Vingt, se dit « un homme » (*châga Komô*),
pour l'ingénieuse raison qu'un homme peut compter
juste ce nombre sur ses mains et ses pieds; quarante
« deux hommes », soixante « trois hommes », etc. Mais
le Néo-Calédonien ne peut aller bien loin : au bout de
quelques moments de surmenage cérébral pour étendre
les limites de sa faible numération, il se contente de
dire simplement « beaucoup », terme vague qui peut
s'appliquer aux centaines comme aux milliards.

Houaïlou, ancienne colonie de Canala, devenue indépendante à la suite de longues guerres, comptait, à mon
arrivée, en 1876, des tribus encore nombreuses, sou-
mises jadis à l'autorité du grand chef Aï. A la mort de
celui-ci, les principicules vassaux s'émancipèrent un peu;
cependant Di-Magué, fort et beau gaillard dont les possessions bordaient la rive droite de la Boima vers son
embouchure, me parut jouir d'un ascendant qu'il devait
peut-être à ses mérites comme chef de guerre. Il mourut
plus tard, empoisonné, ce qui prouve qu'on commençait
à le regarder comme encombrant. Les candides Cana-

ques, peu versés dans la science des Borgia, ont longtemps considéré comme un mystérieux privilège de leurs
maitres de pouvoir se débarrasser sans bruit de leurs
ennemis. Ils appelaient cela « posséder les esprits. »

J'avais jusqu'alors été un collégien studieux malgré
des tendances aventureuses ; la vigilance familiale tendre,
certes, mais gênante à la longue pour un adolescent, ne
m'avait jamais laissé bien libre de mes mouvements. A
Houaïlou, j'étais, enfin, hors de pages : j'allais pouvoir,
entre temps, vagabonder, chasser, me perdre dans les
montagnes, coucher à la belle étoile, courir même le
tapa, si toutefois les bouillonnements de la jeunesse
réussissaient à l'emporter sur la répulsion ressentie dès
le début.

Le bureau télégraphique, situé sur la rive droite de
la Boima, était une véritable caserne ne comprenant
pas moins de cinq pièces. Une fois les appareils installés, les meubles rangés, — un lit de fer, un lavabo,
une commode, une table et quelques sièges, nous ne
savions comment remplir le local. Il est vrai, que par
compensation, la toiture n'existait pas encore. Le surveillant Cohuau, sous la direction duquel les forçats et
les Canaques avaient édifié le bâtiment, nous fit judicieusement remarquer qu'il était indispensable de coucher
pendant quelque temps à ciel ouvert, pour que le soleil séchât, dans la journée, le torchis des murs à l'intérieur.

La profession de garde-chiourme n'est pas des plus
recommandables ; je dois, cependant, dire qu'à côté
d'affreuses canailles, inférieures en moralité aux pires
criminels, j'ai rencontré parmi eux quelques hommes
honnêtes et, cela paraîtra une dérision, humains. An-

ciens sous-officiers, abrutis par la discipline ou victimes de l'éducation jacobine, ils s'imaginaient, de la meilleure foi du monde, servir une société, qu'ils acceptaient pour bonne, en la préservant du contact des malfaiteurs. Elevés dans le respect de l'autorité et de la propriété, ils défendaient ces deux grands principes d'une façon moins éclatante mais plus sincère que les magistrats fourrés d'hermine et les monseigneurs à robe violette.

« Que voulez-vous ! disait l'un d'eux, la vie est une » loterie ; des pauvres diables ont pris un mauvais nu- » méro, il n'y a rien à y faire. »

Et il commandait ses forçats sans brutalité, presque paternellement.

Un autre, un Corse, tout en étant strict sur le chapitre de la discipline, nous disait en parlant d'un homme de son escouade, son compatriote :

« Il a été condamné pour avoir tué le séducteur qui » avait abandonné sa sœur. Eh bien, j'en aurais fait » tout autant et, chez moi, il n'y a personne qui lui re- » fuserait la main. »

Et, bien des fois, je l'ai vu traiter ce transporté en toute camaraderie.

Cohuau, appartenait à l'espèce pacifique et relativement honnête ; aussi l'administration, toujours intelligente, a-t-elle fini par le révoquer. Son second, Bailly, jeune brestois de famille bourgeoise, dévoyé dans la chiourme, y gâtait des allures natives qui ne manquaient pas de distinction. Beau garçon, intelligent avec un vernis d'instruction il eût pu devenir un élégant officier ; dans ce milieu pénitentiaire, l'abrutissement et l'alcoolisme le gagnaient peu à peu : il a dû finir par naufrager complètement. Pas méchant pour deux sous, il laissait,

pendant l'absence de son supérieur, les forçats faire tout
ce qu'ils voulaient et ceux-ci, par reconnaissance, sans
doute, l'ont ramené bien des fois, ivre-mort, sur leur
dos pour le coucher dans son lit comme un enfant.

Les surveillants occupaient, en aval de la rivière, une
case distante de la mienne de trois cents mètres à peine.
Une demi-douzaine de forçats et autant de Canaques de
la police indigène vivaient auprès d'eux et, la nuit, cou-
chaient dans deux misérables gourbis, près desquels
s'élevait la *carabousse*, — la prison, — bâtiment carré
aux madriers solides, dont on n'eût pu s'échapper que
par le toit en paille, ce qui, du reste, arriva quelquefois.

Le chef de cette police indigène mérite une mention
spéciale. Némoin, un des Canaques les plus intelligents
qu'il m'ait été donné de connaître, représentait le type
polynésien légèrement modifié par le sang mélanésien,
tel qu'il existe aux Fidjies. Son teint était cuivré et ses
cheveux crépus, mais toute sa figure respirait l'intelligence et l'audace : adroit tireur, il se glissait dans la
rivière tenant seulement hors de l'eau sa tête et le fusil
qu'on lui confiait. Il abordait ainsi un îlot, lieu de rendez-vous des innocents canards sauvages et pif ! paf !
Presque toujours, il nous revenait avec du gibier. La
perte de l'index à la main droite ne le gênait ni pour
tirer ni pour écrire, car il savait écrire et presque sans
fautes d'orthographe. Je me rappelle les billets typiques
qu'il écrivait du store Girard au surveillant Bailly, chef
du camp par intérim :

« Monsieur Bailly, je reste chez Girard parce que je
» suis soûl comme un cochon. Je vous envoie le Cana-
» que (!) pour porter le courrier. Demain matin, je *serais*
» (sic) de retour au poste.   NÉMOIN. »

Pauvres insulaires ! on les a tellement bien civilisés que rien n'égale leur fierté, lorsqu'ils peuvent dire ou écrire cette phrase empruntée au vocabulaire de leurs professeurs blancs : « Je suis soûl comme un cochon » !

Némoin, qui avait été alternativement planton de bureau, cuisinier, marin, avant de commander ses compatriotes enrôlés dans la police, avait appris beaucoup de choses et pouvait presque parler *de omni re scibili*. Je lui ai expliqué la théorie du télégraphe électrique, la production des courants par l'action chimique de la pile. Sur cent de nos paysans, quatre-vingts, au moins n'y auraient rien compris : lui saisissait tout.

Les indigènes ne fournissaient pas le personnel de la seule police, mais aussi celui des canotiers, là où il y avait une embarcation à la disposition du chef de poste, et celui des courriers et plantons de télégraphe. Mon bureau étant, après Nouméa, le plus surchargé vu le mouvement des mines, on m'avait octroyé deux facteurs indigènes : Goumoni, que j'ai regretté sincèrement, et Péronéva, moins intelligent mais qui n'était féroce que dans l'ivresse. Il avait alors une désagréable manie : c'était de vouloir tuer un Malabar. Je lui arrachai, un jour, le couteau des mains et, ne sachant que faire de mon incommode sous-ordre, l'envoyai porter une prétendue dépêche au commissaire de police. Ce message que le pauvre Péronéva alla présenter en toute candeur, contenait simplement ces lignes : « Vous voyez dans » quel état se trouve mon Canaque, je vous prie de le » loger à la carabousse et de ne l'en laisser sortir que » dès qu'il aura cuvé son tafia. » Le lendemain matin, mon facteur me revint dégrisé et souriant du tour que je lui avais joué. Cet attentat à l'imprescriptible liberté

6

pourra sembler singulier de la part d'un futur anarchiste,
mais c'était le seul moyen d'éviter un meurtre, et j'estime que même dans une société débarrassée d'argousins, surtout dans celle-là, la défense, tant individuelle
que sociale n'a pas à abdiquer ses droits.

En remontant le cours de la Boima, à un kilomètre
environ de ma demeure, se trouvait celle de Girard,
digne suisse aux allures patriarcales mais expert comme
pas un dans l'art de *marquer à la fourchette*. Là était le
centre des affaires, des transactions, des ribotes et des
batailles ; aussi la police y faisait-elle de fréquentes visi-
tes, plus encore dans le but de s'y désaltérer que dans
celui d'y maintenir l'ordre. Que d'intérêts se sont dé-
battus dans cette case aux murs de terre, longue et sombre, devant ce comptoir où le mercanti, poli, affable,
souriant, versait à ses clients le poison vert, jaune,
rouge, jusqu'à ce qu'ils roulassent ivres-morts ou qu'ils
n'eussent plus d'argent! Alors seulement son sourire s'ef-
façait, remplacé même, lorsque ses intérêts étaient en
péril, par un rictus féroce, celui du tigre qui va bondir
sur sa proie.

Là se rencontraient bien des types curieux. Thévenin,
mineur débraillé et lucide seulement pour trouver des
filons ; il achevait de boire, dans les soûleries les plus
bêtes, soixante-quinze mille francs que lui avait valu la
découverte du Bel-Air, revendu plus tard deux millions
par l'acquéreur ; Santaromain qui, avec une patience de
Peau-rouge, suivait les prospecteurs à la piste et, lorsqu'ils avaient rencontré un gisement, s'empressait d'y
planter ses piquets et de faire à son nom la déclaration
lui conférant droit de propriété ; canaille mais pratique !
F***, beau et bon garçon, un peu noceur, qui, ayant

commis l'imprudence de convoler et s'apercevant qu'il
était cocu, eut la sagesse de renoncer aux droits de propriété maritale que lui conférait l'article 212 du Code
civil ; Dutheil, qui, créé trop sanguin par la nature, avait,
au cours d'une discussion, assommé un contradicteur
d'un coup de bouteille et, pour ce fait, tiré cinq ans de
bagne. D'une honnêteté absolue au sens le plus étroit du
mot, cet ex-forçat était le factotum de confiance du peu
sentimental Girard qui, en s'absentant, ne craignait de lui
laisser la clef de la caisse. Petit mais trapu et d'une force
herculéenne, tireur de premier ordre, Dutheil apparaissait bien l'homme à poigne, nécessaire pour tenir en respect la bande hurlante des ivrognes et des batailleurs.

Simonin m'ayant dit adieu au bout de quelques jours,
je restai seul au milieu de cette population peu attique.
Je dois confesser que malgré l'absence de tous délassements esthétiques ou intellectuels, je n'eus pas le temps
de m'ennuyer. D'abord, l'établissement de communications régulières avec l'acariâtre Venturini et le vagabond
Fournier n'avait pas marché tout seul ; puis c'était une
avalanche de dépêches que les mineurs expédiaient pour
un oui, pour un non, sans regarder à la dépense. Ce que
je les envoyais au diable *in-petto !* Enfin, arrivaient
par bandes, avides de contempler cette invention européenne qui faisait se communiquer les gens à distance,
les Canaques des tribus environnantes : Canaques de Di-
Magué, Canaques de Boulindo, Canaques de Kombo. Ils
envahissaient le bureau avec un sans-gêne des plus primitifs, s'asseyant qui sur la caisse à pile, qui dans mon
fauteuil, qui sur mon lit. Négrophile et sentimentaliste
comme un vieux quaranthuitard, je les laissais faire
tant qu'ils n'attentaient aux papiers qu'ils ne pouvaient

lire, ni aux appareils dont la manipulation les inquié-
tait. « Tacata ![1] » exclamaient-ils en me regardant opérer. Cependant, plus tolérants que les contemporains de
Torquemada, ils n'ont jamais manifesté l'intention de
me brûler. Parfois, pour les émerveiller, je tirais devant
eux des étincelles électriques ou, leur attachant un fil
métallique autour des membres, y faisais circuler un vigoureux courant. Quels cris sauvages s'échappaient alors
de ces bouches d'anthropophages, béantes comme autant
de fours, tandis que les corps se distendaient dans d'in-
descriptibles contorsions, non de souffrance mais de
terreur, aux grands rires de leurs compagnons simples
spectateurs ! Je poussais même la facétie jusqu'à les inviter à ramasser une pièce d'argent déposée au fond d'un
seau en zinc, rempli d'eau et que je faisais communiquer avec ma pile. Leurs efforts pour saisir cette monnaie et leur dépit de ne pas y arriver étaient assez comiques ; cependant, pour atténuer le mauvais goût de la
plaisanterie, je finissais généralement par rompre la
communication électrique et leur laisser emporter l'argent. Ce procédé m'a valu parmi ces hommes de la nature une certaine popularité, au moins d'aussi bon aloi
que celle des candidats qui paient à boire à leurs élec-
teurs, sauf à les plumer après le scrutin.

Parmi les potentats indigènes qui m'honorèrent de
leur visite, je dois citer le chef Kombo, dont la tribu
s'étendait sur la rive opposée de la Boima. Il vint un
jour me visiter, resplendissant dans un vieil uniforme
de capitaine et accompagné de son tacata, sorcier et
premier ministre, — d'autant plus premier qu'il était le

----

1. Sorcier.

seul. Ce dignitaire avait arboré également les magnificences de sa garde-robe ; une redingote qui flottait majestueusement sur ses fesses aussi nues que le crâne d'un sénateur. Il s'abritait ou plutôt abritait son maître sous un parapluie servant d'ombrelle, ce qui me parut l'indice de tendances orléanistes. Kombo n'avait pourtant pas toujours été un monarque constitutionnel : un jour, une femme de sa tribu disparut mystérieusement. L'administration française, chose étrange, ouvrit une enquête et finit par retrouver partiellement la popinée à l'état de lanières séchées en manière de conserves dans les poches de la culotte royale. Kombo avait pressenti les tablettes Liebig ! Tant d'intuition chimico-culinaire ne toucha pas le chef de la colonie, qui déporta le chef houaïlou à l'île des Pins, comme un vulgaire communard. Ses sujets eussent pu en profiter pour proclamer la république, ils n'y songèrent même pas, — les Canaques de la vieille génération tenaient à leurs chefs comme saint Labre à ses poux. Touché de leurs supplications, le gouverneur rendit, peu après, un maître à ces gens qui ne pouvaient s'en passer... Sont-ils les seuls ?

Tel était le personnage que j'avais devant moi. Notre entrevue fut des plus cordiales : Kombo eut la discrétion de ne pas tâter mes côtes ni soupeser mes steaks. Touché de tant de délicatesse, je lui offris un petit verre de tafia, qu'il vida instantanément ; puis ce fut le tour du ministre qui dans son empressement, faillit avaler le contenant avec le contenu. Après quoi, mes hôtes augustes prirent congé de moi. Je les suivis de l'œil et aperçus, à cent pas à peine de ma case, Kombo tombant évanoui dans les bras de son suivant.

Cette vue me fit sursauter : avais-je inconsciemment

6.

empoisonné le vieil anthropophage ? Pour le coup, les
Canaques, qui me traitaient déjà de sorcier, eussent pu
dire que je « possédais les esprits »…. y compris l'esprit
de vin ! J'allais me diriger au secours de Sa Majesté,
lorsque Péronéva et Coumoni me firent entendre qu'il
n'y avait pas lieu de s'émouvoir pour si peu, que Kombo
usé par les excès de toutes sortes, ne pouvait maintenant supporter l'absorption du moindre petit verre sans
se mettre dans un état fâcheux, compromettant pour la
dignité de la couronne. Dès lors, ma compassion faiblit
considérablement, d'autant plus que déjà le mangeur de
noires semblait vaguement revenir à lui. Aussi, laissai-je
le pauvre ministre remorquer comme il put ce débris
royal.

Quelques jours après, je voulus visiter à mon tour la
tribu de Kombo. Dois-je avouer au chaste lecteur que
j'étais mû par le désir d'y rencontrer non des rois ou
des ministres mais des popinés ? On n'a pas toujours
dix-huit ans et demi, une imagination capricieuse et des
besoins physiologiques à satisfaire. Certes, les premières
rencontrées à Canala m'avaient paru laides, mais j'eusse
bien voulu voir à ma place cet imbécile de saint Louis
de Gonzague, qui n'était peut-être qu'un eunuque de
naissance. Sous ce climat torréfiant, qui embrase le sang
dans les veines et fait déborder les sèves, alors que la
nature semble incessamment en rut, le moyen pour un
adolescent bien constitué de se tenir tranquille ! Joignez
à cela une nourriture pimentée, excitante, nécessaire
d'ailleurs pour stimuler l'organisme, et vous compren-
drez, gens vertueux qui me faites l'honneur de me lire,
ce que le célibat prolongé commençait à avoir d'into-
lérable.

Eh bien, oui ! Décidément les popinés sont moins laides : leur noirceur les habille, atténue les rides, cache les imperfections de la chair. Certes, les vieilles, — celles qui dépassent vingt ans ! — font peur, surtout si elles ont allaité plus d'un enfant, car l'allaitement dure ici bien plus longtemps qu'en Europe, leur échine est cassée par le port des fardeaux, puisqu'elles remplacent pour la tribu les bêtes de somme ; mais, ce n'est certainement pas à une vieille que je porterai mes hommages. En avant ! des habitants, aussi expérimentés que charitables, m'ont désigné les popinés de Kombo comme les plus accessibles, leur obligeance a été jusqu'à m'indiquer l'endroit de la rivière où l'on a pied. A deux cents mètres de mon habitation je pourrai traverser la Boima avec de l'eau jusqu'à la poitrine seulement.

L'heure de la clôture est arrivée : mon correspondant m'a communiqué le signal transmis depuis Nouméa de bureau en bureau, nous laissant libres jusqu'à deux heures. Cinq minutes pour expédier le déjeuner, le temps de garnir mes poches de monnaie blanche et de bâtons de tabac, non moins précieux pour les échanges... même de caresses, et me voici prêt.

On ne porte pas de chaussettes dans ce bienheureux pays. Arrivé au bord de la rivière, je tire mon pantalon, le roule sur ma tête et gardant mes souliers ainsi que ma chemise qui séchera sur moi, j'entre bravement dans la Boima.

A moins d'être disciple convaincu de saint Labre, il me semble qu'on doit toujours éprouver un certain plaisir à entrer le corps dispos et l'esprit de même, dans une belle eau claire et tiède, étincelant au soleil. La rivière est douce et caressante comme une maîtresse : si on s'écoutait, au lieu de marcher, on s'y étendrait comme sur un lit de repos.

Mais, c'est singulier: j'ai beau avancer, la profondeur de l'eau ne diminue pas, au contraire! J'en avais tout à l'heure jusqu'au ventre, maintenant, l'onde doucereuse effleure la ceinture, puis la poitrine, puis le cou… j'avance toujours et j'enfonce, je perds pied : que d'eau ! que d'eau !

Les vagues leçons de natation que m'avait données mon père, toujours affairé, n'avaient encore jamais été mises en pratique. Jamais il ne m'avait été permis de m'aventurer seul sur l'élément perfide. A l'âge de onze ans, j'avais cependant, sans le faire exprès, piqué une tête dans le bassin du Luxembourg. Cette expérience involontaire, qui eût dû m'éclairer sur mes prédispositions nautiques, n'avait jamais été récidivée. Cette fois, il s'agit non plus d'ablutions hygiéniques, mais de disputer ma vie à la Boima, autrement redoutable que le petit bain Henri IV.

Eh! mais, il me semble que, pour la première fois, je ne m'y prends pas trop mal. J'ai laissé tomber mon pantalon en étendant instinctivement la main pour nager, c'est vrai, mais je garde les autres parties de mon habillement : souliers, chemise, chapeau de paille même et, tirant une coupe victorieuse, j'aborde la rive opposée.

Cette épreuve me rendit très fier, d'autant plus qu'après avoir traversé la rivière de droite à gauche, il me fallut la retraverser de gauche à droite pour regagner mes pénates, ce que je fis sans aucune difficulté et avec la majesté d'un jeune dieu marin. Des popinés de Kombo, il n'était plus question pour le quart d'heure :

ma baignade m'avait rafraîchi le sang. J'émergeai de
l'eau à mon point de départ nu-jambes et panet battant,
accoutrement pittoresque qui eût pu nuire à mon prestige si Houaïlou m'avait contemplé, mais Houaïlou livré aux douceurs de la sieste, ne me vit pas.

Rentrer chez moi, semblait quelque peu difficile, mon
trousseau de clefs reposant avec mon pantalon dans les
profondeurs azurées de la Boima. Ce fut alors que je reconnus la sagesse de la Providence, dont les vues sont
insondables. L'inachèvement de la toiture, que j'avais
eu la folie de considérer jusqu'alors comme regrettable,
me permit de pénétrer dans mon domicile, à l'aide d'une
échelle.

Cependant, ce mode de communication avec l'exté-
rieur me parut laisser quelque peu à désirer. Je ne pouvais constamment tenir la porte de ma demeure ouverte
ou me condamner à des exercices acrobatiques plus
amusants que commodes. C'est pourquoi, ayant recouvert mon déshabillé par trop canaque d'un pantalon de
rechange, je m'en fus trouver la police indigène.

Némoin se mit immédiatement à l'eau avec ses hommes, partant du point même d'où je m'étais éloigné et
scrutant le fond de la rivière en aval. Au bout de trois
minutes, le Vidocq bronzé plongea et ramena à la surface mon inexpressible, transformé en éponge. La
Boima avait respecté les poches dont j'abandonnai le
contenu, sauf mes clefs, aux tayos mis en bonne humeur.

A mon retour de cette exploration sous-marine, je
trouvai devant ma porte, en compagnie d'une jeune
Française, jolie et sans préjugés, un quidam dont je
me remémorai incontinent le nez de perroquet et l'ac-
cent nasal. « Je suis ce phénomène qui s'appelle le ca-

» pitaine Hubert, » commença-t-il. Parbleu ! je l'avais si bien reconnu que, l'interrompant après avoir salué sa gente camarade qui me le rendit avec une œillade, j'offris sans tarder l'apéritif. Puis nous causâmes et, enfraîné peut-être par le désir de faire parade de ma bravoure devant le sexe auquel nous devons la Goulue, je narrai mon aventure : me jette la pierre qui n'a pas eu dix-huit ans ! Il me sembla, ô effet du mirage ! que mademoiselle Augustine T***, telle était son nom, me regardait presque tendrement. Je puis sans fatuité évoquer le souvenir de ce commencement d'idylle, ébauchée en face de trois verres d'absinthe, car il n'eut pas de suite, l'importun pilote se montrant d'une jalousie stupide. La goëlette qui les avait amenés, mit à la voile le lendemain pour Nouméa. Plus tard, je reçus de ma bonne mère une lettre remplie de tendres reproches sur ma témérité nautique : « Où serais-tu, me disait-elle, » sans ce brave capitaine qui est arrivé si à point pour » te sauver la vie ? » Sauver la vie ! Quel mensonge infâme ce Tartarin brestois avait-il bien pu conter ? Quoi ? je perdais le prestige du péril surmonté victorieusement par mes propres forces ! J'étais déshonoré ! Je me doutai que le défaut favori de l'ancien enseigne était pour quelque chose dans cette déloyauté : j'en eus la confirmation plus tard, lorsque mon père m'apprit qu'il s'était présenté à ma famille éplorée comme mon sauveur. — « Je parie qu'il s'est fait payer l'absinthe ! m'écriai-je. »

— « Il s'en est fait payer trois, répondit mon père. »

CHAPITRE VIII

SCÈNES DE LA VIE DE BROUSSE.

Cette aventure ne fut pas la seule : après avoir échappé
à l'eau, je faillis m'enliser dans la boue, ceci non au
figuré, je vous prie de le croire.

A un certain nombre de kilomètres de mon bureau
résidait un colon irlandais, nommé Georges Wright, qui
n'avait jamais pu s'assimiler la question épineuse des
frais d'exprès. Les bureaux télégraphiques, surtout à
cette époque, étant beaucoup plus rares en Nouvelle-Calédonie que les cocotiers, les facteurs avaient souvent à
parcourir des distances considérables pour remettre les
fatidiques « petits bleus » aux intéressés. Il s'ensuit
que l'administration dans sa prévoyance maternelle autant qu'infinie, avait songé à indemniser les piétons indigènes de leurs fatigues, en leur allouant la somme dé-
boursable par le destinataire, de cinquante centimes
par kilomètre. Georges Wright, qui recevait fréquemment des télégrammes et qui, par conséquent était tenu
de souvent débourser, n'avait jamais pu se mettre cela
dans la tête.

Tenant à cumuler les relations cordiales de voisinage
avec la régularité de mes devoirs professionnels, je m'en
fus un jour, après déjeuner, visiter ce double insulaire,
irlandais et néo-calédonien, avec le vague espoir de lui
faire entendre raison. Il fallait encore traverser la
Boima, mais cette fois, je m'étais fait indiquer un bon
gué, et puis, d'ailleurs, ne savais-je pas nager ?

Je passai, en effet, d'une rive à l'autre avec de l'eau à peine jusqu'au bas-ventre. Je ne m'étais même pas déshabillé : à quoi bon ! Le soleil des tropiques ne chauffe pas pour des prunes.

Georges Wright avait tout l'aspect d'un vénérable patriarche doublé d'un marchand de cochons et telle était aussi son occupation lucrative. Je ne réussis pas à lui faire comprendre la justesse des réclamations administratives, mais je lui achetai une petite truie, charmante et mignonne bête, sevrée depuis peu du sein maternel, et qui me regardait avec des yeux langoureux.

Je n'ai jamais eu la passion propriétaire bien enracinée, mais il me semble que le prurit de la possession est bien plus avivé, bien plus triomphant lorsque cette possession s'étend à des objets non plus inertes, mais vous connaissant, vous comprenant, sensibles à vos caresses ou à vos rudoiements. Le potentat, le patron, le mari ne sentent-ils pas délicieusement chatouillés dans leur orgueil de posséder des êtres vivants, capables d'aimer et de souffrir, devenus leur chose ?

Je ne me faisais pas alors toutes ces réflexions philosophiques à propos d'un cochon, d'un *poôca,*, disent les Canaques qui ont adouci le mot porc, en lui ajoutant la voyelle *a* et en retranchant l'*r*. Je déambulais vers la rivière, après avoir annoncé à Wright que j'enverrais mon planton prendre livraison de la bête. Je me mis dans l'eau sans plus me déshabiller qu'à l'aller.

O étourderie de la jeunesse ? toi qui incitas Cham à manquer de respect au derrière paternel et Pâris à faire cocu Ménélas, tu faillis me coûter la vie. Je n'avais pris garde, deux heures auparavant en traversant la Boima, que la marée qui se fait sentir dans toutes les rivières néo-calédoniennes, était basse; maintenant elle remontait.

Elle remontait même si vite que, tout d'un coup je fus emporté par l'irrésistible courant et, perdant tout à fait pied, dus nager, ce que je fis avec lourdeur, empêtré par mes habits J'attéris cependant sur la rive droite.

Ce n'était point de là que j'étais parti ; je me trouvais maintenant plus en amont, plus rapproché de mon bureau, par conséquent, à ne considérer la distance qu'à vol d'oiseau. Mais dans quel endroit! Devant moi, à ma droite et à ma gauche, s'étendait un vaste marécage où croissaient quelques palétuviers. J'eusse peut-être pu me remettre à l'eau et longer la rive à la nage, jusqu'à un endroit plus propre aux exercices pédestres : c'était peut-être le plus sage, mais j'aime peu me détourner de mon chemin à moins que l'obstacle ne me paraisse insurmontable et je ne voyais là rien de tel. Déjà trempé comme une soupe, le mal n'était pas grand de gâter encore tant soit peu ma toilette.

J'allai de l'avant, et doucement, mais je n'allai pas longtemps en dépit du proverbe italien *chi va piano va sano*. Au troisième pas, j'avais de la boue jusqu'aux chevilles, une boue molle dans laquelle on s'engloutissait comme dans du beurre; au cinquième, j'enfonçai de vingt centimètres; au huitième, je dus m'arrêter ayant les deux genoux pris comme dans un étau par l'immonde élément, ni solide, ni liquide, dans lequel je me sentais disparaître à vue d'œil.

J'avais fort admiré dans les *Misérables* la belle description de l'enlisement, c'est dire que je me rendais parfaitement compte de ma situation. Le soleil brillait au dessus de ma tête, à peine intercepté par les bran-

7

ches sombres des palétuviers; le ciel implacablement bleu, semblait insulter à ma détresse; derrière moi, à quelques mètres, coulait la rivière m'apportant doucement le murmure de la marée montante. Toutes ces choses inanimées m'entouraient de leur majesté puissante et je me sentais disparaître dans ce cloaque gluant et brunâtre, où, parmi le fourmillement des myriades d'infiniment petits couraient les crabes de marais, qui, dans un quart d'heure peut-être, allaient se repaître de ma chair, vengeant ainsi la race des crustacés sacrifiés à l'homme !

La position n'était pas gaie, pas du tout! S'éteindre avant l'âge de la goutte ou des rhumatismes rien de mieux, mais dans un autre décor et surtout d'une façon moins lente, moins affreuse! Dans cinq minutes, dix au plus, j'allais bien en avoir jusqu'à la poitrine et une fois là, la tête ne tarderait pas à suivre : c'était surtout pour la bouche et les yeux que la perspective me déplaisait.

Et, cependant, je ne poussai pas un cri, même d'appel : amour-propre mal placé ? Peut-être. Mais à quoi bon crier! qui eût pu m'entendre?

A défaut de cri, je jetai pourtant autre chose, le regard, autour de moi, et le regard fut aussitôt suivi des mains.

Je venais d'apercevoir, gisant à terre à deux pas de moi la verte branche d'un cocotier : le brin de paille du noyé.

Le cocotier, soit dit pour les personnes peu initiées aux mystères de la botanique, est un arbre droit, côtelé et spongieux, atteignant parfois soixante pieds et ne poussant de branches, si l'on peut employer ce mot, qu'à son sommet épanoui en un vert bouquet. Ces branches, larges et charnues à leur attache au tronc, se continuent en s'amincissant peu à peu en une simple tige d'où pendent de chaque côté des feuilles longues et dures, semblables aux multiples doigts de quelque vert géant.

J'avais justement devant moi la partie forte et arquée d'une de ces branches : je pouvais en m'appuyant des deux mains sur chaque extrémité, m'en servir comme d'un levier à bascule pour me hisser hors de l'abîme bourbeux. Je reconnus alors l'avantage de posséder des bras longs de quatre-vingts centimètres. J'atteignis la branche qui était pour moi celle du salut et grâce à quelques pressions sur ce point d'appui, arrivai à me dégager : un moment après, j'étais à genoux sur ce radeau d'écorce, fait pour reposer sans y enfoncer à la surface des marécages, et le maintenant en équilibre.

Une fois sorti de ce mauvais pas, je respirai de bon cœur. Tout n'était pourtant pas fini : quitter mon radeau, c'était retomber au bout de deux pas dans les fondrières. Le mieux n'était-il pas de tâcher de regagner la rivière ?

Quoi qu'il en fût, je tins à honneur de ne pas m'en aller sans avoir repris mes souliers. Ils avaient tout doucement quitté mes pieds ou plutôt mes pieds les avaient quittés dans les efforts faits pour me dégager, et je dus, pour les reconquérir, plonger les bras jusqu'aux aisselles dans la vase.

Un bonheur n'arrive jamais seul : j'avais repris possession de ma chaussure et allais, avec des précautions infinies, me décider à abandonner mon minuscule refuge lorsque j'aperçus, venant à moi, une petite *popiné* d'une dizaine d'années. Les indigènes néo-calédoniens,

sans atteindre le développement palmipède des Andamè-
nes, ont cependant le pied assez sûr pour s'aventurer
sur des fondrières où s'engloutiraient des Européens. La
jeune enfant, qui me sembla, à ce moment, la plus charmante apparition, était attirée de mon côté par la recherche des crabes de marais. Moins farouche que d'autres picaninis, elle vint à moi sans se faire prier et me
servit de guide pour trouver une mince lisière de terre
ferme parallèle à la Boima. Au bout de quelques minutes, j'avais perdu de vue ce lieu maudit.

Mais dans quel état me trouvais-je! Un égoutier, un
vidangeur en pleine activité de travail eussent eu honte
de fraterniser avec moi. Aussi, tenant toujours à la main
mes deux souliers remplis de vase, je me précipitais
tel quel dans la rivière, ce qui délaya un peu ma boue.
Je rentrai chez moi dans un état de saleté indescripti-
ble.

Ces excursions accidentées m'aidaient à passer le
temps. Sans elles et la lecture de mon vieil Horace, que
j'avais eu soin d'emporter, l'affectionnant tout particulièrement, je serais mort d'ennui ou aurais fini par me
laisser aller à l'abrutissement du milieu. J'avais, il est
vrai, quelques conversations philosophico-familières avec
les forçats, et surtout avec l'un d'eux, Bonsens, un fort
honnête homme, envoyé aux galères par une payse qui
l'avait faussement accusé de viol. Ce pauvre diable, dont
l'innocence n'était mise en doute par personne, n'en demeurait pas moins pour la vie au ban de cette société
qui s'agenouille en prostituée devant les malfaiteurs de
haute marque. Il avait cependant gagné la sympathie
des deux surveillants militaires qui, l'employant comme
boulanger, lui faisaient une vie tolérable. Les Canaques

l'avaient surnommé le capitaine *Faraoua* [1], car, pour
ces naïfs, témoins de notre amour du galon, tout était
capitaine : un géomètre, qui arriva plus tard, fut incontinent baptisé, capitaine Lunette, et moi, j'avais acquis
le titre flatteur de capitaine *Théô* (tonnerre), en langue
canaque, ou de capitaine Télégraphe, en langue... française.

Ils n'étaient pas rares les forçats envoyés à la Nouvelle, comme Bonsens, par la rancune d'une péronnelle,
souvent dédaignée. En général, leur innocence est connue, car ils n'ont pas le cynisme orgueilleux du commun des criminels : ils n'en restent pas moins là! La
sacro-sainte justice peut-elle se déjuger !

Moins sympathique que Bonsens, mais bien curieux
à étudier était le condamné Sanié qui, à la fois humble
et souriant, vint, un jour, m'offrir ses services. « Merci,
» lui dis-je, je n'ai besoin de personne. » J'ai toujours
détesté me faire servir et, en tous cas, les deux Canaques, cumulant les travaux domestiques avec leurs
fonctions administratives, me suffisaient amplement.

Cependant, apprenant que Sanié avait été demandé
comme garçon de famille par mon collègue Fournier,
qui pouvait venir me relever d'un moment à l'autre et
pensant que ce pauvre diable serait moins malheureux
près de moi, qu'au campement, je finis par le prendre.
Sanié avait été un peu de tout, au cours d'une vie non
immaculée : enfant de chœur, instituteur, employé, cuisinier surtout. Avec un peu d'amour-propre, il eût pu
finir comme Vatel, ce qui est beaucoup mieux porté

---

1. *Faraoua,* corruption en bichelamare du mot anglais
flour, farine.

que d'aller casser des pierres sous le tropique du Capri-
corne. Il se précipita, dès son entrée en fonctions, vers
le gourbis servant de cuisine et, devant Péronéva émer-
veillé, confectionna une série de petits plats que n'eût
pas désavoués le baron Brisse. Le second jour, mêmes
prodiges, accompagnés de chansons comiques : Sanié
cherchait à se rendre agréable. A cette époque, le sentiment l'emportait chez moi sur la réflexion ; je me fusse
fait un scrupule de troubler le repos d'un pauvre diable
de forçat : aussi Sanié, après s'en être convaincu, commença-t-il à se donner du bon temps. Le troisième jour,
il était gris, le surlendemain il était ivre et il récidiva
plus d'une fois ; ces ébriétés, explicables chez un homme
longtemps privé de boissons fermentées, n'en étaient
pas moins onéreuses pour ma bourse. Pendant les quelques semaines qu'il demeura près de moi, le scélérat fit
danser à mon panier une sarabande épileptique et je le
soupçonne vaguement d'avoir reçu des pots-de-vin du
fournisseur. Bah! sur une scène un peu plus pompeuse,
quel est l'homme politique qui n'en fait pas autant!

A cette époque comme aujourd'hui, j'aimais beaucoup
la lecture : j'étais resté, un matin, en chemise, dans mon
fauteuil bureaucratique, absorbé par une mythologie
orientale, lorsque la porte s'entr'ouvrit pour donner
passage à mon directeur, le père Lemire ! Il ne parut
pas surpris outre mesure de la légèreté de mon costume
et, pendant que j'enfilais en hâte un pantalon, il commença l'inspection de mon poste.

L'insurrection de Poindi-Patchili touchait à sa fin :
elle avait été une série plutôt de marches fatigantes que
de combats. Quelques Canaques avaient mordu la poussière, deux ou trois soldats avaient reçu des meurtrissu-

res de sagaïes ou de pierres de fronde, les flammes
avaient dévoré une demi-douzaine de cases, et le grand
chef, traqué, reculait toujours vers les gorges étroites
de la Ti-Pindjié. Sa capture ou sa soumission n'était
plus qu'une question de jours. Quelle différence avec la
grande révolte de 1878, qui dura dix mois, couchant
dans la tombe trois cents colons et deux mille Canaques!

Néanmoins, ce petit mouvement avait éveillé l'attention des administrateurs coloniaux qui, mus par l'intention d'éviter des conflits, ou par celle de déposséder davantage les tribus, nommèrent à ce moment une commission de délimitation. En faisaient partie : mon chef
de service, celui du domaine, un géomètre, un riche
colon négrophobe mais républicain, ce qui le faisait
tenir un peu à l'écart, et un révérend mariste, le père
Vigouroux, qui avait la réputation de ne pas bouder les
popinés. Ce quintumvirat, arrivé à Houaïlou sans tam-
bour ni trompettes, descendit chez Girard qui, du coup,
mit ses petits plats dans les grands, et il commença,
sans plus tarder, à délimiter à outrance.

L'indigène océanien n'entend rien à la culture inten-
sive : muni des instruments les plus primitifs, il lui faut
une surface considérable pour obtenir la même récolte
qu'un Européen sur un terrain beaucoup plus restreint.
Une fois le sol fatigué sur ce point, il se porte vers un
espace voisin et, pour mieux le défricher, commence
par mettre le feu aux herbes sauvages qui y ont poussé.
Ces incendies couvrent souvent de très grandes étendues
et présentent un beau spectacle. Armé de quelques branches en guise de balai, le Canaque s'entend d'ailleurs
admirablement à diriger la flamme, à la circonscrire ou
à l'étouffer. Menace-t-elle par trop un lieu habité ? vite

il brûle d'avance les petites herbes voisines, et, lorsque
la grande vague rouge arrive, elle ne trouve plus qu'un
sol dénudé sur lequel elle ne peut mordre.

Tout ceci est fort curieux, fort pittoresque : cependant, les colons, gens pratiques ou du moins avides,
s'indignaient de voir les primitifs gâcher un terrain qui
eût suffi à un nombre cinquante fois plus grand d'agri-
culteurs européens. Ce à quoi, les tribus répondaient que
le sol leur appartenant, elles étaient libres de le cultiver
à leur guise et même de le laisser en friche. Si on eût
écouté les colons, on aurait d'un trait de plume décrété
l'expropriation totale des indigènes, mais cette mesure
parut excessive et on s'en tint à une cote mal taillée.

La politique des missionnaires apparut, alors, comme
chaque fois, fort habile. Il est indéniable qu'après avoir
abruti les indigènes, les bons pères les ont souvent pré-
servés contre l'envahissement des civilisés : ceux-ci
même les plus grossiers, n'apportaient-ils pas avec eux
quelques bribes d'incrédulité ? — on n'est pas pour rien
les petits-fils de Voltaire! — ne contaminaient-ils pas le
troupeau naïf des ouailles? En s'intitulant les protecteurs
des natifs, les maristes acquéraient des droits à leur reconnaissance et, dans les conflits à venir avec les colons,
pouvaient jouer le rôle de médiateurs, qui leur a toujours réussi. En outre, si l'immense majorité des immigrants volontaires, par platitude et crainte du gourdin
administratif, se montraient catholiques fervents, il était
à prévoir qu'il n'en serait pas toujours ainsi, qu'à cet
élément servile et abrupt, succéderait un autre plus indépendant, plus éclairé et, contre celui-là, la multitude
noire, le jour où elle serait convertie, pourrait constituer une force de réaction toute entre les mains du

clergé. Si antidémocratique qu'apparaisse ce dernier, il
a toujours attiré à lui une partie, — la plus inconsciente,
— de la masse pour écraser sous son poids celle qui
pense et qui s'agite. Il y eut, par conséquent, dans la
commission de délimitation de 1876, cette anomalie que
les indigènes, menacés dans leurs possessions, eurent
pour adversaire un républicain, radical s'il vous plaît,
et pour défenseur un prêtre.

Mon chef de service, excellent homme, d'une érudition solide et assez progressiste dans ses idées politico-
sociales, n'avait cependant pas inventé l'anti-clérica-
lisme, — on n'est point parfait! — Peut-être sentait-il
qu'en se mettant le clergé à dos, sa situation eût été in-
tenable dans cette colonie où tout, même la police, sentait l'eau bénite. A Nouméa, il faisait, le dimanche, pendant cinq minutes, acte de présence à la messe, à côté
du gouverneur et des fonctionnaires grands et petits,
pendant que ses employés, presque tous radicaux, dis-
cutaient avec chaleur le républicanisme de Gambetta,
quelques-uns poussant même jusqu'à Barodet. Son collègue à la commission, le père Vigouroux, en profita
pour lui quémander une des pièces de l'immense bureau, afin d'y célébrer le saint sacrifice, dont les malheureux habitants de Houaïlou avaient été privés depuis si
longtemps. Lemire y accéda et, comme mon autorité de
gérant intérimaire disparaissait devant la sienne, je
n'eus ni à approuver ni à blâmer : je me bornai à ne
point entrer dans le sanctuaire improvisé, observant du
dehors le coup d'œil.

Il était vraiment curieux : Sanié qui, la veille, s'était
grisé abominablement, buvant à même le saint ciboire,
servait d'enfant de chœur et dégoisait fort digne-

ment son latin devant une barrique vide servant d'autel.

L'élément féminin avait donné et se prélassait en rang d'oignons sur des chaises empruntées à Girard. Coquetterie et bigoterie vont généralement de pair : ces dames avaient arboré leurs plus pimpantes toilettes et se dévisageaient avec fureur, un œil rivé sur l'officiant et l'autre sur leur voisine. Cette mimique, grosse de jalousie et de dédains, ne les empêchait pas, en même temps, de se redresser sous le feu des regards masculins : l'une, sous prétexte de donner à téter à son enfant, s'était entièrement dégrafée et, sans la moindre gêne, exhibait intégralement les richesses de sa poitrine. De leur côté, les hommes, mineurs et *stockmen* abrupts, depuis longtemps déshabitués des choses saintes, exécutaient à contre temps les mouvements horizontaux ou verticaux inhérents à toute cérémonie religieuse et tourmentaient furieusement la poche dans laquelle se trouvait remisée leur bouffarde. Les membres de la Commission, présents, sauf le colon républicain, représentaient le plus select high life et, à côté d'eux, Bailly, sanglé dans son uniforme de surveillant, tiré à quatre épingles, prenait des poses donjuanesques.

La pieuse cérémonie fut troublée par l'incontinence d'urine d'un chien de forte taille qui avait accompagné son maître jusqu'à la porte du lieu saint, et qui, au moment de l'élévation, s'en fut, le plus naturellement du monde, pisser sur la soutane du révérend père. Cet incident causa quelque tumulte : l'insolent quadrupède fut expulsé ; après quoi, tenant sans doute à donner aux gens de Houaïlou une idée favorable de ses capacités oratoires, le père Vigouroux y alla d'un sermon.

Je n'eus pas le plaisir de l'entendre, mais je suppose

qu'il fut touchant, car l'auditoire me parut donner des
signes d'émotion. Une femme qui cocufiait son mari à...
bouche-que veux-tu, fondit en larmes ; deux mineurs,
qu'on ramassait ivres-morts tous les samedis, derrière
le magasin de Girard, cachèrent leur visage dans leurs
mains et lorsque, après l'*Ite missa est*, les fidèles eurent
vidé les lieux, l'un d'eux s'approcha du missionnaire prêt
à s'en aller et, dans un accès de lyrisme :

— Nom de Dieu ! mon père, lui dit-il, ce que vous
avez bien parlé ! Voulez-vous que je vous paie l'absinthe ?

CHAPITRE IX.

LES GENS D'OUBATCHE.

L'opiniâtre Poïndi-Patchili ayant été fait prisonnier et envoyé à l'île des Pins avec quelques-uns de ses
guerriers, mon collègue Fournier vint me relever et, un
beau matin, je partis pour Oubatche, à bord du vapeur
qui, une fois par mois, faisait le service des courriers le
long de la côte.

Nous étions à la fin de juillet, saison hivernale de ce
côté de l'équateur, mais comme les rigueurs de la tem-
pérature se chiffraient par vingt-neuf degrés centigrades
au dessus de zéro, nous n'avions pas peur de nous heur-
ter en route à des banquises.

A bord du steamer se trouvait un télégraphiste métropolitain, du nom de Savin, jeune encore et de belle
mine, qui eût été charmant sans une pointe de eette

morgue, caractéristique des bureaucrates venus de
France. Sa destination était le bureau d'Oégoa, au nord,
qu'il devait ouvrir et gérer.

Je dis adieu sans regret à la vie abrutissante de Houaïlou. Mon nouveau poste, Oubatche, passait pour situé
dans une région des plus charmantes de la colonie, région sauvage, fréquentée par des voisins peu commodes,
les Oébias et les Pemboas, mais cela n'était point pour
me déplaire. Le contact de ces farouches cannibales me
paraissait infiniment préférable aux bruyantes ribotes
des mineurs ou à la servilité de forçats.

A propos de ces derniers, je citerai un mot de Sanié,
montrant jusqu'où peut aller l'obséquiosité développée
ou engendrée chez certaines natures par le régime du
bagne.

Fournier, jeune et amateur du cotillon, se plaignait
amèrement devant le garçon de famille, de la continence
à laquelle allait le condamner son état de célibataire.

— Qu'à cela ne tienne, Monsieur, interrompit Sanié,
je pourrai, si vous voulez, demander à l'administration
de m'autoriser à me marier avec une femme du *paddok*.
Je la ramènerai ici et vous aurez ce qu'il vous faut.

Mon collègue laissa tomber cette proposition qui lui
était faite le plus sérieusement du monde.

Le littoral est, presque uniformément aride et rougeâtre, depuis Yaté jusqu'à Houaïlou, devient, au nord
de cette région, pittoresque et boisé. Une superbe forêt
de cocotiers s'étend parallèlement à la mer, abritant de
ses éventails d'émeraude les cases des Canaques, semblables à de grandes ruches, tandis que des cascades déta-
chent leur nappe d'écume sur le bleu sombre des montagnes. Vers Touho, la côte devient escarpée ; à mesure

qu'on avance au nord, dans la direction de Hienghène, des roches surgissent sous les aspects les plus bizarres, formant un immense parapet qui se continue dix lieues durant. Pour longer la côte à pied, il faut suivre une étroite corniche, au sommet de ces roches, à plusieurs centaines de mètres au-dessus du niveau de la mer. Malheur au voyageur que le vertige saisirait ou qui ferait un faux pas! Il roulerait, brisé, dans l'abîme pour servir de pâture aux requins.

Deux roches que leur forme bizarre a fait baptiser « *Tours de Notre-Dame* », masquent la plage de Hienghène. Derrière ces masses énormes, le pays s'étend et verdoie. Des ruisseaux sans nombre y roulent leurs flots argentés sur des blocs de quartz et des pierres pailletées d'un mica qu'on prendrait pour de l'or. Des arbres et des arbustes de toutes sortes : cocotiers, pins, bancouliers, bananiers, goyaviers, papayers, manguiers, pandanus, y forment un élégant fouillis de verdure et fournissent pour la plupart, des fruits abondants. Le pommier-thia, au tronc massif et noueux, donne son fruit rose, si léger sous la dent qu'on le dirait formé d'une mousse fondante et humide. Le long des cours d'eau, croît la salsepareille aux contournements capricieux, des banians, assez larges pour couvrir de leur ombre tout un village rassemblé, projettent leurs épaisses racines qui sortent du sol comme pour aller se souder aux branches. Quant au *niaouli* (*melaleuca leucadendron*), l'arbre le plus abondant en Nouvelle-Calédonie, on le rencontre partout. Son écorce argentée aux couches multiples et malléables, semblables à des feuilles de parchemin, sert à recouvrir les parois des cases : on pourrait en tirer un excellent parti pour la

fabrication du papier. Ses feuilles vert-sombre, minces
et rigides, exhalent, lorsqu'on les broie, une forte odeur
de térébenthine. Beaucoup de personnes attribuent aux
émanations purifiantes du *niaouli* la salubrité remarquable de la colonie. Parfois, un village indigène, dépourvu
d'allumettes et fatigué de recourir au vieux système du
frottement de deux branches sèches, embrase un de ces
arbres : le feu rongeant les couches concentriques de
l'écorce, dure des jours entiers. Le Canaque, en passant,
y allume sa pipe et s'en va, tandis que le géant achève
de se consumer lentement. Ce procédé d'incendier un
arbre pour en approcher son brûle-gueule ne manque
pas de grandeur.

La rivière de Hienghène offre une particularité remarquable : elle disparaît avant d'arriver à la mer et vient
sourdre dans l'îlot de Yengabat, à une lieue et demie de
la côte, entraînant dans son cours souterrain des feuilles
d'arbres qui n'existent que sur la grande terre. Elle
aboutit dans cet îlot à un puits de deux mètres cinquante
de profondeur qui donne une excellente eau douce, tandis que les puits artificiels creusés à côté ne fournissent
au bout d'un temps dépendant de leur éloignement de
la mer, qu'une eau tout à fait saumâtre.

A Houaïlou, j'avais exploré les grandes tribus de Di-
Magué et de Boulindo, erré dans les plantations, visité
les cases : celles des hommes, coniques, à l'entrée basse,
à l'intérieur obscur possédant au centre trois pierres
plates formant foyer ; celles des femmes, longues et rec-
tangulaires ; celles des chefs au toit immense, surmonté
d'énormes coquillages et verticalement traversé d'une
sagaïe. Mes promenades à l'aventure m'avaient fait as-
sister à des scènes étranges, mais ce n'était encore qu'un

avant-goût de la vie canaque. Absorbé par mes fonctions, je ne pouvais distraire chaque jour que quelques heures pour une étude qui eût demandé des loisirs continus ; à Oubatche, où j'allais avoir au plus deux télégrammes par jour à expédier, le temps ne me manquerait pas.

Nous arrivâmes devant cette localité vers les onze heures du soir. A peine le steamer avait-il jeté l'ancre, une chaloupe conduite par six rameurs indigènes nous accosta : elle portait le lieutenant de Beaujeu, commandant du poste, et deux sous-officiers. Je reconnus aussitôt l'un de ces derniers, qui avait fait la traversée de Brest à Nouméa sur le *Var*, et nous nous serrâmes cordialement la main : Schmidt, ainsi se nommait-il, était un charmant garçon qui, sans professer de grandes idées politiques ou sociales, se sentait porté à fraterniser avec les déportés, malheureux et proscrits. Ce fut un grand plaisir de part et d'autre de nous retrouver dans ce coin perdu.

Le lieutenant de Beaujeu était un catholique renforcé qui entretenait les rapports les plus intimes avec la mission de Pouébo, située à douze kilomètres au nord. Tandis qu'il faisait grand accueil à Savin, nous échangions, cet officier et moi, quelques froides politesses : il me savait fils de déporté, je le savais réactionnaire ; de grandes effusions étaient difficiles. Cependant la solitude force les hommes à se rapprocher : au bout de quelques jours, une détente se produisit et, sans devenir intimes, nous finîmes par nous supporter, ayant le tact d'éviter les sujets de discussions qui nous eussent aigris sans nous convaincre.

Un officier, deux sous-officiers, dix-huit ou vingt ca-

poraux et soldats formaient l'effectif militaire préposé à
la garde, non seulement du poste, mais de l'arrondissement, c'est-à-dire depuis Touho jusqu'à l'extrémité nord
de l'île. C'était minime, mais il est juste de dire que les indigènes sentaient si peu le besoin d'une protection militaire que à maintes reprises, ils tentèrent d'exterminer
leurs protecteurs ; quant à la population blanche, elle
était des plus clair-semées. Deux colons à Touho, un
missionnaire à Hinghène, à Panié une ancienne élève
de l'orphelinat de Nouméa, concubinant de son mieux
avec tous les indigènes, qui l'avaient surnommée « la
popiné blanche », — la malheureuse avait été épousée
à la vapeur, puis abandonnée par un chevalier d'industrie, — à Oubatche une seule famille anglaise ; à cinq
kilomètres plus loin, un colon radical, — il lisait le *Siècle !* — à Pouébo, une couvée de concessionnaires bien
pensants, les Coste, deux missionnaires, assistés d'un
frère ouvrier et, plus tard, d'une sœur de Saint-Joseph
de Cluny ; dans la vallée du Diahot, quelque deux cents
personnes, attirés par l'exploitation des mines et que le
poste, distant de 35 kilomètres, n'eût certainement pu
défendre, tels étaient les habitants de race européenne,
que les vingt fantassins de marine eussent eu à préserver
des attaques de sept à huit mille sauvages. Il faut ajouter
à cet effectif un médecin militaire de dernier ordre, le
docteur Caillot qui, sous condition de faire tous les
quinze jours une tournée à Oubatche, avait obtenu de
résider à Oégoa (rive droite du Diahot), où les clients
civils et, par conséquent payants, ne lui manquaient
pas. Inutile de dire qu'il ne se conformait jamais à cette
obligation ; tous les deux ou trois mois seulement, lorsqu'une bande joyeuse venait en chaloupe de Pam à Ou-

batche, gueuletonner avec le chef du poste, le docteur
prenait place dans l'embarcation. Mais une fois arrivé,
il se gardait bien d'inspecter l'état sanitaire des soldats :
vraiment, il avait en tête d'autres soucis ! collectionneur
enragé, il ne pouvait apercevoir un casse-tête ou un coquillage sans faire main basse dessus. Le reste de son
temps était noblement consacré à boire. Un pauvre trou-
pier tombait-il malade, le médicastre le traitait par télégramme, à trente-cinq kilomètres de distance, et, se
trouvant lui-même fort bien de ses libations multipliées,
en prescrivait de semblables à ses patients qui ne tardaient pas à rendre l'âme. Le grog au tafia et le vin
chaud formaient toute la pharmacopée de cet aimable
docteur.

Le poste militaire, enclavé entre deux ruisseaux, la
mer et les montagnes de l'intérieur, comprenait une ré-
duction de caserne, un jardin potager et une salle de
police, détachée, bordant la route d'Oubatche au Diahot ; à mi-côte, deux cases habitées par les sous-officiers et, sur un plateau élevé, une habitation maçonnée
avec vérandah pour le commandant. Dominant encore
cette dernière, se trouvait le bureau télégraphique, réduit d'un peu moins de quatre mètres carrés, aux murs
de pierre, extrêmement épais et blanchis à la chaux. Le
toit était de paille sans quoi, on eût pu y soutenir un
véritable siège. Deux gourbis voisins servaient l'un de
cuisine, l'autre de domicile au facteur indigène fourni
par la tribu catholique de Pouébo.

J'ai parlé d'une famille anglaise. Monsieur et madame
Henry jouissaient dans toute la colonie d'une réputation bien méritée d'hospitalité. Aucun voyageur, fût-il
forçat libéré, et ceci est à leur honneur, ne s'adressa

inutilement à eux. Etablis à Oubatche depuis quinze années, dans une luxueuse maison à perron et à tourelle, rappelant quelque peu le manoir écossais, ils avaient possédé autrefois une fortune dont ils conservaient encore les bribes. Le père, âgé de cinquante-huit ans, à tête et barbe blanches, mais encore plein de force, présentait l'aspect vénérable d'un patriarche ; sa femme, de dix ans moins âgée, avait dû être fort belle. Auprès d'eux, se trouvait la dernière de leurs douze enfants, Lily, âgée de cinq ans, qui eût été charmante si ses parents s'étaient occupés davantage de son éducation, mais la mignonnette vaguait du matin au soir, pieds nus, dans les marais, dans les ruisseaux, sur la montagne, en compagnie d'une ribambelle de popinés et de picaninis. A la couleur près, c'était une jolie petite sauvagesse.

Un terrain immense leur appartenait, concédé par l'administration mais contesté par les indigènes qui, peu à peu, étaient revenus s'y établir. Du reste, ils ne cultivaient pas, se contentant de fournir les vivres du poste, pour lequel, tous les jours, ils tuaient un cochon ou rarement un mouton. Leurs gros bestiaux, au nombre d'une centaine, erraient en liberté dans la brousse, sans que les propriétaires eussent l'idée d'utiliser le lait des vaches pour la fabrication de beurre et de fromages. Les pauvres bêtes, souffrant de leurs pis gonflés, attendaient inutilement qu'une main secourable vînt les traire. Des flots de lait se perdaient ainsi : le peu qu'on se donnât la peine de recueillir, était envoyé gracieusement chaque jour au chef du poste, au gérant du télégraphe et aux sous-officiers. Une fois tous les six mois, c'est-à-dire lorsqu'un bâtiment de l'Etat passait pour relever

la garnison, on abattait un bœuf. Autrement, on n'en
eût pas trouvé le débit.

Tandis que beaucoup hasardaient leur fortune dans
les spéculations minières, d'autres plus pratiques, se
confinaient dans l'élevage du bétail. Le mot élevage est
peut-être ici bien abusif, car les propriétaires se bor-
naient à laisser leurs troupeaux paître et vaguer à l'a-
venture, croissant et multipliant sans souci des lois de
Malthus. Aussi, y eut-il bientôt, en Nouvelle-Calédonie
quatre ou cinq fois plus d'habitants quadrupèdes que
bipèdes. En 1877, après un krach général des sociétés
minières, tout le monde se rejeta sur l'élevage et l'agriculture. Pour donner des concessions à ceux qui en
demandaient, on empiéta sans façon sur le terrain des
Canaques ; en même temps, les bestiaux errants rava-
geaient les plantations des malheureux indigènes. Ce
double grief fut une des principales causes de la grande
révolte qui, l'année suivante, mit la colonisation française à deux doigts de sa perte.

Depuis quelques années, les ruminants néo-calédoniens
(ne pas confondre avec les budgétivores) coulent des
jours moins heureux : une fabrique de conserves, établie à Gomen, permet d'utiliser la viande qu'on ne pourrait vendre fraîche faute d'acheteurs. Les grands bœufs,
arrachés à leur quiétude, sont dirigés vers l'abattoir fatal
et meurent en maudissant, sans doute, notre civilisation.

A diverses reprises, soit pour le terrain, soit pour le
bétail, les Henry avaient eu maille à partir avec les indigènes. Secondés par une nuée de serviteurs néo-hébridais, munis d'armes et de tout ce qu'il faut pour soutenir un siège, ils avaient résisté victorieusement, sans

toutefois pouvoir empêcher le pillage de leur magasin;
madame Henry s'était montrée fort brave, dans ces circonstances critiques, pansant les blessés et faisant même
le coup de feu.

Pour en finir avec les menaces des indigènes, le gouvernement fit occuper Oubatche par un détachement
d'infanterie de marine. Au début, cette troupe ne fut
pas heureuse : quatre hommes et un caporal envoyés
chez les Oébias pour réquisitionner des travailleurs,
furent massacrés et mangés. Une autre fois, quinze soldats, commandés par l'adjudant Malzieux, furent cer-
nés sur un pic par quinze cents guerriers qui, brûlant
les hautes herbes et s'avançant sous l'abri des flammes,
faisaient pleuvoir sagaïes et pierres de fronde. Les Français résistèrent comme des gens qui ont devant eux la
perspective d'être cuits au four et servis sur des feuilles
de bananier. Pas de vivres ! pas même d'eau, et la chaleur de l'incendie avivait encore leur soif ! « Les soldats
» *buvèrent* leurs urines », écrivit dans son rapport Malzieux qui n'en passa pas moins officier, léguant, en outre
son nom au pic sur lequel s'était accomplie cette défense.
La mort d'un chef de guerre détermina la retraite des
Canaques qui, bien que braves, ne jugent pas possible
de continuer la lutte sans généralissime.

A en croire Henry, protestant et franc-maçon, la mission n'aurait pas été étrangère aux agressions commises
contre lui par les indigènes. Les maristes de Pouébo,
établis d'abord un peu plus loin, à Balade, étaient les
premiers arrivés dans la colonie ; dès 1846, c'est-à-dire
sept ans avant l'amiral Febvrier-Despointes, ils apparaissaient, séduisaient le grand-chef Bonou, à force de
cajoleries et finissaient, après sa mort, par mettre entiè-

rement la main sur son fils qu'ils baptisaient sous le
nom de Napoléon — ces perspicaces hommes de Dieu
prévoyaient-ils le coup d'Etat? Naturellement, toute la
tribu suivit cet exemple édifiant et l'eau sainte du bap-
téme ruissela sur les fronts cuivrés. L'influence des pères
Rougeyron et Villars sur leurs ouailles était maintenant
absolue, sans bornes. Napoléon, très respecté, n'agissait,
cependant, que sous leur inspiration. Il avait jadis déclaré la guerre, non sans succès, au puissant grand-chef
de Hienghène, Philippe Boirate, prêtrophobe endurci.
Une pierre marquait maintenant à Garana, au sud du
poste d'Oubatche, les limites des deux potentats.

Napoléon, à qui j'ai bien des fois offert la goutte, en
dépit de mes sentiments antimonarchiques, était un robuste gaillard presque noir, au type fidgien bien plus
que négrito, à la barbe neigeuse et au sourire mi-paterne
mi-railleur. Avant sa conversion au christianisme, il
possédait la réputation d'un terrible anthropophage et
cette renonciation à la chair avait dû lui coûter.

Deux autres chefs, Douima et Mouaou, n'avaient pas
l'air très tendre, bien que dissimulant leurs arrière-pen-
sées avec une félinité sauvage. Le premier régnait sur
le village de Tchambouène, entre Oubatche et Pouébo;
il est difficile de s'imaginer un lieu plus ravissant :
fruits, fleurs, chant des oiseaux, murmure des cascades,
fraîcheur des rivières, tout s'y réunissait pour donner
l'illusion d'un véritable coin de paradis terrestre. Et les
femmes y étaient belles; bien plus : elles y semblaient
propres! Vassal, tout au moins nominalement, de Napoléon, enfermé entre la mission et le poste, Douima,
dont les instincts étaient féroces, se livrait par nécessité
à une politique de bascule, digne d'un ministre euro-

péen. Au physique, c'était un assez gros homme jaunâ-
tre, capable de feindre la bonhomie et qui vous eût
coupé en petits morceaux avec un plaisir immense. Il
savait sourire, mais son sourire était cruel. Madame
Henry l'appelait un « *turn coat* », expression anglaise
équivalente à « retourneur de veste ».

Mouaou, chef d'Yambé, sur la route d'Oubatche à
Hienghène, offrait l'aspect d'un chat-tigre prêt à bondir.
Il était cependant atteint d'éléphantiasis, ce qui ne semblait guère le gêner pour venir rôder autour du poste,
mendiant un « chiqua » un verre de tafia ou un « dix
sous ». Comme Douima, il cherchait à contraindre sa
physionomie féroce, ce à quoi il réussissait moins bien
que son confrère; ses prières semblaient rouler des menaces : on le sentait brûlant de vous sauter à la gorge
et de vous déchirer à belles dents.

Ces aimables pasteurs de peuples vinrent me visiter
ou plutôt visiter mes appareils dont le maniement les
intriguait : leurs sujets suivirent. Pendant des semaines, une foule de Canaques, entrant dans mon domicile
à la queue leu-leu, vinrent manifester bruyamment leur
admiration : « Tamé! Kalô! » (Viens! regarde!) —
« Boîma! lio ! » (Oh! que c'est beau !) — « Dalaen ! »
(Que c'est superbe ! — littéralement : « que c'est *blanc*!)
telles étaient les exclamations que leur arrachait la surprise.

Je ne voudrais pas oublier un autre chef, Malakiné,
dont l'autorité s'étendait sur la tribu de Diahoué, à
trois lieues au sud du poste. C'était un charmant
homme, hospitalier, aimable sans bassesse et qui faillit
me faire égorger avec mes parents, pendant l'insurrection de 1878. J'aurais tort de lui en conserver rancune,

s'il est toujours de ce monde, ce dont je doute : Malakiné était noir, nous étions blancs; cette différence de
couleur justifie bien des choses.

Cet auguste voisin possédait une progéniture : Alozio,
beau garçon qui paraissait treize à quatorze ans, et
dont le regard de gazelle, l'épiderme délicat eussent fait
honneur à la plus séduisante popiné. Oignô, (ne pas lire
oignon), qui comptait peut-être une « igname » ou deux
(vulgo : une année ou deux) de moins, et que son père
te. ait fort à m'octroyer, — oui, j'eusse pu devenir gendre de roi ! Mes résistances sur ce point n'auraient,
sans doute, pas été inébranlables, si je ne m'étais aperçu
que cette jeune fille, douée comme son frère d'une jolie
figure, n'était pas exempte du *tonga*, lèpre que les indigènes du sud appellent *bié* et qui cesse par époques d'ê-
tre apparente mais ne disparaît jamais entièrement.
L'habitude invétérée de ne pas se laver, celle d'aller tout
nu, exposé au soleil et aux mouches, enveniment bientôt les plaies, les rendent épouvantables, impossibles à
guérir. A certains moments, le flanc de la pauvre Oignô n'était qu'un ulcère à vif. Je déclinai poliment, si
flatteuse fut-elle pour moi, toute alliance avec cette
princesse du sang.

Le nord de la Nouvelle-Calédonie semble la terre de
prédilection des maladies étranges : les éléphantiasis,
les hydrocèles énormes, les taches syphilitiques s'y don-
nent rendez-vous. Le père du pattu Mouaou semblait
porter une citrouille devant son ventre; je n'ai jamais
pu comprendre comment, avec une infirmité pareille,
cet homme pouvait non seulement vivre mais se promener comme si rien d'anormal ne gênait sa marche.
Dioman, frère du grand chef des Oébias avait sa peau

jaune tachetée de blanc comme un serpent ou un tigre,
animaux auxquels il ressemblait, du reste par le caractère.

Les médecins indigènes, les tacatas, ne manquaient
pas, cependant, mais ils ne semblaient guère plus forts
que le docteur Caillot. Le principal d'entre eux, Maréco,
qui avait gagné son rang au concours, s'était rendu bor-
gne en voulant se soigner, il n'en imposait pas moins le
respect, plus peut-être par sa situation de frère de petit-
chef, sa prestance superbe et sa multiple ceinture de
poum bouhé [1], ornée de coquillages, que par ses connaissances thérapeutiques. Un autre Djalap, se contentait de prédire, d'après l'inspection des nuages, la
pluie ou la sécheresse.

Tels étaient les voisins au milieu desquels j'allais
passer deux années, qui sont restées les meilleures de
ma vie. Mais, à l'exception d'Oignô, je n'ai encore parlé
que du côté masculin : il convient de réparer cette in-
justice.

Tout d'abord, il y avait au camp, depuis des années,
deux popinés cohabitant avec les sous-officiers. Elles
faisaient partie du matériel, à titre inamovible, tout
comme les paillasses et les moustiquaires. Tous les six
mois, leurs maris partants les léguaient aux arrivants ;
deux jours avant le départ du détachement, on entendait dans les cases proches de la caserne de grandes la-
mentations : c'étaient ces dames, qui, nouvelles Calyp-
sos, pleuraient le départ de leurs Ulysses. A peine, la
nouvelle troupe apparaissait-elle, clairon en tête, les
larmes étaient séchées et, sans même attendre la pré-

1. Poil de la grande chauve-souris appelée roussette.

sentation officielle à leurs nouveaux conjoints, les veuves commençaient à se battre pour accaparer soit le plus beau, soit le « sergent cambuse » (fourrier), très recherché sur la place.

De ces deux popinés, on appelait l'une Manjô ou quelquefois Rosalie, car elle avait été vaguement baptisée ; l'autre, Eva, était plus connue sous le surnom de « la muette ». Elle avait jadis reçu en pleine poitrine la balle d'un factionnaire, au « qui vive? » duquel elle ne répondait point, et pour cause. Le médecin français qui la sauva, obtint, seuls honoraires qu'elle pût lui donner, ses premières faveurs. Elle prodigua les suivantes à nombre d'élus et la fréquence des corps à corps amoureux finit par émousser ses sens, au point qu'elle s'oubliait à attraper des mouches au moment le plus pathétique.

J'étais allé, un jour, prendre un bain dans l'Océan Pacifique, exercice hygiénique qui eût été tout à fait agréable sans la perspective des requins, lorsque je croisai sur la plage une popiné déjà mûre, mais qui avait dû être remarquablement belle. Elle portait non le simple *tapa*, mais un peignoir assez propre, ce qui m'inspira de la déférence : je la laissai passer sans attenter à sa vertu. L'ayant perdue de vue, je me déshabillai en un tour de main et allai me jouer sur le sein azuré d'Amphitrite, le seul qui s'offrit libéralement à moi. Comme il faisait bon s'étendre de son long sur ces vagues mourantes qui vous berçaient avec une chanson, prenant du soleil ou de l'onde tant qu'on en voulait! On sentait comme la caresse d'une invisible main : au large, la mer frangeait d'argent la ceinture madréporique des récifs. Qu'ils étaient beaux, aussi, ces récifs!

A mesure qu'on s'en approchait, l'Océan, diminuant de profondeur devenait transparent comme du cristal et laissait entrevoir ses végétations étranges, ses arbres de corail, bleu, rose, jaune, vert, entre les branches desquels se jouaient des poissons multicolores.

La baignade terminée, je repris terre et quelle ne fut pas ma gêne en voyant venir à moi, sans peignoir cette fois, la popiné que j'avais aperçue quelque trois quarts d'heure auparavant! N'aggravons pas les choses : elle avait conservé son tapa, mais ses démonstrations significatives m'indiquaient qu'elle était prête à le relever.

Béata, ainsi s'appelait cette beauté majeure mais peu farouche, ne demandait qu'à me combler de béatitude pour une somme qu'elle laissait à ma générosité le soin de déterminer. Cette vénalité me choqua : je m'étais cru aimé pour moi-même; déception qui arrive plus d'une fois dans la vie! Néanmoins je ne voulus pas, pour une misérable question d'argent, perdre l'occasion d'étudier sur le vif les femmes canaques. Je m'exécutai et suivis dans sa case l'hétaïre bronzée. Avait-elle un époux? J'avoue à ma honte que je ne songeai pas un instant à le lui demander. Plus tard, j'appris que, tout comme madame de Framboisy, elle était veuve de cinq ou six maris.

Les habitations indigènes n'ont point de portes, ces sauvages communistes ne se volant pas entre eux comme les civilisés. Pendant que j'étais en conversation intime avec Béata, le dernier né de celle-ci, gamin de quatre à cinq ans vint, du dehors, nous regarder avec une innocente curiosité. « Tabou [1] » lui cria la mère sans

1. Mot usité dans toute l'Océanie pour signifier une interdiction et donné aussi aux objets qui la symbolisent.

interrompre le moins du monde sa besogne. Et de la main, elle indiquait impérieusement le large à son rejeton qu'elle tenait sans aucun doute à élever dans les principes d'une morale austère.

Il n'est pas de bon ton, je le sais, de se vanter des faveurs octroyées par des dames, gratis ou non, mais j'ai cru remplir un devoir de reconnaissance en vouant à une immortalité plus ou moins solide le nom de cette brave femme, mon initiatrice à l'amour canaque. Elle avait deux filles très nubiles : l'une, Bouliac, apporta au surveillant de télégraphe qui vint me rejoindre, un cœur pas trop neuf et une jolie petite métisse procréée par un pilote ; l'autre Cahouane, grande et bonne fille peu farouche, me voua une amitié tout à fait désintéressée. De toute la famille, seul le jeune Plouk, échappa au télégraphe.

———

CHAPITRE X.

ÉTUDES LOCALES.

Au bout d'un mois et demi de séjour à Oubatche j'eus une surprise bien agréable : mon père et ma mère vinrent m'y rejoindre. Ils avaient cru pouvoir sans bassesse demander cette unique faveur, que le chef de la colonie leur accorda immédiatement.

Ils arrivaient par un steamer, en même temps que le sous-lieutenant Blanchard, destiné à remplacer de Beau-

jeu, et le surveillant du télégraphe Dubois, fraîchement
émoulu de l'infanterie de marine.

Une vie très heureuse, après tant d'orages, commença
pour nous. Mes parents avaient loué aux Henry, pour
vingt francs par mois, une case perchée sur un monti-
cule, à cent mètres de leur maison, qu'elle dominait.
Elle ressemblait assez à notre habitation de l'île des
Pins, pareillement blanchie à la chaux de corail et entourée d'une vérandah, avec deux pièces à l'intérieur.
Un clair ruisselet, dérivé artificiellement des montagnes, murmurait devant notre porte et descendait se
perdre vers la mer, après avoir alimenté la cuisine et la
buanderie de nos voisins anglais. Des touffes de citro-
nelle sauvage, dont nous tirions une boisson remplaçant le thé, croissaient çà et là sur les plateaux voisins,
auxquels se reliait le nôtre. En regardant de la plage
vers l'intérieur le coup d'œil était, à la fois, pittoresque
et imposant : au dessus du store, la maison Henry, ombragée de *flamboyants*, arbres aux fleurs pourpres ; plus
haut la nôtre, tache blanche perdue sur un fond vert et
bleu, plus loin, des montagnes en amphithéâtre, traversées horizontalement de la base au sommet, par des
rangées de gradins, semblables à ceux d'un cirque immense. Ces gradins marquaient la place des anciennes
tarodières, étagées, régulièrement et arrosées par une
ingénieuse série de canaux. La culture du taro demande
beaucoup d'eau et les Canaques passés maîtres dans les
travaux d'irrigation, en prennent aux torrents voisins.
C'est à ces vestiges de plantations qu'on peut reconnaître la puissance des tribus aujourd'hui disparues ou en
voie d'extinction.

Dubois ne tarda pas à prendre femme, occasion qui,

à Oubatche, devenait tous les jours plus rare. Bouliac,
fille de Béata, déjà mise à mal, cherchait à donner un
père à son enfant. Le surveillant du télégraphe eût peut-
être préféré une vestale, selon l'usage des hommes qui,
ayant fort libéralement disposé de leur corps, n'enten-
dent pas se mésallier à des roulures. Mais il n'y avait
pas grand choix de sujets, puis Bouliac parlait couramment le français, cuisinait et lavait proprement : Dubois devint son heureux époux et le resta trois ans;
après quoi, il la congédia sans cérémonie, pour épouser
de la main droite la fille d'un colon.

Ce ménage logeait dans un kiosque élevé en hâte, en
attendant qu'on édifiât un bureau convenable que j'ha-
biterais, abandonnant l'ancien à mon surveillant. L'administration coloniale était en veine de prodigalités :
elle venait de voter un crédit de deux cent quarante
mille francs pour la construction d'une route circulaire
enveloppant l'île. Les chefs de poste et d'arrondissement, entre lesquels fut répartie cette somme, se contentèrent généralement de faire brûler les herbes re-
couvrant l'ancien sentier indigène et, en qualité de
« gérants de caisse », mirent la caisse dans leur poche,
vraisemblablement pour mieux la gérer. Trois ans plus
tard, je fus, moi aussi, gérant de caisse et ne songeai
pas un instant à attenter à la propriété de l'Etat. Pour
un futur anarchiste ! j'en rougis.

Je prenais mes repas avec mes parents, mais rega-
gnais ensuite mon bureau. L'ombre et la clarté se succèdent sans transition sous les tropiques : les nuits où
la lune oubliait de paraître, on aurait cru errer dans la
conscience d'un ministre, tant l'obscurité était épaisse.
Quelles n'étaient pas les transes de ma mère, lorsque,

8.

tâtant du pied le sol pour me maintenir dans le sentier,
je déambulais de notre montagne au télégraphe! De fait,
la moindre erreur d'itinéraire eût pu m'amener sur les
bestiaux, couchés dans les hautes herbes, et me faire
saluer d'un bon coup de corne. Il fallait, pour rassurer
les angoisses, signaler par un cri mon arrivée sur la
route, — car route il y avait de la maison Henry au
poste, — puis, une fois rendu à destination, hausser et
abaisser alternativement ma lampe allumée, le long de
la vérandah, signal auquel ma mère répondait de même.
Une fois cette télégraphie optique terminée, j'empoi-
gnais la *Henriade* et ne tardais pas à m'endormir profondément.

Le travail était insignifiant, dérisoire : mais il fallait
rester à portée des sonneries, qui d'un moment à l'autre, pouvaient vibrer pour l'imprévu. La communication
avec Houaïlou, à moins de quarante lieues à vol d'oiseau mais à plus de soixante par le fil, ne marchait pas
toute seule, surtout par les temps orageux. Savin, bien
outillé, arriva cependant à correspondre directement
avec ce poste. Oh! alors, les bons loisirs, car ils en
avaient pour des heures à bavarder, faisant virer comme
une folle l'aiguille de mon galvanomètre. J'en profitais
pour pousser des excursions dans la montagne, bien sûr
de ne décevoir personne, car l'officier galopait dans
les tribus, en quête de popinés, les soldats n'envoyaient
jamais de dépêches, Henry une tous les trois mois et
aucune voile, aucun vapeur n'étaient en vue. Maintes
fois, partant ainsi aux heures de clôture et appréhen-
dant de revenir avec un fort retard, j'établissais d'avance
la communication directe entre mon correspondant du
nord et celui du sud; puis, la conscience légère, je m'en-

fonçais dans la profondeur des fourrés ou des ravines, franchissant les torrents sur des carcasses d'arbres pourris, — ce qui me valut plus d'une dégringolade — ou m'égarant à la recherche des sépultures canaques.

Ces lieux de repos ont un aspect bizarre : ce sont généralement d'énormes pâtés de roches, entourés d'un inextricable réseau d'arbustes, lianes et plantes grimpantes. Les indigènes, antérieurement à l'arrivée des Européens, se contentaient, pour la plupart, d'exposer leurs morts, soutenus par des piquets sur les branches des arbres ou au sommet des roches ; quelques tribus devaient cependant, les enterrer ou plutôt les recouvrir d'une légère couche de cailloux. Aujourd'hui, sous la double influence des missionnaires et de l'administration, l'inhumation est devenue la règle. L'endroit choisi pour y mener les ancêtres dormir du dernier sommeil est écarté, d'un accès difficile : l'approche n'en est indiquée que par les fientes d'oiseaux et les débris de coquillages provenant soit d'anciens repas funéraires soit des provisions déposées auprès des morts et consommées par les rongeurs ou les rapaces.

J'avais un flair tout particulier pour découvrir ces cimetières et, une fois arrivé devant l'un d'eux, aucun obstacle ne m'arrêtait. Ames sensibles qui me lisez et qui avez peut-être jeté l'anathème à Ravachol pénétrant dans la tombe d'une marquise, accablez-moi : j'ai violé des sépultures et chipé des crânes, que je déposais sur mes étagères comme de simples potiches.

Le désir indiscret d'aller taquiner d'innocents Mélanésiens n'était pas ce qui m'animait. Brûlant d'un malheureux penchant pour l'anatomie, l'ethnologie et quelques autres sciences naturelles, j'avais conçu l'am-

bitieux projet de reconstituer l'histoire des tribus néo-
calédoniennes, qui ne m'en eussent probablement su aucun gré. Lorsque, un peu plus tard, j'appris la découverte encore récente par Henri Filhôl d'un débris fossile de grand pachyderme, prouvant la jonction de l'île,
aux temps préhistoriques, avec un continent austral,
je me mis dans la tête de trouver, moi aussi, mon fossile de marque.

Les traces d'anciens êtres aquatiques ou emplumés,
que l'on découvre dans le terrain crétacé de la côte
ouest, principalement vers Uraï, ne me semblaient pas
dignes de moi : il me fallait le squelette ou, tout au
moins, le crâne d'un homme contemporain du mam-
mouth. Je n'eus pas le bonheur d'arriver à mes fins, en
dépit d'explorations aussi persistantes qu'accidentées : les
plus antiques débris humains exhumés dans mes courses aventureuses paraissaient, au plus, âgés de quelque
dix siècles et, en tenant compte des intempéries atmos-
phériques auxquelles ils avaient été soumis, j'étais porté
à réduire ce temps à plus de moitié. Le plus beau spécimen de prognathisme, un crâne blanc et poli comme
de l'ivoire, que j'avais soigneusement déposé dans une
malle, chez mes parents, périt — pour la seconde fois!
— en 1878, dans l'incendie de leur paillotte.

Il est difficile d'assigner une date à l'arrivée des Mélanésiens en Nouvelle-Calédonie. Très vraisemblablement, ils vinrent d'Australie : l'analogie de type est bien
plus grande qu'avec les Néo-Hébridais, qui se servent
fort habilement de l'arc inconnu aux Néo-Calédoniens.
Il est vrai que ceux-ci n'ont pas davantage le *boomerang*
qui a pu être inventé après leur émigration d'Australie.
Les autres armes, fronde, sagaïe et casse-tête, sont

identiques, de même le vêtement, si l'on veut bien appeler ainsi le *moinô* et le *tapa*. Enfin, il faut noter quelques vagues ressemblances des mots : une des plus bizarres est par exemple, l'appellation australienne *akariki*, chef, qui se retrouve non seulement dans l'appellation néo-calédonienne correspondante *aliki* et dans le nom propre *Aréki*, mais même à Taïti sous la forme *arihi*. Le changement de l'*r* en *l* et le remplacement du *k* par une forte aspiration sont fréquents ailleurs même qu'en Océanie.

Quelques savants linguistes ont trouvé de l'analogie entre le chinois et l'othomi, langue parlée dans une partie du Mexique avant l'arrivée des Espagnols. Sans prétendre leur faire concurrence je citerai une demi-douzaine de mots pris dans les divers dialectes néo-calédoniens et qui offrent une grande ressemblance avec les mêmes mots chinois et othomis.

Français	Chinois	Othomi	Canaque
Je	Ngo	nuga, nga	go (dialectes touaourou et canala)
toi	ni	nuy	ndiou (« hienghène)
lui	na	na	né (« touaourou et Canala)
vieux	kou	ko	kan (« touaourou)
peu	sie	tsi	sié (rien, pas, non — Canala)
diable (Mauvais génie)	kouei	koua	kouémo (la nuit, l'ombre Canala)

Du reste, il est curieux de constater comme, à côté des filiations naturelles, le hasard opère des rapprochements. Quelle plus grande dissemblance existe-t-il qu'entre le

Grec antique, à l'esprit subtil, poète, philosophe, initiateur de civilisations et le primitif sauvage océanien ? Et
quelle plus grande ressemblance, néanmoins, qu'entre
le verbe néo-calédonien *Koundouc* (boire) et le subs-
tantif grec *kundukus* (une coupe) ?

Les Polynésiens arrivèrent les derniers dans la con-
trée, il y a un peu moins de deux cents ans. Leur principale émigration vint de l'île Ouvéa, du groupe Wallis,
et, abordant à la plus septentrionale des Loyalty, ils lui
donnèrent le nom de leur patrie. Leur grand-chef Ouanéguéï soutint des luttes homériques contre le chef noir
Nékara, qui défendait son sol : à la fin, les deux éléments
s'unirent et fusionnèrent. Ouvéa dut à cet apport de
sang polynésien un développement considérable, elle
passa même pour la terre des esprits et les descendants
d'Ouanéguéï, élevés au rang de grands enchanteurs, furent consultés avec respect par les chefs de la grande
terre, comme le prouvera l'histoire ci-dessous, un peu
longue, mais curieuse :

Il était jadis un puissant chef, du nom de Pahouman,
qui régnait vers la Tiouaka, grande rivière qui a son embouchure à Wagap. Un jour, il alla se promener, suivi
de quelques-uns de ses guerriers ; chemin faisant, ils ar-
rachèrent des cannes à sucre, et Pahouman, avisant un
gros banian voisin le montra à ses compagnons, leur
disant : « Montons sur cet arbre pour manger nos cannes. »

Ainsi, firent-ils et comme une bande de singes, ils
s'installèrent à califourchon sur les robustes branches,
cachés par l'épais feuillage. A ce moment, Apitéhéguène,
un potentat de petite marque vint à passer sous le banian sans apercevoir ceux qu'il portait. Pahouman, dé-

daigneusement, laissa tomber de sa bouche un morceau
d'écorce mâché sur la coiffure de ce chef qui, ne sentant
rien, continua tranquillement son chemin.

De retour dans sa case, Apitéhéguène déroula son
turban d'écorce pour se peigner avec l'espèce de trident
en bois que portent comme parure quelques indigènes. Grandes furent sa surprise et son indignation lorsqu'il aperçut le détritus de canne à sucre. « Qui m'a
» fait cette insulte ? » se demanda-t-il, sans pouvoir
trouver la réponse. La nuit venue, il s'endormit, mais
d'un sommeil agité. Il eut un rêve dans lequel il voyait
la tribu de Pahouman montée sur un banian et qui menaçait de le frapper à coups de cannes à sucre.

— « Je tiens mon insulteur ! » se dit Apitéhéguène et,
comme il était homme de décision, il partit, dès le lendemain, pour l'île d'Ouvéa, dans une petite pirogue, afin
de demander l'aide du grand-chef Ouanéguéï, qui possédait les esprits.

Le voyage s'accomplit heureusement et Ouanéguéï,
mis au courant par le pauvre chef, lui tendit deux feuilles de bois sculpté, en accompagnant ce cadeau des paroles suivantes : « Je ne te donnerai maintenant que ceci,
car ta pirogue est trop petite (voulait-il dire par là que
la visite d'Apitéhéguène n'avait pas été assez cérémo-
nieuse ou qu'une misérable coquille de noix ne pouvait contenir un talisman de premier ordre ? c'est un
mystère que je n'ai pu élucider). Mais va quand même
et fais la guerre. »

Apitéhéguène revint chez lui, assembla les vieux de
sa tribu et tint conseil avec eux toute la journée. La décision fut de commencer les hostilités, le présent d'Ouanéguéï devant assurer la victoire. Le lendemain matin

on marcha contre Pahouman. Celui-ci, qui avait entendu
parler du voyage à Ouvéa, se tenait sur ses gardes : il n'y
eut donc pas surprise, mais lutte en règle. Néanmoins,
les guerriers d'Apitéhéguène, bien que de beaucoup les
moins nombreux, triomphèrent, grâce à leur confiance
dans le talisman.

Le vaincu laissa brûler son village et sans perdre la
tête, battit en retraite le long de la Tiouaka, renforçant
sa troupe des hommes valides de toutes les localités voisines. Puis, il revint attaquer son ennemi qui, à son tour
écrasé par le nombre, plia et regagna avec les siens
Wagap.

« Ce n'est pas la peine de les poursuivre maintenant
» déclara Pahouman : restons ici pour manger ceux que
» nous avons tués et demain, nous exterminerons les
» autres. »

Apitéhéguène était dans sa tribu, réfléchissant aux
solutions : la nuit arrivait et il ne savait encore quel
parti prendre. Tout à coup, une idée lui traversa le
cerveau et, appelant un de ses hommes, il lui donna
l'ordre d'aller à Amoua, informer les habitants mâles
qu'il les demandait tous pour cette même nuit. Le messager partit sur-le-champ, remonta la rivière de Ti-yée
et, arrivé près d'un lieu qu'on nomme Toumondou,
s'arrêta pour se reposer : sans le vouloir il s'endormit.

Or, cette nuit là, le grand chef Ouanéguéï adressa à
son protégé un caillou de guerre pour lui assurer la victoire. Il lança ce talisman, qui traversa la mer et entra
dans la Ti-yée. A ce moment, le guerrier d'Apitéhéguène
rêvait : il voyait un caillou qui montait dans la rivière
et lui disait : « J'arrive d'Ouvéa, je viens faire la
guerre : il faut que tu me prennes et me caches. »

Le dormeur ne tarda pas à se réveiller et, averti par le songe, il chercha autour de lui des végétaux avec le suc desquels il pût entièrement se noircir le corps. Cette œuvre accomplie, il s'attacha aux jambes des *ouatchitchis*, petits coquillages blancs et légèrement rosés, d'une grande valeur pour le Canaque ; autour des reins, il se passa une ceinture de poumbouhée, puis s'arma de son casse-tête et d'une poignée de sagaïes. Se trouvant alors en état de recevoir le précieux don d'Ouanéguéï, l'homme descendit le cours de la Ti-yée jusqu'à un endroit où il s'arrêta soudain, car c'était là que son rêve s'était terminé. Tout à coup, il s'exclama : « Qu'est-ce? Oh! un poisson » et il s'élança de ce côté, poussant des cris de guerre et dansant, avec le simulacre de lancer une sagaïe ; puis, nouvelle pause, pendant laquelle le Canaque invoqua mentalement les esprits. Le cérémonial n'était pas encore fini : après avoir fait mine de frapper le poisson avec son casse-tête, le messager prit cette arme de la main gauche et tendit la droite vers la rivière, en s'inclinant presque jusqu'au sol et en fermant les yeux.

Alors, fait qui paraîtra bizarre aux incrédules Européens, quoique beaucoup moins invraisemblable que le mystère de l'Incarnation, le caillou de guerre sortit de la bouche du poisson et vint se poser dans la main du guerrier qui, rapidement, l'enveloppa avec un lambeau d'étoffe indigène, c'est-à-dire de fibres d'arbres grossièrement apprêtées. Cette opération accomplie, l'homme se leva, fit une vingtaine de pas doucement, puis prit sa course et ne s'arrêta que devant la demeure d'Apitéhéguène. « Eh bien, demanda celui-ci, où est le renfort? » — « Le renfort nous est venu cette nuit d'Ouvéa, » ré-

pondit le messager. — « Olée! » exclama le chef ravi et,
d'un cri terriblement rauque, il appela tous ses guerriers, auxquels, d'un ton grave, il dit : « Le caillou de
guerre, le caillou sacré est arrivé d'Ouvéa. » Une
grande clameur belliqueuse accueillit cette nouvelle et
Apitéhéguène, vraisemblablement mis en veine d'exercices vocaux, continua en murmurant sur un ton bas et
tout à fait sinistre : « Aoue! ti ti ti ti ti ti ti! » fermant
les yeux et tournant la tête de droite à gauche, autant
de fois qu'il y avait de « ti ti ti. » Les hommes répondaient par un cri sauvage et prolongé de « Ou! »

Tout cela était bel et bon; mais, pour vaincre, il fallait
toucher le caillou de guerre après un cérémonial qui ne
pouvait être accompli que la nuit, ce qui renvoyait la
bataille décisive au lendemain. « Sous peine de mort,
» dit Apitéhéguène, à ses sujets, que personne d'entre
» vous ne parle du caillou. Si Pahouman apprenait ce
» qu'il en est, tout serait perdu, car lui aussi possède
» les esprits. » Cette sage objurgation n'empêcha pas le
moins du monde un traître d'aller trouver le chef ennemi pour lui révéler le secret terrible. La nouvelle
qu'il lui apprit, non en particulier mais devant ses guerriers et ses sorciers, épouvanta ce monde qui, au lieu de
poursuivre sa marche victorieuse, battit en retraite, malgré la répugnance de Pahouman, le seul qui se sentit
d'humeur à lutter quand même.

Après une nuit d'incantations, Apitéhéguène, en présence de sa tribu, toucha avec respect le caillou de
guerre qu'un vieux sorcier sortit d'un panier richement
orné. Un cri terrible de tous les assistants alla jusqu'aux
oreilles de Pahouman qui, malgré l'avis de ses vieux
conseillers, s'était rapproché, entraînant, tant bien que

mal ses troupes nombreuses mais découragées. Bref, un combat eut lieu, mais de courte durée : le protégé d'Oua-néguéï remporta une complète victoire, à la suite de laquelle Pahouman et les siens disparurent sans plus faire parler d'eux. Sans doute, allèrent-ils se réfugier sur l'autre côte.

Un second récit, d'un genre différent, se raconte beaucoup le soir, à la veillée, dans la région d'Oubatche.

Un rat, un goëland et une poule sultane vivaient ensemble en camarades et s'étaient associés pour chercher leur nourriture. Or, il advint, une fois, que les vivres manquant, tous trois tinrent conseil. « Allons pêcher, » dit le goëland; allons aux récifs, la marée sera bientôt » basse : nous prendrons beaucoup de poissons. » La poule sultane appuya cette proposition. « Ah ! soupira » le petit quadrupède, cela vous est bien facile, à vous » qui avez des ailes, mais moi comment ferai-je pour vous » suivre ? » — « Construisons une embarcation, répondit « le pratique volatile et tu viendras avec nous. » Cette idée ayant été adoptée, on se mit à l'œuvre : le rat rongeait, coupait et creusait des cannes à sucre, que les oiseaux disposaient ensuite en forme de pirogue : la coque, le mât, la voile, le gouvernail, tout était en canne à sucre. L'ouvrage fut promptement terminé; les oiseaux mirent l'embarcation à flot, le rat y sauta joyeusement et partit, escorté de ses deux associés.

En arrivant au grand récif, alors à sec, les oiseaux dirent au rat : « Reste ici, nous allons pêcher et revien- » drons tout à l'heure avec nos provisions. » Puis ils partirent à tire d'aile et disparurent bientôt à l'horizon.

Le temps se passait, le goëland et la poule sultane ne revenaient point. Pressé par la faim, le rat se mit à dé-

vorer la voile, puis le mât, puis, las d'attendre toujours
en vain, le gouvernail et, finalement l'embarcation. Il
venait à peine de ronger le dernier morceau, lorsque les
deux oiseaux parurent, tenant dans leur bec les poissons qu'ils avaient attrapés. — « Eh bien, cria la poule
» sultane, nous avons fait bonne pêche, mais où est ta
» pirogue ? » « — Hélas ! répondit le rat, ne vous voyant
» pas revenir et ayant faim, je l'ai mangée. » « Comment !
» s'exclama le goëland avec colère, nous travaillons à
» te construire une embarcation et tu la dévores !
» Tant pis pour toi ! Puisque tu es ici, restes-y ! » Et,
n'écoutant que leur indignation, les oiseaux s'envolè-
rent, laissant le rat se désoler, crier et pleurer.

Déjà, la marée commençait à remonter. « Je suis
» perdu, » se disait tristement l'abandonné. Avisant un
caillou qui était encore à sec, il y sauta au moment où
la mer commençait à gagner sa place : « Hélas ! mur-
» murait-il, tout à l'heure l'eau m'atteindra et il faudra
» bien que je meure ! »

Comme il était en train de se lamenter, un poulpe
passa et l'aperçut : « Que fais-tu là, petit ? » lui demanda-t-il ? — « J'attends la mort, répondit le rat ; le
» goëland et la poule sultane m'ont abandonné. » Et il
raconta son histoire. « Ah ! ah ! fit le poulpe qui était
» une bonne créature, te voilà dans une vilaine situation,
» mais je vais t'en tirer. Saute sur mon dos et, quoique
» je n'aille pas très vite, je te conduirai quand même à
» terre. » Le rongeur, tout joyeux, sauta sur la tête de
l'animal complaisant. Celui-ci, en effet, ne nageait
guère rapidement ; toutefois, on s'approchait de la terre
et, enfin, on n'en fut plus qu'à une courte distance.

Le rat, échappé à la mort, ne se sentait plus d'aise :

il riait et dansait comme un fou; sans respect pour son sauveur, il lui urina sur la tête. « Que fais-tu donc? » demanda l'animal des mers, qui sentait l'autre se trémousser. — « Ce n'est rien, répondit le rat; c'est la vue » de la terre qui me réjouit. » Puis, comme on n'était plus qu'à quelques brasses du rivage, le cynique exprima plus complétement son allégresse en souillant de ses ordures son bienfaiteur, auquel il cria, après s'être élancé à terre : « Maintenant, regarde-toi ! »

Le poulpe aperçut alors ce que l'ingrat lui avait laissé pour prix du service rendu. Furieux il voulut se précipiter à sa poursuite, mais les roches aiguës déchirèrent ses tentacules et, tout meurtri de ses efforts, il dut regagner le fond des mers.

Ce conte, paraît-il, est symbolique : le rat, dans l'esprit du La Fontaine noir, incarne l'imprévoyance et l'ingratitude canaques... il aurait bien pu dire humaines !

CHAPITRE XI.

DERNIERS RÉPITS.

Le bonheur n'a pas d'histoire et c'est un exposé de faits et de choses constatés *de visu*, non une autobiographie, que j'ai l'intention de présenter au lecteur.

Je passe donc sur les mois tranquilles écoulés dans notre oasis, les promenades aventureuses, les flirtages à l'ombre des cocotiers : Dyla, Hygué, Bouboute, Poune,

Molah, Tamoui et, vous charmant essaim des Cabô, dont le nom aristocratique signifie « fille de chef », je n'évoquerai que pour moi votre souvenir : où sont les neiges d'antan ! Et Pangou au sein sculptural, qu'un perfide Chinois, du nom de Jemmy Lai-Tchin, renouvelant les exploits de Pâris emmena un jour, à bord de son brick, pour la conduire à la fois à Nouméa et à Cythère ! Mais la morale eut le dernier mot : les missionnaires, bien que la belle popiné fût païenne, eurent la charité de s'en occuper : ils télégraphièrent au chef-lieu et, à peine avait-il mouillé, le concupiscent fils du Ciel se vit enlever sa captive... qu'on maria avec un complaisant Canaque de la mission de Saint-Louis.

Le lieutenant Blanchard, moins clérical, et plus négrophile que son prédécesseur, par amour des popinés, avait charitablement averti les missionnaires de mettre une sourdine à leur zèle qui menaçait de susciter au sein des tribus un conflit armé. Ne pouvant plus aller catéchiser les idolâtres, le père Villars y envoya son homme de confiance, Théophile, dont les procédés, à l'en croire lui-même, ne manquaient pas de bizarrerie.

Le convertisseur bronzé commençait par emporter avec lui un stock de croix, chapelets et pièces de calicot, qu'il déballait, aussitôt arrivé dans le village païen. « Al-» lons, demandait-il aux Canaques rassemblés, qui d'en-» tre vous a la foi ? » Aussitôt, les âmes vénales commençaient à se révéler : tous ceux qui nourrissaient le désir immodéré de posséder une médaille de cuivre argenté ou une ceinture de toile, car le christianisme prohibait le moinô, renonçaient sans scrupules aux erreurs de leurs pères, sur quoi Théophile commençait à les baptiser à tour de bras. Des popinés, pour obtenir un peignoir, consentaient à troquer le nom harmonieux de Dyla ou de Manjô contre celui de Sophie ou de Rosalie. Quand l'objet convoité était obtenu, les convertis, renonçant à leur nouvelle religion avec d'autant plus de désinvolture qu'ils ne la connaissaient pas, se replongeaient dans les ténèbres de l'idolâtrie, quitte à ouvrir de nouveau les yeux aux lumières de la foi pour se remonter une garde-robe. J'ai connu de ces Canaques caméléons, qui avaient été baptisés jusqu'à trois fois, contrairement aux lois de l'Eglise, mais on sait que la fin justifie les moyens et qu'il est avec le ciel des accommodements.

Le grand chef Napoléon, par suite de conventions passées antérieurement à mon arrivée, fournissait au bureau un facteur indigène tous les mois, ou plutôt toutes les lunes, car je ne pus jamais faire comprendre à ces primitifs que notre mois avait trente ou trente-et-un jours, et une fois seulement vingt-huit, au lieu de s'en tenir toujours à ce dernier chiffre. De guerre lasse, l'almanach grégorien s'inclina devant l'almanach sauvage et je continuai à changer de facteur toutes les quatre semaines.

L'un d'eux, Donato grand jeune homme instruit, — il savait lire et écrire ! — me raconta, un jour, le fait suivant, digne de fournir un épisode de vaudeville : quelque temps auparavant, il était employé comme cuisinier ou plutôt relaveur de vaisselle chez les missionnaires, qui le payaient à raison de dix sous par semaine. Le dimanche arrivé, il allait à la messe, où les indigènes se rendaient avec d'autant plus d'entrain qu'une amende d'un dollar (5 francs) frappait les récalcitrants, système qui portait ses fruits et que je recommande aux gouver-

nements cléricaux. Après l'*Ite missa est*, la famille Coste,
qui ne manquait pas les saints offices, se retirait : les
portes de l'église, — à Pouébo, la maison du Seigneur
était une véritable chapelle, non une simple case — se
refermaient sur les ouailles de couleur, auxquelles, sous
celle de sermon, le bon père débitait les bourdes trop
usées pour avoir cours encore au pays de Voltaire. Puis,
on faisait la quête et, de gré ou non, le pauvre Donato
remettait la pièce de cinquante centimes, prix de son
labeur d'une semaine.

Nos relations avec les missionnaires étaient assez cu-
rieuses. Il va sans dire que nous ne faisions point partie
du saint troupeau : une fois, cependant, nous visitâmes
l'église, la seule qui existât alors dans la brousse, et
quelques paroles de pure courtoisie furent échangées en
italien avec le père Villars, ancien officier de bersaglieri,
avant l'annexion à la France de la Savoie, son pays natal. C'était, du reste, malgré sa profession, un fort brave
homme, au physique avenant et même majestueux, qui
avait dû être jadis fort aimé des dames et qui, maintenant encore, pinçait les oreilles des popinés avec une
bonhomie autre que paternelle. Il dirigeait aux offices
les chœurs des indigènes et donnait une attention spéciale à ceux des jeunes filles, vis-à-vis desquelles il se
montrait rigide.

J'eus la curiosité, à la Noël, de voir une messe de minuit en pays canaque et le spectacle me parut si saisissant que je revins le contempler l'année suivante. Une
animation extraordinaire régnait parmi la tribu ; dans
les cases de tayos comme dans celles des popinés, les
conversations décélaient un grand événement ; hommes
et femmes avaient sorti leur linge, car il eût fait beau

voir un fidèle s'approcher de la sainte table en moinõ ou
une dévote en tapa offrir son cœur à Jésus. Dans la
soirée, les indigènes commencèrent à se rendre par bandes à la mission; la lune était invisible, la vallée plongée
dans une obscurité profonde. De cette épaisseur de ténèbres, surgissait brusquement, accompagné de cla-
meurs retentissantes, le flamboiement d'une torche
portée par quelque retardataire qui galopait rejoindre
la procession. Cette torche, zigzaguant dans l'ombre,
avec des bonds étranges, éclairait, l'espace d'une seconde, les cocotiers géants, les massifs de verdure et les
roches aux contours fantastiques. En approchant de la
mission, les torches devenaient de plus en plus nombreuses jusqu'à l'entrée de l'église illuminée à *giorno*.
L'autel resplendissait, une subtile odeur de parfum se
mêlait à celle des fleurs et des plantes; les deux prêtres
se mouvaient lentement, drapés dans leurs blancs sur-
plis, et prêts à officier avec toute la majesté de circonstance; les bancs se garnissaient d'une foule recueillie,
les tayos d'un côté, les popinés de l'autre.

La grand'messe s'accomplit selon le cérémonial ordinaire; les Canaques montraient une grande expérience
des divers mouvements de corps qui font partie essen-
tielle du sacrifice divin. Aucun d'eux ne se levait lorsqu'il fallait tomber à genoux ou ne s'asseyait quand
l'étiquette religieuse exigeait la station verticale : le
confiteor, le credo, l'offertoire n'avaient aucun secret
pour eux. Ils étaient réellement croyants, fanatisés même,
ces pauvres diables dont beaucoup marmottent du latin
de cuisine et ignorent complétement la langue de Fran-
cisque Sarcey. Cependant, ceux mêmes qui ne pour-
raient seuls trouver et combiner quelques mots français

9.

pour en faire une phrase, répètent assez bien, sans les
comprendre les cantiques qui leur sont entrés dans la
tête, grâce à la musique.

Mon impression fut bizarre et, je l'avoue, aucunement
désagréable lorsque l'assistance noire se mit à entonner
le fameux : « Minuit, chrétiens ! c'est l'heure solen-
» nelle... » Les voix étaient justes, celles des femmes so-
pranisant, celles des hommes profondes et fortes, se
mariant d'une façon qui faisait honneur aux enseigne-
ments du père Villars. Les paroles n'étaient pas toujours
distinctement articulées, les *u* se convertissaient fréquemm-
ment en *ou* et les *r* en *l*, mais l'ensemble demeurait harmonieux. La musique a toujours été une des attractions
offertes par l'Eglise aux sensitifs et le cantique qui salue la venue du rédempteur est fort beau : je ne regret-
tai pas d'avoir, pour la première fois depuis longtemps,
remis les pieds dans un sanctuaire. Inutile de dire qu'au
moment de la communion, les Canaques se précipitèrent vers la sainte table avec l'avidité d'anthropophages qui n'ont pas mangé depuis quinze jours. Les laissant aux délices de ce festin eucharistique, j'allai réveil-
lonner d'une façon plus substantielle.

On manquait terriblement de lecture à Oubatche.
Jadis, possesseurs d'une superbe bibliothèque, il ne
nous restait plus que quelques épaves : l'histoire de la
révolution de Louis Blanc, dont les gravures faisaient
l'admiration des Canaques, mon vieil Horace que je
ressassais et ne lâchais pas, un volumineux traité de
physique et deux ou trois romans. Il est vrai que, faute
de journaux, les individus se faisaient eux-mêmes feuilles publiques. Madame Coste, brave femme, certainement
peu faite pour la solitude, était surnommée jusqu'aux

établissements miniers du Diahot « La Gazette du
» Nord »; le chef de poste voulait-il apprendre une nouvelle ou faire circuler un bruit quelconque, il éperonnait
son cheval et galopait vers Pouébo. Les Henry étaient
une mine inépuisable de renseignements sur les missionnaires depuis l'arrivée de ceux-ci dans le pays, trente
ans auparavant, sur les indigènes et les divers comman-
dants territoriaux qui s'étaient succédé : le tout narré
en dialecte écossais par le mari et en bichelamare par
la femme. Les rares voyageurs européens qui, une ou
deux fois par mois, s'arrêtaient à Oubatche, en route
pour Houaïlou ou Oégoa, ne manquaient pas, comme
au temps des Gaulois, de payer l'hospitalité reçue par le
reportage, souvent enjolivé, des mille bruits courant la
côte : « le missionnaire de Hienghène (pourceau que le
gouvernement même fut contraint d'exiler à Lifou) avait
pris une nouvelle femme en bas âge… ; la *popiné blanche* de Panié, qui, jusqu'alors, portait le simple tapa,
avait dépouillé ce rudiment de costume, et se promenait
maintenant en l'état de sa grand'mère Eve, tandis que
son mari honoraire, Gil***, était accusé d'une nouvelle
escroquerie. » Ancien sergent-major de zouaves cet individu, habitué aux « mangeages de grenouilles, » montrait un esprit aussi fertile que dépourvu de préjugés :
au moment de la grande fureur des mines, il vendit de
prétendus claims aurifères, simples excavations dans les
parois desquelles il déchargeait un pistolet contenant de
la poudre d'or, voire même d'infinitésimales pépites.

Ces nouvelles, si intéressantes fussent-elles, ne suffisaient pas à nous faire oublier qu'il existait un monde
continuant à se mouvoir en dehors de nous. Que devenaient la France et l'Europe, si petites sur la mappe-

monde, si grandes dans les destinées de l'humanité?
Cette immensité bleue et sereine qui nous enveloppait,
semblait quelque majestueux linceul, étendu par la
déesse de l'oubli. Vivre de la vie contemplative des indigènes, de la vie ruminante des colons, on ne le pouvait : le Pacifique avait beau nous bercer du rythme
monotone de ses vagues d'azur, là bas, plus loin que
l'horizon, à des milliers de lieues, nous savions qu'il
existait un vieux continent où toutes les forces vives de
notre espèce jouaient leur œuvre. Où en était cette république qui pour nous, naïfs, avait toujours représenté
l'idéal de liberté, de fraternité et de justice, remplaçant
l'idolâtrie religieuse éteinte en nos cœurs? La forme par-
lementaire l'emportait-elle sur la forme césarienne?
Mac-Mahon capitulait-il devant les libéraux bourgeois,
poussés eux-mêmes par les bouillants démocrates? Ces
foudres du républicanisme montagnard et jacobin,
Floquet, Lockroy, Barodet, Greppo et Naquet, aiguil-
lonnés par le dantonien Gambetta gagnaient-ils du terrain? Les despotes européens continuaient-ils à com-
primer tout esprit révolutionnaire? L'Espagne, l'Italie,
dormaient-elles encore? On annonçait des troubles sérieux dans les Balkans, — les « Ba-ta-clans », disaient
sérieusement les colons érudits qui s'occupaient de politique, — l'éternelle question d'Orient allait-elle, une
fois de plus convulser la vieille Europe?

Fils d'un républicain révolutionnaire et d'une mère
libérale dans le vrai sens du mot, j'étais naturellement
admirateur passionné des immortels principes, mélan-
geant à ma foi politique un fond d'élans mystiques qui
avaient failli, vers les onze ou douze ans, me jouer de
mauvais tours. L'impressionnable cerveau humain, avide

d'au delà et s'impatientant des lenteurs de la science
exacte ne subit-il pas le besoin de se forger un idéal et
d'y croire ? Et les religions de se succéder les unes aux
autres, s'élargissant ou se subtilisant jusqu'au jour où,
selon la fière parole de Jacoby, le descendant des animaux sera, lui-même, « devenu un dieu ». Notre espèce
arrivera-t-elle jusque-là ? Qui sait ! Pourquoi pas ?

Idolâtrie des mots ! De la République, décrite au col-
lège comme une hideur et montrée par mon père comme
une terre promise, je ne connaissais que le nom et ce
nom, je l'adorais. Le Jéhovah terrible étant relégué par
moi à côté de Croquemitaine et des autres épouvantails
démodés, le dieu de Victor Hugo me semblant par trop
vague, j'édifiai en mon cœur un autel à la radieuse
déesse Liberté.

Depuis l'âge de treize ans, échappant, grâce à mon
ressort de caractère, au pli faussé de l'éducation classique, je rêvais de saintes insurrections de peuples, d'im-
menses internationales se donnant la main, de séculaires esclavages brisés, de gigantesques épopées dans lesquelles, naturellement, je ne jouais pas le dernier rôle,
la justice et la liberté régnant sur la terre radieuse

Oui, mais sous quelle forme ? Comment se concrète-
raient-elles ? Par quoi s'exprimeraient, matérialisées, ces
nobles abstractions ? Je ne savais et je dois dire que les
trois quarts des déportés, proscrits pour la grande cause,
ne le savaient pas plus que moi. Le socialisme, ils l'i-
gnoraient ; l'anarchisme, ils ne le soupçonnaient pas :
un mot avait suffi pour les entraîner, sans qu'ils se de-
mandassent ce qu'il y aurait dessous : la république.

Et, dévoré d'une ardeur de propagande, je m'efforçais
avec un incroyable machiavélisme, d'infiltrer aux sol-

dats du poste mon démocratisme naïf, adjurant les plus
intelligents, à leur retour au pays, de toujours voter
pour les candidats du *Rappel*.

Ah ! si nous eussions pu avoir des nouvelles, autres
que les ukases transmis par le *Moniteur officiel de Nouméa*, feuille insipide et hebdomadaire ! Mais comment ?

Les missionnaires de Pouébo, qui devaient entrevoir
notre « état d'âme », pour parler le langage psychologue,
estimèrent sans doute que la lecture de feuilles bien pen-
santes, accueillies faute de mieux, réussirait à nous convertir. Le père Villars nous rendit une visite de... voisinage
et nous offrit le *Rosier de Marie*, dont nous déclinâmes
la lecture avec politesse mais fermeté, puis l'*Univers* qui
nous trouva moins dédaigneux. C'était un vigoureux
styliste que Louis Veuillot et il eût fallu être bien aveuglé
par le sectarisme, pour faire fi de sa prose : par le journal
ultramontain, nous possédions enfin des éléments d'informations et en étions quittes pour déduire des conclu-
sions diamétralement opposées aux siennes. Nous eûmes,
dès ce moment, des nouvelles fraîches... de trois mois.
Plus tard, ô bonheur ! nous pûmes nous procurer le
Siècle, qui passait pour un journal cramoisi : nous n'eûmes pas le bonheur d'arriver jusqu'au *Rappel*.

Un jour, me rendant à la paillotte familiale, assez
hilare, car je venais d'être informé de ma promotion
à une classe supérieure avec quatre cents francs
d'augmentation, je trouvai chez nous trois déportés.
Ils venaient d'Oégoa, leur résidence, et se dirigeaient
vers Galarinou, à vingt kilomètres d'Oubatche, à la
recherche d'un gisement aurifère vaguement signalé.
Brunetti, Gomer, Barban étaient de charmants camarades qui, au cours de leurs fréquentes allées et venues,

ne manquèrent pas une fois de s'arrêter chez nous, apportant avec eux un peu d'esprit parisien, des convictions et des espérances identiques aux nôtres. La chance sembla favoriser leurs efforts : ils trouvèrent, en lavant la terre, de nombreuses pépites, tombèrent sur une trace de filon, rencontrèrent l'appui de quelques amis qui se chargèrent de les ravitailler pendant qu'ils travaillaient. Puis, ce fut tout : leur société devenant plus nombreuse, la désunion s'y mit, Barban qui trouvait que l'exploitation avançait peu, devint autoritaire ; les colons admis dans l'affaire essayèrent de duper les déportés et, après beaucoup de peine, tous se trouvèrent aussi pauvres que devant.

Un de leurs compagnons, Bizien, était une des meilleures bêtes qu'il fût possible de rencontrer : un cœur d'or et un cerveau d'oie. Ne dirait-on pas que, souvent l'intelligence se forme aux dépens du sentiment ? Le raisonnement conduit bien des fois à l'indifférence ou à l'égoïsme. Bizien, homme à se jeter dans le feu pour rendre un service, eût été fort empêché de raisonner. Il ne recherchait pas, du reste, les jouissances intellectuelles, se trouvait fort heureux de son genre de vie et se glorifiait sincèrement d'avoir les plus beaux états de service. Le candide ! bien qu'il ne sût guère lire l'imprimé et pas du tout l'écriture, il avait fini, sur les affirmations fallacieuses de Gomer, son ami plus que son patron, par s'imaginer que lui, Bizien, avait accompli son service militaire avec le grade de sergent-major. Après quoi, il était librement venu en Nouvelle-Calédonie, garder les cochons de la Société foncière, situation qui l'avait rendu très fier.

Pauvre Bizien ! sa bêtise lui coûta la vie. Il était devenu possesseur d'une paire de gros souliers neufs, qui

lui paraissaient les plus beaux du monde... si beaux
que, pour ne point les détériorer, il les portait, non, à
ses pieds mais à son cou, suspendus par une ficelle et
caressant délicieusement de leurs salubres émanations
son nerf olfactif. Un jour, cependant, il se résolut à les
mettre pour revenir de Galarinou à Oégoa, mais, au
premier ruisseau, large de dix mètres, il trembla pour
ses précieuses chaussures : il n'avait qu'à les retirer ou
à passer outre, avec de l'eau jusqu'à mi-genou, le soleil
néo-calédonien séchant victorieusement les objets mouil-
lés. Au lieu de cela, il se détourna jusqu'à un endroit
où le ruisseau, encaissé entre de grosses roches, perd en
largeur ce qu'il gagne en profondeur. Bizien prit son
élan et, avec la légèreté d'un hippopotame, sauta d'un
bord à l'autre : il glissa sur la pierre et se brisa le
crâne. Son corps fut retrouvé presque à fleur d'eau,
déjà entamé par la morsure avide des crabes. Le pauvre
diable était catholique fervent ; ses amis les déportés,
respectueux des opinions individuelles, firent célébrer à
son intention un service religieux auquel ils n'assistèrent
pas : le père Villars vint bénir une croix sur sa tombe.

Une autre mort vint attrister la petite population d'Oubatche : au cours d'un accès de fièvre, madame Henry
se tua d'une balle de revolver dans le cœur. Ce fut une
grande perte pour les mineurs et stockmen de la région
qui avaient toujours trouvé sous son toit la plus franche
hospitalité. Son mari, le jour de son inhumation, apparut prostré, âgé de cent ans, et l'assistance, soldats et colons, se sentit remuée, tandis que le nouveau commandant ânonnait sur la tombe un discours appris par cœur.

L'année 1877 amena un krach formidable de l'industrie minière, krach qui, en se répercutant, finit par faire

sombrer la Banque de Nouméa et la société Foncière de Gomen. On avait abusé du nickel : la spéculation était devenue effrénée, et les administrateurs de ces deux établissements n'avaient pas hésité à se servir des fonds confiés à leur intègre surveillance. Il fallut, après bien des répugnances, faire la part du feu : deux boucs expiatoires furent choisis qui, naturellement, n'étaient pas les plus coupables, leurs protestations étouffées et les autres gros bonnets purent se tirer d'affaire : n'est-ce pas l'invariable règle ?

Les vraies victimes furent les malheureux Canaques : les mines ne rendant plus, spéculateurs et colons se rejetèrent sur l'agriculture. L'administration, qui, pour attirer des Européens dans l'île, leur offrait des concessions, souvent dédaignées, se trouva tout à coup débordée de demandes de terrains : il fallut s'exécuter et, comme on ne peut donner que ce que l'on a, les maîtres de la colonie empiétèrent avec la plus grande désinvolture sur le sol des indigènes. La côte ouest, renfermant plus de vallées arables que l'autre, les tribus de cette région se trouvèrent les plus molestées, principalement autour d'Uaraï et de Bourail. Dès lors, un nouveau grief enflamma les Canaques contre leurs envahisseurs.

Le sauvage, comme la femme, comme toute créature faible obligée de recourir à la ruse pour lutter contre la force, sait admirablement dissimuler. « A quoi bon nous » inquiéter de ces grands enfants ?» murmuraient dédaigneusement maints colons. Mais, parmi ces grands enfants, qui se faisaient tels parce qu'ils étaient forcés de tout subir, il se trouva des hommes.

Ataï était grand chef des tribus de Farino et de Poque-reux, dans l'arrondissement d'Uaraï. C'était un homme de

haute taille, noir de couleur et déjà vieux, au visage long
et maigre, au front plat, aux yeux étincelants d'énergie et
de résolution. Il conservait toujours une grande dignité :
une fois, le gouverneur, en tournée, l'avait fait appeler
au chef-lieu de la circonscription ; Ataï vint, coiffé d'un
képi qu'il ne retira pas. — « Quand le gouverneur te parle,
» tu dois te découvrir », lui dit solennellement le commandant territorial, heureux de faire sa cour. Sans faire
attention à ce quidam, le sauvage répondit directement
au chef de la colonie : « Quand toi ôter ta casquette,
» moi ôter la mienne. »

Ataï, qui fut l'initiateur et l'âme de l'insurrection de
1878, du 19 juin au 1er septembre, semble avoir conçu le
projet d'un soulèvement général, idée vaste et d'une exécution difficile, étant données les anciennes rivalités et les
différences de langue des tribus. Il envoya des messagers
aux principales peuplades de l'île, connues pour leur
haine des blancs, notamment à celle des Oébias. Le plan
était de s'insurger partout, le 24 septembre, anniversaire de la prise de possession. Tandis que les colons
eussent assisté aux réjouissances de haut goût par lesquelles on commémore ce grand fait : courses en sacs, ascension de mâts de cocagne, jeu de ciseaux, les indigènes auraient, presque sans résistance, tout mis à feu et
à sang. Sauf à Nouméa, gardé par cinq compagniees d'infanterie de marine, des détachements d'artillerie, de gendarmerie et la division navale, les révoltés eussent pu tout
balayer. Malheureusement pour eux, ce plan fut déjoué
par l'imprévu.

Deux autres grands chefs du voisinage, Naïna et Aréki,
luttèrent énergiquement avec Ataï contre les Français et,
pourchassés, tinrent jusqu'au commencement de l'année

1879. Le premier fut tué, le second fait prisonnier et
exilé à l'île des Pins : la période de grande répression
était passée.

Ces trois hommes avaient peut-être l'étoffe de Tous-
saint-Louverture . il n'y a pas eu, parmi les Canaques,
de Toussaint-Lavenette.

Une autre cause de l'insurrection fut le vagabondage
du bétail, laissé libre dans la brousse et dont les déprédations étaient une ruine pour les indigènes. De temps
en temps seulement, pour le recensement, le marquage
ou la castration, les troupeaux étaient rabattus dans des
enclos par des cavaliers armés d'un long fouet.

Quelques mois avant l'insurrection indigène, j'avais
fait la connaissance d'un de ces stockmen, précédemment
mineur et même fort connu dans la région comme un
des premiers découvreurs de filons aurifères. Victor
Hook, robuste et avenant. gaillard d'à peu près trente
ans, avait noblement bu et mangé la somme rondelette
de cent mille francs, prix de ses fructueuses explorations ;
après quoi, il s'était remis au travail, ne conservant de
sa splendeur passée qu'un petit singe acheté à un navire
brésilien. Cet animal, — le singe, — stupéfiait les Canaques, qui semblaient reconnaître en lui tout au moins un
cousin germain. Il avait contracté une manie bizarre : à
force de voir les indigènes s'épouiller mutuellement la
tête et dévorer avec un sourire béat le gibier capturé, il
en était arrivé à pratiquer sur le premier venu cette chasse
aussi nourrissante qu'hygiénique. Je le vois encore, sau-
tant sur moi, retroussant insolemment manches et pantalons, cherchant et feignant de se délecter : que n'étais-
je saint Labre !

Hook, fils de l'Helvétie, buvait beaucoup mais non en

Suisse et ne se grisait guère. A sa dixième bouteille, ses yeux commençaient à papilloter; il s'endormait généralement et se réveillait dispos, rose comme une jeune fille et caressant sa longue barbe d'or. Il semblait quelque dieu du Rhin égaré sous les tropiques et, de fait, il parlait avec amour du vieux fleuve germanique. Ce mineur-stockman était, en outre, un grand dépopulateur de rivières, mais non à la façon ordinaire : il dynamitait le poisson, procédé interdit par les fonctionnaires qui le pratiquent eux-mêmes. Mulets, loches, bossus, carangues succombaient ou s'évanouissaient, foudroyés au sein de l'eau par les terribles cartouches : la pêche miraculeuse était renouvelée et Hook en distribuait royalement le produit.

La côte nord-est demeurait son domaine. Fort comme un chêne, hardi, délié, parlant bien les dialectes locaux, il s'aventurait seul dans des endroits peu catholiques, où bien des blancs eussent hésité à le suivre, et il en revenait indemne.

Frotté de radicalisme et autrement instruit que la plupart des colons, Hook me plaisait fort : nous nous liâmes. Nous n'en étions point à notre première partie, lorsque, un soir de juin, il me proposa de l'accompagner à Diahoué, où se donnait un pilou monstre.

J'en avais vu de ces solennités sauvages! Et non seulement des sauteries en déshabillé mais même des guerres intestines, peu sanglantes, à la vérité, causées, neuf fois sur dix par quelque rapt de popiné et terminées aussi souvent par une rançon de monnaie calédonienne. Je dis bien « monnaie », car ces indigènes, dont l'état social est un mélange de communisme et de féodalité, avaient adopté entre eux, principalement dans leurs transactions de tribu à tribu, un signe d'échange. Qu'on se représente un collier de simili-perles blanches qui n'étaient autres que les pointes nacrées de certains coquillages, détachées avec beaucoup de travail et enfilées à la suite les unes des autres. Avant l'introduction des dix sous, des francs et du dollar, cette monnaie, dont la valeur se mesurait à la longueur, était fort prisée sur le littoral : avec elle, on pouvait acquérir une pirogue, un cochon, une popiné même, la femme, chez les primitifs comme chez les civilisés, n'a-t-elle pas toujours été une marchandise?

Mon premier mouvement fut de décliner la proposition de Hook : à quoi bon revoir sans cesse le même spectacle? On se lasse de tout, même d'entendre des démons hurler en agitant frénétiquement leurs armes. — « Vous avez tort de refuser, me dit mon ami, il ne s'agit pas d'un pilou vulgaire. Vous savez que celui-ci est donné par les Oébias, ces farouches rois de la montagne, pour célébrer le retour de leur chef, de Koïma, après un traitement de deux mois à l'hôpital de Nouméa ; dans leur enthousiasme, ils sont capables de manger l'un d'entre eux : c'est chose à voir. »

En effet, le grand chef souffrant d'un éléphantiasis invétéré, avait obtenu la faveur de se faire médicamenter par ses anciens ennemis. Heureusement pour lui, il fut non livré au docteur Caillot, mais dirigé sur l'hôpital de Nouméa. Pendant son absence, ses sujets conçurent bien des inquiétudes, craignant que les Français ne prissent sur l'auguste malade une revanche des quatre soldats et du caporal jadis dévorés. Si le nouveau gouverneur Olry, qui venait de remplacer de Pritzbüer, avait voulu goûter d'une cuisse oébia ! Dans la perplexité générale, Dioman, frère du malade, se fendit d'un télégramme que lui rédi-

gea le chef de poste et que j'expédiai séance tenante : ce
fut la première dépêche envoyée par un Néo-Calédonien.

L'incurable Koïma étant revenu non à la santé, mais
à sa tribu, celle-ci se mit en devoir de célébrer sa réap-
parition par un pilou monstre auquel furent conviées
toutes les peuplades du littoral nord-est. Depuis plusieurs jours, les Porébos, les Pemboas, les Bondés, les
Aramas, ne faisaient que défiler sur la route, tatoués,
coiffés de plumes blanches et vêtus (?) de leurs plus neufs
moinôs ou de leurs plus belles ceintures ; leurs femmes,
selon leur fonction de bêtes de somme, portaient des
provisions et des nattes, de quoi camper au moins une
semaine.

A la fin, je me laissai tenter. Il fut convenu, pour
donner du piquant à la chose, que nous prendrions part
au pilou, déguisés en Canaques. Un militaire, nommé
Pinson, se joignit à nous sans en demander l'autorisa-
tion à son chef : s'il ne fût tombé sous les prescriptions
de l'homicide docteur, Pinson serait peut-être devenu
anarchiste !

Lui et Victor Hook partirent les premiers, emportant
un quartier de porc frais et deux bouteilles de vin, car
c'était le cas de se répéter : « Mangeons ! nous ne sa-
» vons qui nous mangera ». Dès huit heures du soir, je me
mis en route pour les rejoindre, suivant rapidement la
côte, car la marée était basse : tout au loin, brillaient
déjà les feux des Canaques.

J'arrivai dans la case où nous nous étions donné
rendez-vous ; un bon feu y flambait, éclairant un groupe
de dormeurs : un Européen et deux Néo-Hébridais, arrivés devant Diahoué en embarcation et descendus pour
se ravitailler. Une vieille popiné, compagne intermit-

tente de Hook, — en voyage, on fait comme on peut ! —
et deux indigènes du crû étaient accroupis sur une natte
auprès du stockman.

— Commençons par nous donner des forces, dit celui-ci.

Creusant le sol, il en exhuma, au milieu d'une chaude
buée, le quartier de poro, dont l'aspect eût fait age-
nouiller le plus difficile gastronome. Selon la méthode
canaque, il l'avait préalablement enveloppé de larges
feuilles de bananier, puis enterré dans un trou et recouvert de cailloux rougis au feu. Cette cuisson à l'é-
touffée, s'étendait jadis à la viande humaine, qui n'en
était pas moins savoureuse, son goût naturel ne se trouvant point altéré par des sauces suspectes.

Hook réveilla l'Européen et nous présenta le rôti,
accompagné d'une montagne de bananes bouillies. Les
deux bouteilles furent vidées ; puis, nous procédâmes
à notre déguisement, non sans que mon ami nous eût
dit :

— Ne craignez pas que la mèche soit vendue : Marie
est incapable d'une indiscrétion, Poindi est sourd-muet
de naissance et Cathô le sera pour cette nuit : ses abat-
tis m'en répondent.

Le voyageur européen se rendormit et nous nous dés-
habillâmes de la tête aux pieds. Jamais je n'aurais cru
que Hook, avec sa chevelure et sa longue barbe blon-
des, pût représenter un Canaque : à ma grande stupeur,
cette transformation s'opéra. A force de frictions avec
du noir de fumée, du graillon et autres ingrédients
ejusdem... carbonis, le muet finit par effacer toute teinte
blanc-rosé sur le corps du stockman. Sa barbe, ramenée
en nattes sous le menton, offrit miraculeusement l'as-

pect d'un collier de poil de roussette. Pour pousser la
témérité jusqu'au bout, Hook changea de sexe : il prit
un tapa.

Pendant ce temps, Pinson et moi passions également
de la race blanche à la noire et remplaçions notre pantalon par un simple moinô. Quand tout fut fini, nous
nous regardâmes, pétrifiés : nous étions hideux.

La fraîcheur des nuits amène souvent les Canaques,
au cours du pilou, à s'envelopper d'une étoffe indigène
apprêtée avec l'écorce filandreuse du cocotier ; les
Rothschilds vont jusqu'à se payer le luxe d'une vraie
couverture. Justement Hook en avait trois sous la
main : il donna la plus longue à Pinson qui, peu fait
aux allures locales, courait quelque risque d'être remar-
qué ; il en garda une pour lui et Marie, qui devaient entrer ensemble dans le pilou : j'eus la troisième, fort
courte, avec notre grimeur Cathô. Aucun de nous trois
n'ayant cheveux et yeux noirs, il était indispensable de
se rabattre sur le chef un pan de couverture.

Pour ne pas éveiller les soupçons, nous nous sépará-
mes : Cathô et moi partîmes les premiers. J'étais muni
d'un gros bambou creux servant à frapper le sol en ca-
dence. Qui m'eût dit, alors que j'ânonnais le *De Viris*,
qu'un jour nu et charbonné de la tête aux pieds, je ferais
ma partie dans un bal de sauvages ! O avenir ! qui peut
te prévoir !

La lune venait seulement de se montrer : quelques jeunes Canaques, les plus impatients, étaient seuls à chanter
et gambader sur une pelouse qu'avaient battue, avant
eux, les pieds de plusieurs générations. Au centre de
la clairière, s'élevait un poteau, obliquement planté et
surmonté d'un énorme coquillage conique. C'est là que

vinrent, enfin prendre place les musiciens, quatre individus armés chacun de deux palettes d'écorce creuses à l'intérieur qui, frappées l'une contre l'autre, résonnaient comme des tambours : un cercle se forma et le pilou commença.

Nous nous étions mêlés aux danseurs : je vis arriver Pinson, fièrement drapé et brandissant une sagaïe. Lentement, nous tournâmes autour du poteau, tandis que les tambourineurs, joignant la musique vocale à la musique instrumentale, entonnaient une complainte lente et mélancolique, qui me rappelait en plus sauvage celle de Fualdès. Peu à peu, la scène s'anima, les chants s'élevèrent, tous les assistants en répétaient le refrain ; les rires et les plaisanteries s'échangeaient en groupes. Nous passions de la marche cadencée, durant laquelle je frappais la terre de mon bambou sonore, au pas de course de guerriers qui préparent leur élan sur l'ennemi et réciproquement du pas de course à la marche. Les femmes parurent, sur une seule ligne d'abord ; parmi elles, je cherchai du regard et reconnus Hook qui, toujours avec la vieille Marie, imitait la popiné à s'y méprendre. On s'y méprenait si bien, qu'un peu plus tard, les deux sexes s'étant insensiblement mêlés, je commençai en toute bonne foi, à jouer amoureusement du coude avec une grande diablesse aux manières délurées, dont un flot de danseurs me sépara, et que j'appris le lendemain... ô ciel ! être mon ami.

Comme maintes fêtes sacrées de l'antiquité, les pilous, non les parodies grotesques que, pour un peu de tabac, exécutent aujourd'hui devant l'Européen gouailleur les Canaques dégénérés, mais les grands pilous, réunissant parfois cinq mille assistants, et dont j'ai pu voir les der-

niers, étaient un prétexte de débauche. Peu à peu, les
deux sexes, rompant l'ordre primitif, s'étaient rappro-
chés ; beaucoup cheminaient, amoureusement enlacés
sous la même couverture. Parfois, des couples d'hommes
nus et de femmes ou même d'hommes seuls disparais-
saient vers les buissons pleins d'ombre !

Devant moi, se tenant par la taille, allaient, l'œil au
guet, trois popinés habituées à venir au poste, par conséquent, me connaissant. L'une s'étant retournée, me
regarda avec stupeur. — « Kérapoin » ? (Eh bien, quoi ?)
lui demandai-je, imitant de mon mieux l'intonation canaque. Elle ne me répondit pas et, ses deux compagnes
m'ayant examiné, je les entendis murmurer le mot « pou-
poualé » (étranger blanc).

Fort surpris d'avoir été découvert, je jetai un coup
d'œil sur ma toilette : le pan de ma couverture frottant sur
ma jambe gauche avait enlevé peu à peu la couche artifi-
cielle de noir ; je n'étais plus qu'aux deux tiers Canaque.
Et, cependant, ce qui me restait de teinture, il me fallut
trois jours et quinze bains pour le faire partir !

En vain essayai-je de me couvrir de façon à cacher
mon déplâtrage. — « Câpo telegraph ! » (Le chef du télégraphe), murmura une des trois femmes, constatant
mon identité.

De son côté, Pinson venait d'être reconnu : il me rejoignit. Les indigènes nous regardaient avec plus de stupeur que de colère, peut-être notre calme nous tira-t-il
d'un fort mauvais pas ; peut-être aussi l'idée que nous
pouvions être toute une bande armée empêcha-t-elle une
attaque. Les danseurs, sans la moindre absorption d'alcool en étaient arrivés à ce point de griserie où la bête
reparaît sous le masque humain. Nombre d'entre eux

tout au moins les chefs et leurs familiers, devaient être
au courant du grand mouvement insurrectionnel qui se
tramait : pour défense contre deux mille guerriers, nous
possédions, à nous trois, un coup de poing-revolver,
laissé hors de notre portée dans une poche du vêtement
de Hook.

Nous l'échappâmes belle, cette fois, car, au matin,
nous étant rhabillés et mis en route pour Oubatche, nous
apprîmes que les indigènes avaient pourchassé à coups
de pierres quelques soldats maraudeurs, presque à l'entrée du poste. Quelques semaines plus tard, nous ne
nous en serions pas tirés à si bon compte.

CHAPITRE XII.

GUERRE DE RACE.

Les causes de l'insurrection de 1878, la plus terrible
qu'aient à enregistrer les annales de la colonie, furent
multiples.

D'une part, la spoliation des terres et les ravages des
bestiaux errants : nous en avons parlé.

D'autre part, l'antagonisme naturel entre l'Aryen
civilisé (?), spéculateur individualiste, et le Mélanésien demeuré à l'âge de pierre et au communisme primitif, antagonisme parfois assoupi ou latent, jamais
éteint.

Enfin, les intrigues des missionnaires.

Ceux-ci, depuis le remplacement de l'amiral Guillain, leur bête noire, avaient été les maîtres incontestés du pays. De la Richerie se laissait gouverner par sa femme, que gouvernaient les prêtres ; Aleyron était forcené réacteur et, par conséquent, clérical ; de Pritzbuer semblait le subordonné de l'évêque. Le capitaine de vaisseau Olry, qui fut, vers le milieu de l'année 1878, envoyé pour nous régir, était, sinon communard, du moins, aussi avancé, bourgeoisement parlant, que pouvait se montrer un officier supérieur de cette marine où l'autocratie absolue est un dogme. Il ne collaborait pas à la *République anticléricale* du renégat Léo Taxil, mais sa première mesure, très commentée dans la colonie, fut d'affirmer par décret la prééminence du gouverneur sur les autorités ecclésiastiques.

Celles-ci déclarèrent aussitôt à l'audacieux une guerre mortelle.

Quelle plus mauvaise note pour Olry, auprès de ses chefs hiérarchiques, que de passer pour un administrateur incapable, réduisant les indigènes à la révolte et mettant la colonisation en danger, la perdant même? Les missionnaires, qui, tous les ans, avaient aux environs de Nouméa de mystérieux conciliabules, pieusement appelés la « Retraite, » furent certainement au courant des menées d'Ataï, les encouragèrent sans se mettre en vue et eurent cette suprême habileté de pousser à la révolte les tribus infidèles par l'intermédiaire de tribus chrétiennes, celles de Thio. Ces dernières, après avoir participé aux premiers massacres, firent brusquement défection et finirent même par marcher contre leurs frères de race.

Forcément contradictoire, cette dualité de direction,

celle d'Ataï et celle des missionnaires, sauva les colons en faisant éclater prématurément l'insurrection. Celle-ci eut pour prologue, le 19 juin, le meurtre du libéré Chêne, à vingt-cinq kilomètres de Bouloupari. Le pauvre diable vivait, depuis de longues années, avec une popiné dont il avait un enfant : tous trois furent massacrés. Pour connaître les meurtriers, la brigade de gendarmerie de La Foa arrêta les chefs des tribus voisines et, pour délivrer leurs chefs, les Canaques massacrèrent les gendarmes, dans la matinée du 25.

La guerre était commencée, impitoyable de part et d'autre. Les insulaires, qui voulaient reconquérir leur sol et leur liberté, montrèrent autant de décision que d'adresse. Au lieu d'attendre, devant leurs villages, le choc des soldats européens, ils prirent l'offensive, se divisant en deux fortes bandes, dont l'une marcha sur Bouloupari, tuant et incendiant tout sur son passage, menaçant même Nouméa, où s'enfuyait une cohue affolée de concessionnaires, tandis que l'autre, massacrant une quarantaine de colons échelonnés entre La Foa et Uaraï, poussait jusqu'à cette dernière localité et brûlait la briqueterie. Sans l'arrivée toute fortuite de *la Vire*, avec le commandant Rivière, qui mit aussitôt à terre une compagnie de débarquement et prit la direction supérieure des opérations, ce chef-lieu d'arrondissement, important pour le pays, subissait le sort de Bouloupari.

Pendant que ses guerriers traversaient Uaraï comme une trombe, Ataï, qui était allé seul reconnaître la position ennemie, passait devant le poste. Le vaillant ne subit point, cette fois, la peine de sa témérité : se jetant à la mer à l'endroit où elle forme une petite baie, il gagna en nageant le bord opposé, où l'attendaient les siens.

Quelques soldats le prirent d'abord pour une souche d'arbre flottant sur l'eau : ils s'aperçurent de leur erreu[r] en voyant une pirogue se détacher de la côte et venir le chercher. Ils voulurent tirer, mais il était trop tard : Ataï, hors de portée, disparaissait déjà dans les maré-cages.

Sur leur passage, les révoltés ne manquaient pas de renverser les poteaux télégraphiques, de couper les fils et même d'en emporter des sections de cent à deux cents mètres. Ils savaient que les bureaux de l'intérieur étaient pauvrement fournis de matériel et que plus longtemps les communications seraient interceptées, mieux cela vaudrait pour eux. En effet, pendant un bon mois, j'eus à faire le passage des dépêches de la côte est à Uaraï, d'où un vapeur les portait quotidiennement à Nouméa. Je couchais non plus dans mon lit mais dans mon fau-teuil, en face l'appareil Morse, la tête alourdie et la main démesurément enflée par une manipulation incessante.

Mon collègue de Bouloupari, ancien sergent-major, mouru[t] très bravement à son poste : il transmettait un télégramme au chef-lieu, lorsque les Canaques envahi-rent son bureau. Il comprit ce qui l'attendait et eut la présence d'esprit d'établir instantanément la communi-cation directe entre Nouméa et Uaraï, ce qui se fait par l'introduction de deux fiches métalliques dans un com-mutateur. Aussitôt après, il fut tué ; son surveillant, Clech, courant à son secours, eut les mains et la tête brisées comme il enjambait une balustrade. Madame Clech fut saisie, garrottée avec les draps de son lit et violée, après quoi on lui fendit l'abdomen et coupa les pau-pières. Ces détails paraîtront affreux : on ne pouvait cependant attendre autre chose de sauvages exaspérés dont on avait pris le pays et méconnu la liberté; la guerre n'est-elle pas logiquement l'atrocité même? Tuant sans pitié et poussant l'ironie cruelle au point d'ouvrir le ventre aux femmes qu'ils avaient violées, pour y déposer le cadavre d'un enfant égorgé par eux, ou bien encore enfonçant lubriquement une bouteille, pointe en avant, dans des matrices sanglantes, les indigènes néo-calédoniens subissaient les influences ataviques et espéraient, à force d'horreurs, dégoûter les blancs de leurs velléités colonisatrices.

Les plus à plaindre, au milieu de cet égorgement général, — car les représailles ne se firent pas attendre — étaient les déportés, amenés malgré eux chez un peuple qui poursuivait de sa haine tous les blancs, — quelles que fussent leurs opinions politiques ou sociales. Un grand nombre, établis aux environs de Bouloupari, tombèrent, non sous les flèches empoisonnées des sauvages, comme le racontèrent des journaux européens, car les Néo-Calédoniens n'ont pas de flèches, mais sous le casse-tête et le tamioc [1].

Quelques jours plus tard, marchant en tête d'une colonne de reconnaissance, le commandant militaire de la colonie, le colonel Gally-Passebosc, était mortellement atteint de deux coups de feu. Il expira comme venait d'arriver en rade de Nouméa le navire qui devait le ramener en France où l'attendait, à quarante-deux ans, le grade de général de brigade. Brave, humain et généreux, cet homme qui fut *pleuré* de ses soldats, semblait le frère aîné de ceux-ci bien plus que leur chef : il était digne d'exercer une autre profession.

1. Nom donné à la hachette américaine vendue par les blancs aux indigènes.

Sa mort produisit une grande impression de stupeur. Comment, ces sauvages si méprisés osaient se soulever et même venir à bout de leurs maîtres! Les bourgeois libéraux de Nouméa, affolés, jetaient feu et flammes et parlaient d'atroces représailles; ils me rappelaient les hommes d'ordre de Paris à l'entrée des Versaillais, ces *honnêtes et modérés* infâmes, dignes de boire du sang dans des crânes : l'être humain est bien vil lorsqu'il a peur!

Une insurrection canaque, si vigoureuse dès le début, si différente des insurrections antérieures, me surprit. Très inquiet pour mon père et ma mère fort exposés sur leur montagne solitaire, je les fis venir chez moi, en dépit des criailleries du sieur Gaillard qui prétendait, comme chef d'arrondissement, s'arroger le droit de régir mon bureau. Il était temps : quarante-huit heures plus tard, la paillotte flambait avec tout ce qu'elle contenait, car mes parents n'avaient emporté que leur linge de corps et quelques effets.

C'était un dimanche, vers dix heures du soir : nous revenions, Dubois et moi, d'une promenade pédestre et, comme cela lui arrivait quelquefois, mon surveillant était légèrement éméché. Nous venions de franchir le maigre torrent desséché limitant le poste au sud-est, quand une sentinelle nous arrêta avec ces paroles alarmantes : « Monsieur Malato, regardez donc? on dirait qu'il y a » le feu à la maison de vos parents. »

Je bondis vers le plateau du télégraphe, suivi de Dubois, et jette un regard vers la paillotte abandonnée : c'est vrai, elle flambe! Et, pour enlever tous doutes, de la maison Henry partent trois ou quatre détonations.

— Ils sont attaqués! Ils appellent au secours! s'écrie Dubois.

Je me précipite à mon appareil : la boussole des deux galvanomètres *renverse* comme une folle et pas de réponse !

— Le fil est coupé des deux côtés! exclamai-je.

Je me trompais : il ne l'était que d'un seul, sur la ligne d'Oégoa. Sur celle de Toucho, il demeurait intact, comme je le vis, le lendemain ; mais un violent orage ayant éclaté dans la journée, le titulaire de ce bureau avait rompu la communication et ne la rétablit que le matin suivant.

— Les pauvres Henry ! Il faut aller à leur secours ! opinait Dubois.

Mon surveillant m'émerveillait : d'habitude il n'était rien moins que brave, mais son plumet lui eût fait rendre des points à César. Il brandissait un diminutif de sabre, acheté naguère dans une vente aux enchères publiques, et semblait prêt à tenir tête à une légion de diables noirs !

De fait, nos voisins anglais ne devaient pas être à la noce. Deux filles, l'une de dix-sept ans, l'autre de quatorze, et un fils d'à peu près quinze étaient venus rejoindre leur père, et la petite Lili. Quelle belle proie pour les Canaques, grands appréciateurs de femmes blanches ! Malgré les sympathies auxquelles avaient droit les révoltés, pouvait-on laisser torturer et massacrer tout ce monde ?

Il est vrai qu'avec leurs nombreux serviteurs, leur arsenal et leurs munitions de guerre comme de bouche, les Henry pouvaient, une fois de plus, soutenir un siège. Peut-être même eussent-ils résisté mieux que les jeunes soldats du poste, méprisant un ennemi qu'ils ne con-

naissaient pas et commandés par un officier peu brave,
en revanche fort imprévoyant. Mais, avaient-ils eu le
temps de rassembler leurs gens ? En tous cas, ce n'était
pas l'heure de se perdre en réflexions. Mon Canaque,
Hilario, me semblant à peu près sûr, je le plaçai en
sentinelle à quelques pas du bureau, armé d'une poignée
de sagaies, et sans prévenir mes parents, de peur de les
alarmer sur mon compte, je m'éclipsai pour voler au
secours de la vieillesse et du sexe faible.

Peut-être, eût-ce été le rôle du lieutenant Gaillard,
qui pouvait distraire une escouade sur ses vingt hommes et l'envoyer soit par terre soit par mer dans la baleinière du poste, là où Dubois et moi allions au pas de
gymnastique. Mais cet officier, perdant la tête, avait réfugié sa précieuse personne à la caserne, après avoir
fait noyer une provision de poudre.

Nous ne courions pas au combat les mains vides :
Dubois avait son coupe-choux et moi une façon de
mousquet prêté par les Henry quelques jours auparavant, en prévision d'éventualités. A la vérité, je man-
quais de balles, aussi les avais-je remplacées par des
cailloux : on fait ce qu'on peut ! Et un seul coup à dé-
charger ! Enfin, au petit bonheur !

A mesure que nous avancions, nous distinguions notre pauvre paillotte ou plutôt l'amas de flammes qui la
dévorait. La nuit était à demi-obscure, la lune ne montrant parcimonieusement qu'un quartier de sa surface ;
nous ne voyions âme qui-vive : sans doute, les Canaques étaient-ils tapis dans les buissons. Comment ne nous
apercevaient-ils pas ?

Une voix nous arrêta soudain, à quarante mètres de la
maison Henry :

« Qui vive ? »

— Amis ! répondis-je, très rassuré pour la famille anglaise.

La sentinelle était un libéré, employé des Henry, qui montait la garde, armé d'un fusil meilleur que le mien. Nous échangeâmes rapidement quelques mots : j'appris que les indigènes s'étaient bornés à l'incendie, sans pousser jusqu'à une attaque, sans même se montrer, que, d'autre part, les Henry, en même temps qu'ils tiraient pour donner l'alarme, s'étaient mis en état de défense.

Tout allant pour le moins mal, je manifestai l'intention de retourner sur nos pas.

— On doit nous chercher et nous croire tués, dis-je à Dubois. Ici, on peut se passer de nous : rentrons vite.

Je me représentais l'inquiétude de ma mère, courant après moi et m'appelant dans tous les recoins du poste.

— Vous avez raison, me répond le surveillant que le grand air avait dégrisé et, par suite, rendu à son léporisme habituel. Allez tout doucement, je serre la main au fils Henry et vous rejoins dans deux minutes.

Confiant dans sa parole, je m'en retournai à petits pas, la main sur la gâchette de mon fusil, scrutant de l'œil l'épaisseur des fourrés. Cependant, les deux minutes se passent, puis cinq, puis dix, et Dubois ne reparaît pas. Il ne se montra que le lendemain au petit jour, ayant passé la nuit à boire du vin chaud avec les Anglais pour se donner du courage.

Je compris bientôt de quoi il retournait et résolus d'accélérer mon allure. A ma gauche, s'étendaient quelques maigres bouquets de cocotiers ; à ma droite, se reliant en pente douce aux montagnes de l'intérieur, couraient d'épais buissons où il me semblait entrevoir

des lueurs inquiétantes. Je lève le chien de mon fusil, bien
décidé, malgré toutes mes sympathies pour les insurgés,
à me défendre à outrance s'il plaît à ceux-ci de se payer
du rumpsteack sur ma personne.

C'est la première fois que je vais être engagé dans un
vrai combat pour mon compte. La mise en scène n'a
rien d'encourageant : les ténèbres et des ennemis invi-
sibles, disposés à ne faire aucun quartier.

Justement, ils sont bien là, car, au poste, éclate une
fusillade nourrie : on les a donc aperçus ; il va falloir en
découdre !

Je regarde mon arme : malédiction ! la capsule a faussé
compagnie, je n'ai plus en mains qu'un manche à balai.
Et comme je le brandis avec indignation, voici la platine
qui s'échappe du bois et tombe à terre.

Tous les bonheurs ! Et le feu roulant des soldats continue dans ma direction : il ne me manquerait plus que
d'être tué par une balle intelligente !

Dans les temps reculés, une escouade de forçats avait
creusé le long de la route un large fossé servant à l'é-
coulement des pluies. Je m'y précipitai comme dans une
tranchée et, le dos courbé, le pas rapide, arrivai à l'entrée du poste.

« Halte-là ! Qui vive ? » Et j'entends le factionnaire
armer son fusil.

— Télégraphe !

Les soldats ébahis, mes parents qui, désespérés, me
cherchaient partout, m'entourent, ne comprenant pas
comment j'ai pu échapper à l'œil perçant des Canaques.

La nuit se passe en alertes continuelles, mais non en
paniques : les soldats rient comme de vrais Gaulois ; leurs
sentinelles se jettent des plaisanteries grasses. Quant au

lieutenant, toujours calfeutré dans la caserne, il n'en mène pas large. Ah ! si l'ennemi avait un peu de décision, comme avec deux ou trois attaques simultanées sur différents points, et un peu d'élan il aurait raison de nous !

L'ennemi ! Faut-il donc l'appeler ainsi ce peuple noir qui combat pour son indépendance ? Proscrits pour la cause de la liberté, allons-nous passer du côté des oppresseurs ?

Telles sont les questions que mes parents et moi nous nous posons avec amertume.

Hélas ! la réponse n'est que trop claire.

Oui ces hommes, en se soulevant contre l'autorité ont pour eux le droit naturel. Ils veulent vivre à leur guise, sur le sol où ils sont nés : rien de plus juste. Mais ils ne distinguent pas, — le pourraient-ils d'ailleurs ! — entre le fonctionnaire qui les opprime, le colon qui, lentement le dépossède et le paria bouclé de force dans leur île, de par la rancune politique ou la vindicte sociale.

Forçats, déportés, femmes, enfants, vieillards, aussi bien que galonnés et messieurs ventrus, tout ce qui a visage blanc leur est odieux et mérite non seulement la mort, mais la torture la plus cruelle. Et, au milieu de leur œuvre inexorable de destruction, jamais l'éclair de pitié ne jaillit.

Il faut bien se préserver, préserver les siens : tout ce qu'on peut faire c'est de rester sur la défensive.

Cette étroitesse a d'ailleurs perdu les insurgés canaques. Eussent-ils ouvert leurs rangs à ceux des Européens qui n'avaient rien à craindre ni à espérer, aux forçats plus encore qu'aux déportés qu'un scrupule patriotique eût retenus pour la plupart, négocié sous main avec les Anglais qui pouvaient les approvisionner d'ar-

mes, ils auraient été les maîtres du pays, y compris
peut-être Nouméa.

Mais, pour cela, il fallait un sens exact de la situation
et, par dessus, la volonté de transformer cette guerre
de race en guerre sociale : la victoire était à ce prix.

Les Anglais, qui avaient laissé prendre la Nouvelle
Calédonie et qui n'ont point perdu l'espérance de la
rattacher un jour à leur grande colonie australienne,
eussent certainement favorisé le soulèvement indigène
s'ils avaient pensé y trouver des avantages. Il y eut de
la part des marins britanniques quelques tentatives, très
peu, restées généralement ignorées pour fournir des armes aux insurgés; mais pour enseigner l'entretien et
l'usage de ces armes il eût fallu des cadres européens.
L'emploi de la hausse du chassepot était un mystère
et, au bout de six ou sept coups, l'arme encrassée, considérée comme inutile, était souvent jetée. Les révoltés,
d'ailleurs, ne possédèrent jamais plus d'une cinquantaine
de fusils, enlevés en différentes fois aux surveillants militaires, aux gendarmes et aux colons massacrés.

Le lendemain de l'incendie de notre paillotte, quelques Canaques se montrèrent timidement aux environs
du poste. Mon correspondant de Touho était rentré en
communications avec moi. Je lançai sur cette ligne la
nouvelle alarmante. La journée s'écoula tranquille, le
lieutenant avait réintégré son habitation : il faillit y
être tué. Un geste de la *popiné* qui vivait avec lui, le
fit se retourner comme un sauvage, approché en tapi-
nois allait le frapper, l'indigène disparut aussitôt. Dans
la soirée, la montagne à moins de deux cents mètres
du télégraphe, se hérissa de lueurs étranges : les insurgés, rampant comme des couleuvres tentaient d'incendier

les herbes sèches qui eussent communiqué le feu au poste. Aussitôt une demi-douzaine de soldats grimpèrent sur le plateau et commencèrent à tirailler sur les torches qu'on voyait avancer ou reculer à ras du sol. Fusillade inoffensive, les guerriers ayant eu l'ingénieuse précaution de ne pas porter à la main leur torche, qui devait servir de cible, mais de la fixer au bout d'une sagaïe longue de deux mètres dont ils tenaient l'autre extrémité. Néanmoins, ces coups de fusil, qui ne tuaient personne, empêchèrent une attaque.

Les Oébias, ces farouches rois de la montagne, voulaient la guerre aux blancs; les petites tribus de la côte la désiraient et la craignaient à la fois. Quelques Canaques revinrent au poste, les jours suivants, se déclarant tous innocents de l'incendie de notre paillotte dont ils ne pouvaient soupçonner les auteurs. Les tentatives d'enlèvement du poste à les en croire, n'existaient que dans notre imagination : pour preuve de leurs dispositions amicales, ils apportaient des poules, des bananes, des ignames. Le commandant profita de notre malheur : se montrant tantôt sévère, tantôt conciliant, il arracha aux indigènes nombre de ces cadeaux en nature. Lorsque, plus tard, on accorda des indemnités aux victimes de l'insurrection, nous ne reçûmes jamais un sou, non plus que d'autres déportés : les grosses sommes allèrent aux riches propriétaires ou éleveurs qui en avaient le moins besoin.

En dépit de la détente apparente, le fil télégraphique était sans cesse coupé. Dubois, qui eût mieux aimé se trouver ailleurs, ne partait pas plutôt réparer une rupture vers Hienghène qu'une autre se produisait vers Oégoà. L'intérêt commun exigeait le maintien de nos

communications : je faisais alors un métier qui n'était
pas le mien. Je partais avec mon indigène, en réquisi-
tionnais deux ou trois autres sur ma route et traversais
avec eux montagnes, vallées, forêts et rivières, ayant
bien soin de les faire marcher devant moi et portant né-
gligemment la main, de temps à autre, à la crosse de
mon revolver.

Pauvre revolver ! J'eusse été aussi en peine de le faire
fonctionner que mon fusil. Après le massacre des télé-
graphistes de Bouloupari, nous avions été pourvus par
l'administration de revolvers de fort calibre ; le chien
du mien qui avait probablement oublié de grandir, se
rabattait obstinément auprès du percuteur de la car-
touche sans parvenir à l'atteindre. Trois fois, je l'envoyai à la Direction de l'artillerie, en demandant répa-
ration ou changement et trois fois on me le renvoya intact. De guerre lasse, je le gardai et le mis à mon côté,
comme le sabre de la Grande Duchesse, pensant qu'il
pourrait toujours faire peur aux malintentionnés.

Du reste, nous étions terriblement pauvres en matériel. Un jour, le fil de fer manquant, car une portée
avait été enlevée par les Canaques, Dubois dut s'emparer de toute la ferraille qu'il put trouver y compris
les anses de marmites, et s'en servit, soudure faite,
pour opérer le raccord. Une autre fois, manquant de
chlorhydrate d'ammoniaque pour ma pile Leclanché,
j'envoyai mon Canaque puiser de l'eau de mer, remplaçant le sel qui me faisait défaut par celui contenu dans
l'Océan et, d'une manière ou d'une autre, nous marchions
toujours.

Le 1er septembre fut une date joyeuse pour les blancs
et un deuil pour les insurgés : Ataï, qui avait réussi à

tenir campagne contre les colonnes mobiles partant de
Canala et d'Uaraï, fut surpris ce jour-là dans les forêts
de la chaîne centrale à Amboa. Avec lui périrent un sorcier — qui ne le fut pas assez pour éviter le trépas — et
un grand nombre de guerriers : une cinquantaine de
femmes furent faites prisonnières, Naïna, qui se trouvait là, eut la chance de s'échapper : il avait déjà failli
être pris le 7 août, à Farino, par les Canalas, au service
des blancs.

Ataï mourut le rire à la bouche : un guerrier de Nundo,
Segon, lui coupa la tête qui fut envoyée en France.
Une des oreilles ayant été dévorée par un auxiliaire, les
expéditeurs galonnés n'éprouvèrent, dit-on, aucun scrupule à en prendre une au premier cadavre venu pour
rapparier leur trophée. Quels sont les plus sauvages ?

Cette insurrection fit la fortune d'un officier de marine, l'enseigne de vaisseau Servan, petit-fils de l'ancien
ministre girondin. Il était chef de l'arrondissement de
Canala et, aux premiers troubles, voyant les grandes
tribus de Gélima et Kaké entrer en bouillonnement,
prêtes à se joindre aux révoltés, il conçut l'audacieuse
idée de les compromettre pour les attacher à la cause
française. Il les rassembla et lui-même vêtu d'un tricot
et d'un caleçon, une plume d'aigle servant de coiffure,
carabine à la main, il partit à leur tête, seul de blanc.
C'était le soir : à la nuit, on fit halte devant les villages
révoltés. Les Canalas commençaient à parler avec animation et leur chef de guerre, Nundo, qui se faisait remarquer par sa véhémence, ne proposait rien moins que
de tuer l'officier blanc.

Le moment était critique, Servan ne perdit pas la tête :
il joua d'audace. Se dirigeant vers Nundo, il lui tendit

sa carabine, lui disant : « Nundo, je sais que tu es un
» brave ; je te fais cadeau de cette arme et j'espère que
» tu t'en serviras bien. » Tant de sang-froid démonta le
farouche géant et les autres guerriers. Immédiatement,
profitant de cet état psychologique, le chef d'arrondissement leur fit brûler les cases des insurgés. Désormais,
les Canalas étaient forcés de servir les blancs : ils les
servirent, sinon honorablement, du moins avec courage
jusqu'à la fin de la guerre. Ce furent eux qui, le 1er septembre, toujours avec Servan à leur tête, tombèrent,
dans les forêts d'Amboa, sur Ataï et sa tribu, déjà plus
que décimée par les combats incessants. Servan y gagna
la rosette et le grade de capitaine de vaisseau, honneurs
qui lui firent rompre un mariage considéré jusqu'alors
comme avantageux avec la fille d'un haut fonctionnaire.
Trafic des sentiments humains !

Après la mort d'Ataï, il y eut un répit relatif : Naïna
et Aréki étaient traqués à outrance, obligés de fuir leurs
villages dévastés. Le premier périt enfin, le 16 janvier de
l'année suivante, sous les coups des Canalas qui rappor-
tèrent triomphalement sa tête et son fusil. Petit, brun,
intelligent, parlant peu le français, ce sauvage était une
physionomie curieuse : on lui attribuait, sans beaucoup
de preuves, la mort du colonel Gally-Passebosc. Quant
au dernier grand chef, Aréki, il tint bon jusqu'au 7 février, quoique terriblement pourchassé dans la presqu'île
Lebris et les marais de la côte. A la fin, manquant de
vivres et désespérant d'échapper plus longtemps, il se
rendit avec ses derniers guerriers. Sa contenance fut
ferme et calme : il déclara toutefois n'avoir point participé
au massacre des colons. On lui fit grâce de la vie et
l'exila à l'île des Pins.

Le mois de septembre fut donc assez paisible : on pouvait croire l'insurrection virtuellement terminée. J'avais, lassé des tiraillements avec l'autorité militaire demandé mon changement, peu avant qu'éclatât l'insurrection. Les événements me firent revenir sur ce désir, ne voulant pas quitter mon poste au fort du danger. Le calme semblant rétabli, je reçus avis qu'en octobre, je rentrerais au chef-lieu et nous préparâmes ce que l'incendie nous avait laissé de bagages, mes parents devant naturellement m'accompagner. Nous allions quitter la vie sauvage pour nous replonger dans la civilisation, passer en soixante-douze heures, de l'âge de pierre à l'âge du papier ; mais, avant notre départ, nous faillîmes tomber dans une embuscade qui, eût-elle réussi, se fût terminée par un repas de *corps* dont nous eussions fait tous les frais.

Des divers potentats bronzés dont les domaines nous entouraient, le plus sympathique était, sans contredit, Malakiné chef de Diahoué, dont j'avais failli devenir le gendre. Au lieu de fatiguer comme ses collègues de ses obsessions mendiantes pour du tabac, du tafia ou des *dix sous*, cet auguste personnage se montrait fort avenant lorsqu'on allait le visiter. Il est vrai qu'il n'y perdait rien : on lui savait gré de son accueil et les soldats, bons enfants, partageaient avec lui tafia et gamelles lorsque, à son tour, il venait au poste. Au milieu de nos incessantes alertes nous avions conservé confiance en ses sympathies.

Aussi, l'accueillîmes-nous fort bien quand, un dimanche, il vint nous trouver, porteur d'un gros poisson fumé. Nous lui achetâmes sa marchandise et le fîmes

déjeuner avec nous. Au dessert, il nous proposa une promenade jusqu'à sa tribu.

Il y avait longtemps que le surcroît de besogne m'em-
prisonnait au bureau. J'avais besoin d'exercice et de
grand air : nous acceptâmes. Très heureusement, j'eus
l'idée d'emporter mon revolver.... qui ne marchait
pas.

Malgré ma connaissance du chemin, Malakiné avait
tenu à nous servir de guide et insistait pour nous faire
passer non par la plage qui, à marée basse constituait le
plus court chemin, mais par un sentier de l'intérieur.
A un kilomètre du poste, nous trouvâmes une vingtaine
de Canaques, labourant, selon leur coutume avec des
bâtons pointus, durcis au feu. Ils avaient l'air pacifique
et, tant était grande notre foi ingénue en le chef de Dïa-
houé, que nous n'y prîmes garde : cependant, j'eusse pu
reconnaître, parmi ces travailleurs apparents, des figures
d'Oébias.

Malakiné, de l'air le plus naturel du monde, échangea
avec eux quelques mots que nous ne comprîmes pas.
Nous continuâmes, un certain temps, à suivre cette
route, mais fatigué de ses détours j'exprimai nettement
mes préférences ipour le bord de la mer et pris cette
direction, suivi de mes parents et du chef canaque qui
gardait un silence mécontent. Mon mouvement de mauvaise humeur déconcertait évidemment les projets de
notre guide, qui, me voyant une arme à feu au côté,
pensant peut-être que ce n'était pas la seule en notre
possession, avait dû inviter les Oébias à différer leur attaque jusqu'à ce qu'ils fussent encore plus nombreux ou
à aller nous égorger plus loin sur la route, de façon que
nous ne puissions donner l'alarme au poste. Bien en

tendu, ces déductions ne se firent que plus tard dans notre esprit.

Nous arrivâmes à Diahoué : le village semblait absolument désert. Mes parents, fatigués d'une marche de douze kilomètres, s'assirent sur le gazon, sous l'ombrage des grands cocotiers, dont Malakiné se disposait déjà à cueillir les noix à notre intention. Pour moi, j'avais des fourmis dans les jambes : je ne sais quel mobile m'entraînait plus loin : une vague intuition me fit, cependant, sous prétexte qu'il m'incommodait, laisser mon revolver à mes parents et, priant ceux-ci d'attendre mon retour, qui ne tarderait pas, je poussai seul jusqu'au Vieux Diahoué.

Il y avait, dans cette localité, distante peut être d'un tiers de lieue, sur les bords d'un joli ruisseau, une case devant laquelle, plusieurs fois déjà dans mes courses aventureuses, je m'étais arrêté pour causer et rire avec sa propriétaire, une *popiné* assez avenante, d'âge sortable et qui n'était pour moi qu'une connaissance non intime. Je m'y rendis, uniquement par besoin, après ma longue claustration, de voir des visages autres que ceux du poste. Je trouvai la Canaque à sa place favorite, au pied d'un bel arbre qui, au contraire des humains, chauffait sa tête feuillue au soleil et rafraîchissait son pied dans l'onde courante. Madame Deshoulières n'eût pas choisi plus idyllique endroit pour y mener paître ses chères brebis. Mais à mon étonnement, la noire beauté qui, d'habitude ne dédaignait pas de plaisanter avec moi, en tout bien tout honneur, m'accueillit, cette fois, avec une contrainte embarrassée qui me frappa.

Elle n'était pas seule : une vieille et deux ou trois hommes, d'âge plutôt mûr, étaient accroupis sur le sol auprès d'elle. J'y pris place aussi et ne pus m'empêcher de remarquer la même expression de gêne sur tous les visages.

Cependant, un de ces hommes de la nature me passait la main sur le dos, de ce geste câlin, familier aux Canaques, qui est peut-être moins une caresse qu'une vieille habitude d'anthropophage en reconnaissance de steacks. Mon vêtement s'étant entr'ouvert sur la poitrine, je vois encore la grimace de dégoût et de haine que provoqua sur le visage de la *popiné*, jusqu'à ce jour si avenante, la vue de mes blancheurs pectorales. Il y avait là, toute l'exécration d'une race pour une autre à l'épiderme différemment coloré : je ne m'y mépris point.

D'autant plus que, l'un après l'autre, arrivaient de nouveaux indigènes, tous avec une physionomie des moins réjouissantes. Une intuition finit par s'éveiller en moi : ces hommes voulaient me tuer; ils hésitaient ne se croyant peut-être pas encore assez nombreux pour lutter contre « un capitaine télégraphe » qu'ils pouvaient vraisemblablement supposer armé de la foudre, mais ce ne serait évidemment qu'un court répit.

L'image de mes parents, de ma mère surtout, surpris de leur côté et massacrés, se présenta aussitôt à mon esprit. Très heureusement, ma figure ne traduisit pas mes anxiétés : avec le plus grand sang-froid, j'annonçai à mes aimables compagnons mon intention de pousser ma promenade un peu plus loin et leur demandai d'aller, pendant ce temps, chercher un régime de bananes que je prendrais à mon retour. Sur ce, je me levai fort tranquillement : les noirs affamés, dupes de mon machiavélisme, me laissèrent aller.

Je fis ostensiblement quelques pas sans me presser,

dans la direction opposée à celle que je voulais prendre ;
puis le feuillage m'ayant caché aux yeux des indigènes,
j'exécutai un brusque crochet à gauche et, me courbant
dans les hautes herbes, pris un triple galop dans la direction de Diahoué. Il était temps ! J'entendais les Canaques que j'avais quittés en appeler d'autres par des sif-
flements aigus et rapides auxquels il était répondu de
même. Quelques minutes de cette course échevelée m'a-
menèrent au but ; je respirai, apercevant mes parents,
on ne peut plus vivants.

Une chose me surprit, cependant : ils étaient levés
comme pour partir. Ma mère m'en donna l'explication :
« Malakiné, me dit-elle, nous conseillait, comme le plus
» commode, de nous en retourner par le rivage avant la
» marée haute sans t'attendre puisque, connaissant le
» pays et étant bon marcheur tu pourrais nous rejoindre
» par des sentiers de traverse. » Ce désir de nous séparer n'était pas fait pour diminuer nos suspicions : cependant, je ne dis rien sur le moment pour ne pas provoquer chez mes parents un mouvement insurmontable
qui eût pu précipiter un fatal dénoûment. Malakiné,
toujours présent entendant le français, je me réservai de
ne pas perdre de vue ce chef.

Nous partîmes tous quatre, nous dirigeant vers la
plage : Malakiné portait un poisson fumé, de belle di-
mension, dont il venait encore de trouver le placement
et marchant en serre-file, près de ma mère et de moi.
Mon père venait le dernier, absorbé dans la lecture d'un
numéro du *Siècle*, qui ne datait que de trois mois. Son
ignorance du danger me faisait frémir et lui donner l'é-
veil d'une façon trop brusque était en même temps le
donner au traître de mélodrame. On ne pense pas à

tout : l'idée ne me vint pas d'employer la langue italienne.

Les cases devant lesquelles nous passions pour aller à
la mer, apparaissaient presque toutes désertes, la tribu
nous attendant, sans doute ailleurs ou se préparant un
alibi.

Seuls, deux ou trois vieillards impotents, accroupis à
l'entrée de leur domicile, nous contemplaient d'un œil
narquois. A chacun d'eux, Malakiné disait quelques
mots, que je ne pouvais comprendre, appartenant sans
doute à un argot spécial employé dans les circonstances
non communes. Et il me semblait qu'à la suite de ces
paroles mystérieuses, les regards des vieux anthropophages luisaient sur nous plus sardoniques.

Un indigène passa, de force et d'âge moyens. Le chef
l'appela et, lui donnant à porter le poisson, l'invita à
compléter notre bande.

De sa phrase impérative, je compris deux mots : « *pou-
poualé lêkem* », — trous du c... d'étrangers.

Il ne m'en fallait pas davantage pour être fixé sur les
bons sentiments de Malakiné et de ses sujets à notre...
endroit.

Vivement, car le dénouement semblait proche, je mis
ma mère au courant : femme à s'évanouir au contact
d'une souris, elle était brave dans les réels dangers. D'un
geste résolu, elle étreignit le manche de son ombrelle,
pauvre arme qui eût été bien vite brisée !

Je ramassai sur la plage une branche qui, à la rigueur,
pouvait servir de bâton.

Nous marchâmes ainsi pendant fort longtemps, et mon
père lisait toujours le *Siècle !*

A un tournant, se dessina devant nous une langue de

terre assez brisée, distante peut-être d'un kilomètre.

Comme je me disais que l'endroit était propice à une embuscade, un point rouge tranchant sur le feuillage d'un cocotier attira mon attention. Je le montrai à ma mère et nous ne tardâmes pas découvrir ce que c'était : rien moins qu'une vigie indigène, placée là pour signaler notre retour aux autres, les faux-cultivateurs que nous avions aperçus à l'aller.

Seulement, les Canaques n'avaient pas été malins : oubliant qu'à la guerre, il importe de voir et n'être pas vu, ils avaient choisi pour vedette un des leurs que dénonçait de loin sa chemise de laine rouge.

Cette couleur amie, arborée par un sauvage, pasticheur inconscient des Garibaldiens nous sauva la vie.

Il n'y avait pas à en douter : c'était là que nous attendait le massacre et nous pouvions discerner des points noirs, d'autres Canaques, se mouvant sous les arbres. L'heure était venue, je tournai la tête et, rencontrant ie regard de mon père, lui fis un signe auquel il ne se méprit pas : il fut aussitôt près de nous. Deux mots suffirent : il tira de sa gaîne mon pseudo-revolver, qu'il portait toujours au côté, je brandis mon bâton et nous passâmes sans façon de chaque côté de Malakiné, l'emprisonnant entre nous.

Ce chef, jusqu'alors, nous avait crus sans défiance et, dans la crainte d'être éclaboussé par quelques-unes des pierres ou sagaïes qui nous étaient destinées, il marchait assez loin de nous, dans la mer jusqu'à la cheville. Notre mouvement le déconcerta complètement ainsi qu'il parut à son air angoissé. Peut-être avait-il entendu parler de la façon dont les communards traitaient les otages. Son compatriote, que nous ne perdions pas de vue, semblait ahuri. Quant à ceux de l'embuscade, nous voyant sur nos gardes et prêts à la première démonstration hostile, à brûler la cervelle à leur chef — s'ils eussent connu l'impuissance de notre arme ! — ils ne bougèrent pas : nous passâmes !

Quand nous eûmes laissé derrière nous cet endroit dangereux, Malakiné, faisant contre mauvaise fortune bon cœur, essaya de nous donner le change. S'armant d'un sourire contraint et nous tapotant amicalement sur l'épaule, il eut le cynisme de nous demander si nous nous étions bien réjouis et reviendrions le gratifier d'une nouvelle visite.

Nous lui répondîmes on ne peut plus négativement et, à cette proximité du poste, nous estimant aux trois quarts sauvés, nous éclatâmes en reproches amers sur la duplicité de ce potentat, digne de rivaliser avec ses confrères européens.

Malakiné, cela va sans dire, se disculpa avec indignation, mais jusqu'à notre départ d'Oubatche, il ne remit plus les pieds au poste. Sans doute redoutait-il des représailles et rien ne nous aurait été plus facile que de l'emmener de force, car, à un kilomètre, nonchalamment couché sur l'herbe, comme un berger de Virgile, était Victor Hook à qui nous racontâmes l'affaire. En même temps, nous congédions les deux indigènes fort soulagés. Le brave suisse rebroussa chemin avec nous, critiquant quelque peu notre mansuétude, mais appartenait-il à des proscrits de se montrer féroces envers des hommes, même anthropophages, qui s'insurgeaient pour leur liberté ?

CHAPITRE XIII

RETOUR A LA CIVILISATION.

A la fin d'octobre, le steamer *Le Havilah* nous prit à son bord, après avoir débarqué mon remplaçant Hyvernault. Nous quittâmes, non sans quelque émotion, ce paradis sauvage devenu un coupe-gorge.

L'insurrection avait repris et rugissait plus que jamais. Un mois après la mort d'Ataï, les Canaques de Muéo et de la Poya, massacraient le riche éleveur Houdaille, divers colons, libérés et Chinois et même le chef indigène Mavimoin, coupable de sympathies pour les blancs. Aussitôt après, toute la région, demeurée jusqu'alors paisible, se souleva et le pénitencier agricole de Bourail se trouva, pendant six ou sept semaines, littéralement bloqué. Sans doute, des insurgés de la première heure, réfugiés chez leurs frères du nord, avaient communiqué à ceux-ci leur haine de la domination européenne. Ah ! s'ils s'étaient révoltés ensemble, à la même heure ! Pauvre Ataï !

Aux établissements miniers du Diahot, la population, assez nombreuse cependant pour se défendre, avait été saisie d'une telle panique que le gouverneur avait dû y établir un poste de soixante-quinze soldats. Cela ne rassurait qu'incomplètement les résidents anglais qui, à la moindre alerte, allaient se tapir dans une mine, à l'entrée de laquelle ils avaient braqué un bizarre canon, fondu avec des boîtes de conserves. Un jour, il y eut

grand émoi et grande bousculade dans. le souterrain :
on venait d'annoncer l'approche de deux cents guerriers,
traversant la rivière. Information prise, il se trouva que
ce n'étaient que quelques *popinés* ramassant pour leur
dîner, des sauterelles, plus abondantes en ce pays que
les pièces de cent sous.

Notre retour au chef-lieu produisit parmi nos amis
une véritable sensation : on nous considérait un peu
comme des ressuscités. A Nouméa, aussi, les craintes
avaient été vives, les fuyards de Bouloupari ayant encore exagéré la situation déjà fort grave.

— « *Ils* sont au quatrième kilomètre ! *Ils* sont à Montravel ! » (c'est-à-dire dans la ville-même), s'écriaient les
alarmistes. En réalité, les insurgés s'arrêtèrent, et ce fut
leur tort, à dix bonnes lieues de Nouméa.

La première mesure prise avait été de réunir tous les
indigènes travaillant chez les citadins et de les diriger
sur l'île Nou, la seconde d'autoriser la formation de
corps francs. Les déportés qui, deux mois durant, avaient
combattu cent mille réguliers versaillais, eurent sous
les yeux le réjouissant spectacle d'une caricature de
garde nationale, commandée par des Tartarins tremblant
de leur ombre et empêtrés dans leur ferraille. Quelques
détachements de cavaliers, comme ceux de M. de Gres-
lan, se montrèrent, toutefois de précieux mais cruels
auxiliaires. Il serait injuste d'oublier les déportés arabes
qui, avec l'espoir d'une grâce, formèrent un petit corps
équestre d'intrépides guerriers. Leur attitude était blâ-
mable, mais leur bravoure superbe : l'un d'eux, Baschir,
armé simplement d'un long fouet, traversait, seul, au
galop, des bandes d'insurgés qu'il stupéfiait ou faisait
fuir. Tant de zèle ne leur servit point : le gouvernement,

qui les avait proscrits pour les dépouiller, utilisa leurs services... et les laissa exilés.

Le boulanger marseillais Etienne, brave démocrate condamné à mort avec Crémieux et commué à la déportation, se chargea de nous remettre au courant de la vie normale. Qui pourrait nier l'influence du milieu ? Nous revenions au bout de deux ans et demi écoulés en pays noir, passablement déshabitués des us et coutumes qui font la gloire de monsieur Joseph Prudhomme. Je me sentais le cerveau vide et la langue épaisse, hésitant dans les phrases les moins compliquées et sur les questions les plus courantes, au point de me demander parfois s'il convenait de dire « le pain » ou « la pain », « la hache » ou l'hache »... comme un policier, et si la légendaire bourrique à Robespierre n'était point contemporaine du maréchal Lannes.

Cependant, l'insurrection suivait son cours. L'administration avait dû prendre une grande mesure : armer les transportés ; les plus importants de ces nouveaux auxiliaires furent les forçats politiques, détachés à Canala, qui, l'ex-membre de la Commune Amouroux en tête, offrirent d'eux-mêmes leurs services au gouvernement leur geôlier. Les vaincus de 71 étaient patriotes ! Beaucoup, parmi les déportés, estimèrent que ce n'était pas le rôle de leurs camarades d'aller combattre des insurgés et que, si dure que fût la vie du bagne, l'espoir d'une grâce ne devait pas amener de telles compromissions. Amouroux, ambitieux et travailleur, était un de ces bilieux, de physique maladif mais d'esprit tenace, qui veulent arriver et qui arrivent. La mort l'a surpris, cinq ans plus tard député de la Loire-Inférieure. Lui et ses camarades, en attendant mieux, gagnèrent à

leur zèle une liberté relative et le port d'un large col
rabattu de toile bleue, les distinguant des forçats de
droit commun. Rendons-leur cette justice, de tous les
belligérants, ils furent les plus humains : une fois les
grandes luttes passées, ils cherchèrent bien moins à exterminer qu'à faire des prisonniers et à provoquer la
soumission des débris de tribus traqués dans la chaîne
centrale.

Beaucoup, jusqu'à cette époque terrible, avaient cru
l'anthropophagie complètement disparue des mœurs
néo-calédoniennes : on vit qu'il n'en était rien. De temps
à autre, on découvrait cachés sous les buissons des paniers remplis de viande humaine cuite et désossée.

Les instincts ataviques, difficilement comprimés, se
réveillaient.

Après tout, on l'a dit bien des fois : le mal est-il plus
grand à manger ceux qui sont morts qu'à tuer ceux qui
ne veulent pas mourir ?

La manière intelligente dont les Canaques préparent
le mets cher aux émules de Malakiné, doit du reste, leur
faire pardonner cet excès gastronomique.

Au lieu de le gâter par des combinaisons suspectes, ils
lui conservent son arôme naturel en le faisant simplement cuire au four. Le procédé est des plus simples ;
un trou dans le sol est chauffé avec des cailloux rougis,
après quoi, on y dépose le corps, découpé en quartiers
et coquettement empaqueté dans de larges feuilles de
bananier ; puis, on recouvre. Au bout d'une heure ou
deux selon la qualité de la viande et l'âge du sujet, on
déterre et on sert. Une rosée tout à fait appétissante
perle sur le rôti fumant qu'on peut compléter de mon-

ceaux d'ignames ou de bananes cuites de la même
façon.

L'insurrection de 1875 donna aux vieux Canaques
l'occasion de communiquer à la jeune génération leurs
petits talents culinaires. Parmi les pauvres diables qui
firent les frais de ces balthazars, fut un marin bien connu
sur la côte, le père Marianne qui, avec l'équipage de
trois petits caboteurs lui appartenant, tomba sous le
casse-tête d'abord, puis sous la dent des anthropophages. Chargés de ravitailler une colonne de troupes qui
opérait entre Bourail et Koné, ils furent surpris, à quelques brasses seulement de la côte, abordés et massacrés
jusqu'au dernier. Lorsque, deux jours après, les soldats
affamés, battant les marécages du littoral, à la recherche
de leurs ravitailleurs, arrivèrent sur les lieux, ils trouvèrent des paniers indigènes remplis de viande. Un militaire qui ne sentait plus son estomac, avait déjà attaqué
à belles dents ces comestibles providentiels, lorsqu'un
de ses camarades accourut tenant un membre humain.
A cette vue, le mangeur vomit et s'évanouit.

Antérieurement à la révolte d'Ataï, le chiffre total des
bureaux télégraphiques, grands et petits, existant dans
la colonie, n'était que de dix-huit : les nécessités firent
considérablement augmenter ce nombre. Certains étaient
fort exposés : à Thio, l'attitude des Canaques contraignit le gérant du télégraphe, ainsi que la population
presque entière à se retirer en hâte sur Canala. Seul, le
mercanti Lacombe et deux vieux durs-à-cuire, qui ne
voulaient pas abandonner leurs pénates demeurèrent,
patrouillant, dans la journée, d'une habitation à l'autre
et, la nuit, allant coucher dans un îlot où ils faisaient
bonne garde.

De toutes les tribus qui jouèrent un rôle dans cette
guerre, celles de Thio se montrèrent les plus méprisa-
bles et la responsabilité en remonte à un missionnaire,
leur directeur spirituel, le père Morris. Ce fut lui, politique subtil et sans scrupules, qui, par l'intermédiaire de
ses Canaques catholiques, incita les païens de l'intérieur
à se ruer sur les *poupoualés*. Ne fallait-il pas à tout prix
discréditer l'administration d'Olry? Les Thios égorgè-
rent et pillèrent à Bouloupari, menacèrent la population
blanche de leur localité, forcèrent les habitations des
fugitifs, puis, se tinrent cauteleusement sur l'expecta-
tive.

Quand ils virent de quel côté tournerait la chance et
surtout lorsqu'un détachement de vingt-deux fantassins
de marine, sous les ordres du sous-lieutenant de Lestang-Parade, eut occupé la localité, ils offrirent leurs
services aux étrangers. Depuis ce moment, commandés
par leur chef de guerre Simon, ils marchèrent contre
les révoltés de l'Aoui que dirigeaient le brave chef Judano et Cham. Ce dernier, un peu l'enfant adoptif des
gendarmes, enseignait à ses compatriotes le maniement
des armes que lui avaient appris ses anciens amis.

Ma mère, qui craignait peu pour elle-même, tremblait
que je ne fusse renvoyé sur le théâtre de la lutte. Ses
appréhensions jointes au souvenir des luttes passées,
contribuèrent à lui porter le coup fatal à une époque de
la vie féminine où toute forte secousse est dangereuse.
Nous éprouvâmes la plus grande de toutes nos douleurs
et je me promis plus que jamais, devant le cercueil de
cette chère morte, de tirer vengeance des proscripteurs.
Le sentiment, seul, parlait alors en moi; plus tard, la
réflexion et l'étude me firent étendre ma haine des op-

presseurs aux institutions, les plus grandes coupables.

L'enterrement de ma mère fut religieux. Elevée dans une famille mi-aristocratique, mi-bourgeoise, elle avait conservé ses croyances spiritualistes et, sans s'inféoder à la lettre ou même à l'esprit étroit du dogme, elle avait exprimé bien des fois le désir d'être enterrée comme l'avaient été tous ses ascendants. Au nom de la liberté, mon père et moi nous inclinâmes et le cercueil, accompagné quand même par nos amis d'exil, entra à l'église. Est-il besoin de dire que l'anarchiste d'aujourd'hui ne regrette pas ce respect témoigné non à un culte ennemi, mais à un sentiment et une volonté?

Quelques jours après, Louise Michel, que nous ne connaissions pas, arriva droit chez nous de la presqu'île Ducos. Après sept années passées dans les vallées de Numbo et Tindu, la vaillante révolutionnaire était autorisée, ainsi que plusieurs *blindés* (pittoresque surnom des condamnés à la déportation dans une enceinte fortifiée), à résider au chef-lieu. Elle nous apportait une lettre et des nouvelles de Mabille.

L'exil prolongé n'avait pas abattu le stoïcisme de ce vieux lutteur, habitué à souffrir pour cette république dont tant de rastaquouères vivent grassement. Du reste, les nouvelles de France étaient favorables et quand on apprit que Mac-Mahon, poussé de plus en plus à gauche, malgré ses résistances désespérées, avait fini par se *démettre* après s'être *soumis*, tout le monde se dit : « L'amnistie n'est pas loin. »

Une détente très sensible se produisit alors : non seulement les commerçants, mais même les fonctionnaires regardaient les déportés d'un œil tout différent. Les seconds, se dépouillant de leur morgue passée, recher-

chaient les occasions de se montrer aimables envers
leurs anciennes victimes, susceptibles de se transformer
en maîtres. O roue de la fortune qui, sans cesse, élèves
les uns pour abaisser les autres, tout en laissant subsister même inégalité et mêmes abus !

Le gouverneur, animé de sincères velléités libérales,
profita de ce moment pour desserrer un peu les liens
qui meurtrissaient la colonie. Un conseil communal élu
au suffrage *presque* universel (les résidants français et
libres ne formant qu'une partie de la population), remplaça à Nouméa le grotesque conseil privé, tandis que,
dans l'intérieur, des commissions municipales venaient
mettre un frein à l'autocratie des chefs d'arrondissements
militaires.

Une presse indépendante avait surgi. Locamus, ex-
commis de marine, en rupture d'administration pour
cause de radicalisme, s'était réveillé pamphlétaire et,
dans la *Revue illustrée*, menait une campagne acerbe
contre les satrapes locaux, stupéfaits de telle irrévé-
rence. Avertissements, suspensions, suppressions pleu-
vaient dru sur l'audacieux folliculaire qui, sans s'intimi-
der, changeait le titre de son journal et continuait la
lutte au grand plaisir de la population, vengée enfin de
son long bâillonnement. Le plus malmené de ces fonctionnaires jusque-là inattaquables, fut le directeur des
postes Signorio, un Corse de vieille roche, qui conservait pendant *quatre ans* dans la boîte administrative, véritable oubliette, des lettres venues de France. Il y eut,
lorsque le fait fut connu, d'assez vives réclamations,
plus encore de gorges-chaudes, et ce chef de service,
que ne protégeait plus son bonapartisme clérical, dut
dire adieu à la colonie qui eut l'ingratitude de s'en mon-

trer enchantée. « *Errare postalum est, sed perseverare signoricum* », avait écrit Locamus : *signorifisme* devint par toute l'île synonyme de philosophie insouciante et gaie.

Louise Michel, confinée, pendant si longtemps dans l'étroit périmètre de la presqu'île Ducos, s'était éprise des sauvages, dont elle avait pu voir près d'elle quelques beaux échantillons. L'un d'eux, Daoumi, auquel elle avait eu la patience d'apprendre à lire, lui avait, en échange, communiqué d'intéressants détails sur cette vie primitive, dans laquelle notre amie eût voulu s'ensevelir, loin du monde maudit des dirigeants et des exploiteurs. Bien des années après, nous eûmes grand' peine, mon père et moi, à la dissuader de retourner d'Europe en Nouvelle-Calédonie, ouvrir, dans la brousse, des écoles pour les petits Canaques. Ce que les missionnaires l'eussent vite fait disparaître !

De mon côté, j'étais rentré au chef-lieu les poches bourrées de notes écrites et l'esprit saturé d'observations.

Je livrai le tout à Louise, dont l'érudition encyclopédique s'augmenta dès lors de trois ou quatre dialectes qui, dans une génération n'existeront vraisemblablement plus qu'à l'état de souvenirs. La bravoure de cette ancienne institutrice n'avait d'égale que son inépuisable générosité, car, bien des fois, elle se privait de repas pour donner aux quémandeurs les moins intéressants : elle me proposa un jour une exploration pédestre, à deux, le long de ce littoral où, pendant longtemps, les voyageurs n'osèrent s'aventurer.

Mais les humains proposent et les événements disposent : je fus brusquement rappelé du rêve à la réalité par ma nomination à la gérance du bureau de Thio, tandis que Louise était enchaînée à Nouméa par des leçons... gratuites pour la plupart.

Muni, cette fois, d'un revolver qui fonctionnait, je dis adieu à nos amis déportés que je ne devais plus revoir sur le sol néo-calédonien, et m'embarquai à bord de la *Dives*, le 21 avril 1879.

J'avais été charitablement prévenu qu'il me faudrait déployer dans mon nouveau poste à la fois beaucoup d'adresse et de résolution. Les indigènes n'étaient plus à craindre, mais j'allais me trouver en contact avec un officier fort mal disposé à l'égard des pékins et un missionnaire digne d'être né au temps de Machiavel et... des Borgia.

J'avais l'habitude des conflits avec l'autorité militaire et, à Nouméa, avais repris des forces pour la lutte. D'ailleurs, il était rare que le galonné cherchât à se mettre à dos consécutivement plusieurs fonctionnaires civils, car, alors sa réputation de mauvais coucheur, une fois établie, eût pu lui nuire pour l'avancement.

De Lestang-Parade et tous ses successeurs se montrèrent, je dois le dire, fort aimables vis-à-vis de moi.

Quant au père Morris, je le connaissais longuement de réputation. Le souci du maintien de son autorité sur son noir troupeau le rendait haineux de ses compatriotes : me promenant avec deux autres Européens, je l'ai entendu qui, prêchant dans une case et ne soupçonnant pas notre approche, exhortait ses ouailles à mépriser les avances des blancs et décliner toutes relations avec eux. Mais cela n'est rien : pendant l'insurrection, des Canaques de sa mission avaient empoisonné une source à l'intention des marins et des soldats. La *Vire*, sous les or dres du commandant Rivière, étant au mouillage, quelques hommes, descendus à terre, se dirigèrent de ce côté : ils allaient boire, lorsque certains indices éveillèrent leur suspicion. Les Canaques firent des aveux et leur directeur spirituel interrogé, bredouilla qu'il savait bien la chose, mais que, l'ayant apprise en confession, il ne s'était pas cru le droit de crier « gare! » à ses compatriotes. Sans la crainte de déchaîner dans les jambes du nouveau gouverneur toute la meute cléricale, Rivière eût fait fusiller le révérend comme un chien.

Tel était le personnage cauteleux et redoutable, qu exerçait à Thio une domination voilée mais réelle. J'aurai occasion de reparler de lui, notamment à propos de la mort du grand chef Kary, victime de sa persistance à ne pas se laisser baptiser.

Vingt-quatre heures après avoir quitté le port de Nouméa, la *Dives* fit relâche à l'île Lifou, bloc de corail surgi de la mer et recouvert d'une mince couche d'humus où a poussé cependant une forêt. Deux missions, l'une catholique, l'autre protestante, s'y disputent la prééminence spirituelle et commerciale, la direction des âmes se complétant par la vente de cassonade, ferraille et calicot.

J'avais mis pied à terre, mais je ne me sentais attiré ni par l'homme de la Bible, ni par l'homme de l'Evangile : après un coup d'œil sommaire sur la mission et la tribu voisine, j'allai visiter les grottes qui font la réputation de cette île minuscule, simple atome perdu sur l'immensité bleue du Pacifique.

Ces grottes sont au nombre de deux : l'une remarquable par ses stalactites et ses colonnades, parmi lesquelles tournaient, dès l'apparition d'une lumière, des nuées

de gigantesques chauves-souris. L'autre, beaucoup plus
grande, semblait, par les spirales d'un escalier naturel,
s'enfoncer dans les abîmes souterrains : je m'y engouf-
frai, accompagné d'un guide et muni d'une torche dont
le reflet endiamantait les cristallisations du roc. Ulysse,
Télémaque, Enée et tous les personnages antiques qui,
de leur vivant, descendirent aux enfers, ne virent certainement pas décor plus imposant. A la limite inférieure
de la grotte s'étendait une mince nappe d'eau salée :
nous étions au niveau de la mer qui s'infiltrait à travers
les masses calcaires.

Le soir même, la *Dives* leva l'ancre et, le lendemain,
je débarquai à mon nouveau poste, le dernier !

CHAPITRE XIV.

THIO.

M'étant déjà longuement étendu, tant sur les mœurs
des indigènes et celles des colons que sur l'insurrection,
virtuellement étouffée, je n'emplirai ce chapitre, le dernier relatif à la Nouvelle-Calédonie que du récit rapide
d'anecdotes.

Thio est, après Houaïlou, le principal centre minier
de l'île. Les flancs rougeâtres de ses montagnes dénu-
dées renferment abondamment le nickel et le chromate
de fer. Un roc, entouré de fourrés inextricables, garde,
comme une sentinelle avancée, l'embouchure de la ri-

vière. Celle-ci, tout aussi traîtresse que la Boima, se
replie dix-neuf fois sur elle-même, de sa source à la mer,
ce qui, vu l'absence de ponts, procure bien des agré-
ments aux voyageurs.

On dirait qu'un mauvais génie, sans doute l'énorme
Coindé, le Neptune local, a jeté un sort sur ces eaux.
Que de victimes elles ont englouti!

Une de celles-ci fut madame Panié, épouse surannée
mais peu sévère d'un ex-caporal de pompiers auquel
son passage dans ce corps d'élite avait brûlé le gosier.
Tous deux buvaient, lui pour éteindre cet incendie, tentative aussi vaine que réitérée, elle pour tenir compagnie à son mari. Lorsque des visiteurs aux désirs lubri-
ques, car Panié n'était pas jaloux, entraient dans la case
hospitalière, les libations ne connaissaient plus de limites : ne fallait-il pas dignement arroser l'autel de Cy-
pris?

Qui eût pu prévoir que si fière personne périrait par
l'eau? C'est pourtant ce qui arriva. Au retour d'un déjeuner *à la campagne*, le mari, la femme et l'ami arrivèrent à cheval sur les bords de la rivière, encore gon-
flée par des averses récentes, et, avec l'insouciance de
l'ivresse, ils forcèrent leurs montures à effectuer le passage. Le cheval de madame Panié ne tarda pas à perdre
pied et, emporté par le courant, à disparaître avec la
malheureuse. — Ma pauvre femme! s'écriait en pleu-
rant, au bout d'une semaine, l'inconsolable Panié, je
suis bien à plaindre : c'est la troisième jument que je
perds cette année!

A Thio, je fis la connaissance d'Amouroux. Lui et ses
camarades avaient gagné à leurs bons services une assez grande liberté et, sous prétexte d'un tracé de route,

on les laissait au large, livrés à eux-mêmes. Ils vinrent au bureau et nous fraternisâmes. Malgré leur attitude regrettable dans l'insurrection canaque, que seuls, d'ailleurs, ils avaient combattue sans cruauté, ils n'en étaient pas moins des communards : avec eux, je me retrouvais en terre républicaine. Deux déportés établis dans la localité se joignirent à moi pour leur donner un véritable banquet auquel prirent part, — signe des temps, — les deux sous-officiers du poste. L'ordinaire du bagne avait débilité les estomacs de nos hôtes et Amouroux, ayant commencé, au dessert, à déclamer les Iambes de Barbier, ne put jamais aller plus loin que le dixième vers. Je sortis de ces agapes avec les honneurs de la guerre, digne sans excès de raideur et remorquant un sergent sous chaque bras.

Plus tard, je revis Amouroux à Paris : il avait déjà un pied dans les grandeurs et, faiblesse bien humaine, se montrait gêné en ma présence, craignant peut-être que lui rappelant les mauvais jours, je ne lui demandasse à mon tour ses bons offices. Je n'aurais eu garde de le tourmenter sur ce point! Amouroux, travailleur tenace, avait beaucoup plus de qualités d'esprit que de cœur : parti de la chapellerie, en passant par le bagne, il eût pu devenir ministre.

Deux déportés résidant à Thio méritent une mention spéciale.

Sillaux, surnommé *Double-mètre*, parce qu'il atteignait juste cette hauteur, eût dit monsieur Sarcey, était un géant inoffensif comme nombre d'hommes vraiment forts. Avec lui et Panié, j'allai en excursion dans les montagnes de l'Aoui, pourchasser non les restes errants des tribus révoltées, mais simplement les cochons sau-

vages. Les animaux domestiques qu'élevaient naguère
les Canaques d'Ataï et de Judano, étant privés de leurs
maîtres, retournaient bientôt à l'état primitif : les chiens
redevenaient loups et s'associaient par bandes pour attaquer les bestiaux, même de forte taille, tels que les
veaux ; les chats prenaient le maquis, comme de véritables bandits corses et tombaient à coups de dents et
de griffes sur les oiseaux, voire même les gallinacés ;
les *pocas*, suivant l'exemple général, maraudaient dans
la brousse et montraient de loin aux voyageurs des ru-
diments de défenses redoutables.

A côté de ses petits défauts, Panié était brave : au
fort du danger, il n'avait pas déserté Thio. Le besoin
aidant, il n'hésitait pas à pousser seul dans des parages
peu catholiques et en revenait généralement chargé de
dépouilles opimes. Le double désir de chasser et de voir
du pays, m'entraîna, avec Sillaux, à l'accompagner :
nous risquions cher à ce jeu ; une rencontre avec les
derniers Aoui, dans les gorges de la chaine centrale, eût
été désastreuse pour notre petite troupe. A la vérité,
nous possédions, plus riches que les fils Aymon, deux
chevaux pour trois. *Double-mètre* et moi montions à
tour de rôle, laissant Panié, notre doyen, vissé sur sa
selle. La nature du terrain nous forçait à garder le pas :
un bras de la rivière se présentait-il, nous entrions dans
l'eau profonde, quittant nos montures pour les alléger
et nous suspendant à leur crinière ou leur queue, d'une
main, élevant de l'autre nos armes. Comme les compatriotes de Judano l'eussent eu belle de nous exterminer
à coup sûr, vengeant leur chef fusillé ! Cependant, nous
revinmes, sans gibier mais sans accident.

L'autre déporté, Baudin, était un des gaillards du lé-

12.

gendaire 101e bataillon, qui fit tant de mal aux Versaillais et utilisa ses avant-dernières cartouches sur les Dominicains d'Arcueil. Je n'ai jamais connu meilleure pâte d'homme : il devait, lui aussi, mourir noyé peu après mon départ.

Baudin était le gardien d'un vaste terrain acquis par l'ex-mercanti de l'île des Pins, Mourot, dont j'ai parlé au début de ce livre. La culture d'un microscopique jardin et la chasse au gibier emplumé, qu'il abattait comme de simples soldats de Mac-Mahon, n'absorbant ni toutes ses forces ni tous ses loisirs, le défenseur de la Commune soupirait fort après la compagne inconnue qui eût allégé sa solitude en la partageant.

Je me trouvais moi-même dans une situation irritante, la mort de madame Panié, que je n'avais jamais connue qu'en tout bien tout honneur, réduisait le beau sexe européen à deux représentants : une Anglaise quinquagénaire et vertueusement acariâtre, une Espagnole buvant comme la Pologne et la Suisse réunies et paraissant âgée de soixante ans, bien qu'elle n'en comptât que quarante-neuf. Je me contentais d'admirer de loin ces deux dames, d'ailleurs en puissance de mari. Quant aux *popinés*, le missionnaire leur défendait, sous peine des flammes éternelles, de nous gratifier de leur visite et, à plus forte raison de leurs faveurs. Le vieux sagouin, qui pratiquait éclectiquement l'amour sous toutes ses faces, initiant les deux sexes à une corruption dont eût rougi Pétrone, se riait de nos souffrances de célibataires. Gredin! j'ai tout de même réussi à te faire cocu.

Sur ces entrefaites, Baudin et moi apprîmes qu'une ravissante indigène, d'environ quatorze années, était à vendre dans le village du chef Kaké pour la somme dé-

risoire de cinquante francs. Les tribus auxiliaires, notamment celles de Canala, avaient fait de nombreux
prisonniers mâles et femelles. Les premiers après la période de grande répression, étaient déportés aux îles
Bélep, les secondes laissées à leurs captureurs, afin de
leur permettre de lutter contre la dépopulation qui, chez
les naturels, frappe surtout l'élément féminin.

Dans les premiers temps, les chefs alliés, en braves
négriers, avaient vendu leurs captives aux colons en
quête de bonnes à tout faire. Peu à peu, cependant, ils
comprirent les subtilités de la rente et du capital, voire
même du capital en tapa, bien que n'y attachant pas
l'attribut de la virginité, — ils ignoraient Dumas fils et
les moralistes! Au lieu d'aliéner leur marchandise, ils se
contentèrent d'en procurer sur place la jouissance à des
consommateurs qui n'en conservaient point la possession.

Je n'ai jamais été esclavagiste, raison qui m'avait dé-
tourné de l'achat d'une Néo-Hébridaise, qu'on me proposait comme la chose la plus naturelle du monde;
Baudin, non plus, n'apparaissait pas comme un mangeur de noires, bien au contraire. Cependant, le besoin
fait réfléchir et nous trouvâmes une solution qui, tout
en respectant nos scrupules, eût donné satisfaction au
moins à l'un de nous. Avant de conclure marché avec le
débitant de chair, nous dépeindrions à la demoiselle en
question, tout le bonheur qui l'attendait si elle consen-
tait à accorder sa main gauche à n'importe lequel de
nous deux. Baudin vanterait les charmes de la vie ru-
rale; je ferais miroiter les éblouissements du fonction-
narisme : nous serions l'un et l'autre éloquents et, cependant, loyaux. Il y avait neuf chances et demie sur

dix pour que cette existence lui parût infiniment préférable à celle de bête de somme au sein de la tribu victorieuse. Si elle refusait, tout était dit; mais pouvait-
elle refuser! Quant à décider nous-mêmes lequel mettrait
la main sur la pomme dans ce jugement de Pâris à re-
bours, c'eût été vraiment délicat ou impossible; mais
nous nous étions donné parole de n'exercer aucune
pression sur le libre choix de la belle, et le blackboulé
pouvait *in petto* conserver l'espoir de faire cocu son camarade. C'était plus qu'il n'en fallait pour nous entraîner à la poursuite de cette jeune captive, pour laquelle,
à en croire la renommée, André Chénier n'eût pas dédaigné d'accorder sa lyre.

Ayant auprès de moi deux Européens aptes à me rem-
a er, j'obtins facilement de mon chef de service un
ongé de quarante-huit heures et, le fusil sur l'épaule,
e gousset bien garni, je partis pour Canala, en compagnie de Baudin, semblablement équipé. Notre intention
était, pour gagner du temps, de parcourir de nuit les
quarante-cinq kilomètres nous séparant du chef-lieu
d'arrondissement; mais le torrent de Manari, gonflé par
es pluies, nous contraignit à un assez long détour et,
pendant des heures, nous errâmes dans les bois sans y
voir goutte. Nous n'arrivâmes que le lendemain au grand
lour, boueux, dépenaillés et moi nu-pieds, car mes chaussures m'avaient faussé compagnie. A Canala, pas plus de
captive que sur la main et, sans l'obligeance non gra-
tuite du chef de guerre Nundo, ainsi que de deux de ses
épouses, nous n'eussions rapporté à Thio pas même un
souvenir agréable.

Etrange figure que ce chef de guerre! Il semblait le
dernier représentant d'une race de géants sauvages. J'ai

déjà esquissé son portrait physique ; au moral, c'était un redoutable ivrogne qui ne reposait que vide à ses côtés le litre de tafia qu'il avait porté plein à ses lèvres. Il entrait alors dans un état terrible, saisissait une trique et parcourait son village en frappant à tour de bras sur ses sujets. A jeun, il prostituait ses sœurs aux soldats pour une pièce de quarante sous. Aussi son domaine n'était-il guère peuplé que d'éclopés et d'hétaïres.

Un peu plus tard, j'eus la chance d'arracher à l'esclavage, peut-être même à la strangulation deux *popinés* des villages révoltés. Elles s'étaient échappées de la tribu de Nakéty, qui les gardait avec une jalousie propriétaire, pour se réfugier dans celle de Thio, où les attirait une inclination amoureuse. Les auxiliaires vinrent réclamer leur bétail humain ; mais, le poste militaire ayant été retiré depuis peu, je me trouvais la seule autorité du district et en profitai pour imposer ma médiation. Les fugitives, au lieu d'être rendues à leurs maitres, sort qu'elles annonçaient l'intention d'éluder en se pendant, furent acquises par leurs amoureux, moyennant une rançon de monnaie calédonienne, et les deux parties s'en retournèrent dos à dos, très satisfaites.

A Thio, j'avais retrouvé Pricot, le raseur du *Var*, sa femme, qui m'appelait le *Régent* (pour gérant !) long comme le bras, et leur enfant, de plus en plus malmené par les auteurs de ses jours. On formait des manipulateurs pour les postes secondaires : j'enseignai le maniement du Morse à mon ancien compagnon de voyage, qui partit bientôt, fier comme Artaban, pour une destination quelconque. Il fut remplacé par un surveillant métropolitain, Caisson, qu'accompagnait un jeune facteur français, fils d'un déporté mort à Uaraï. Mon Mercure avait

de prodigieuses dispositions pour la chasse et l'équita-
tion, mais aucune pour l'étude; ce fut en vain que je
tâchai de l'initier à la syntaxe ou à des sciences quel-
conques : il ne voulait connaître que le sport !

J'administrais, à ce moment, le télégraphe, la poste,
le timbre et enregistrement, le domaine, le port et la
caisse de l'Etat, — un maître-Jacques rond-de-cuir ! La
force armée était même sous ma direction, quarante
guerriers canaques, commandés par le chef de guerre
Simon devant croiser la sagaïe à ma première réquisition. J'eus la sagesse de laisser tous ces bras à l'agriculture.

Parti de l'exil volontaire, j'étais devenu peu à peu une
sorte de roitelet, représentant dans ce district perdu le
gouvernement français qui, avec la logique des gouvernements passés, présents et futurs, devait, plus tard,
m'expulser comme étranger. J'eusse pu être très inconstitutionnel, et le seul reproche que m'adressaient les
colons de la localité, était de ne point assez faire sentir
mon autorité en m'immisçant dans leurs affaires. Devant
ma persistance réitérée à me confiner dans mes services
suffisamment multiples, ces amoureux de l'esclavage
adressèrent, peu avant mon départ, une pétition au gouverneur pour qu'il leur octroyât des gendarmes : leurs
désirs ont été exaucés.

Le père Morris, seul, me boudait. Ce missionnaire,
pour mieux asseoir son influence sur les indigènes, les
avait convaincus qu'il *travaillait papier*, — autrement
dit, était en correspondance, — avec le bon Dieu. Avant
mon arrivée, il ne manquait pas d'envoyer, chaque jour
au télégraphe un messager chargé de lui rapporter non
verbalement, et pour cause, les indications baromètri-

ques et thermométriques. Il s'en prévalait alors pour
prophétiser le temps, à l'instar des sorciers et faiseurs
d'eau, faisant gober sans peine à ses fidèles émerveillés
que cette prescience lui était communiquée d'en haut.
Lorsque j'eus été mis au fait, je vengeai la crédulité populaire surprise, en communiquant à l'astucieux mariste
des renseignements météorologiques peu exacts. J'ignore
comment les deux pères, le révérend et l'Eternel, se sont
tirés de là; toujours est-il qu'au bout d'un certain temps,
l'homme de Dieu s'abstint de m'envoyer son commis-
sionnaire. Peut-être s'absorbait-il dans son harem dont
la belle Flore et le jeune Nabori étaient les plus aimables
ornements.

Ce charlatanisme clérical ne se bornait malheureusement pas là : il allait beaucoup plus loin, sans s'arrêter
au choix des moyens, comme le prouvera l'histoire suivante, trop grave pour que je m'y permette la moindre
inexactitude.

La tribu de Thio, forte seulement de trois cents âmes,
était gouvernée par un crétin de la plus belle eau, Philippo Dopoua, docile instrument du père Morris. Ce
pauvre hère avait pour suzerain le grand-chef Kary, résidant à trois lieues de là, à Bourendy. Entre les deux
Océaniens, quelle différence! le vassal presque aussi
piètre au physique qu'au moral; l'autre, au contaire, un
colosse comme Nundo, mais avec une figure plus avenante et un tout autre caractère. Intelligent, brave, hospitalier, le grand-chef avait toujours refusé de se laisser
convertir : aussi le père Morris le poursuivait-il d'une
haine toute chrétienne.

L'insurrection éclata : le missionnaire tenta aussitôt
de faire passer Kary pour rebelle et par les armes, l'un

étant la conséquence de l'autre. Il ne put y réussir, Kary
ayant, dès la première heure, embrassé la cause des
blancs.

Ne pouvant rien faire de cet opiniâtre mécréant, l'a-
charné catéchiseur s'était rabattu sur le frère cadet du
grand-chef, qu'il avait baptisé sous le nom de Louis.
C'était peu, mais le ciel se décida enfin à venir en aide
à son serviteur. Celui-ci, vers la fin de l'insurrection,
époque encore favorable aux disparitions d'hommes,
s'était rendu dans la tribu de Bourendy. Bien qu'aimant
peu les missionnaires en général et le père Morris en
particulier, Kary lui offrit l'hospitalité, car il avait toujours un poulet et une natte au service des voyageurs.
Le lendemain, coïncidence bizarre, ce guerrier herculéen
commença à tousser, pour la première fois de sa vie; le
surlendemain, il était attaqué de la poitrine; vingt-quatre heures plus tard, il s'éteignait, baptisé *in extremis*
par son hôte, qui fit aussitôt proclamer Louis chef mais
non grand-chef. Cette dignité se trouva à la surprise
générale, transférée à l'ex-vassal Philippo, l'homme-lige
du missionnaire et aussi son voisin, ce qui facilitait
désormais le gouvernement spirituel et temporel des tribus. Inutile de dire que, Kary n'étant plus là, les Bourendy, sous la double pression de leur chef et du père,
furent baptisés en un tour de main.

Je serais un ingrat, si parlant des individus bons et
mauvais, rencontrés sur cette terre d'exil, j'omettais
Pierre Delhumeau. Il avait quatre ans, lorsque ses parents, pauvres habitants du littoral vendéen, arrivèrent
avec lui en Nouvelle-Calédonie : ils s'établirent à Yaté,
en pleine brousse, n'ayant de voisin européen qu'un
vieux missionnaire. Pierre grandit en enfant de la na-

ture, se mêla aux indigènes, partagea leur vie et apprit leurs dialectes qu'il parlait à la perfection. Néanmoins, il était tourmenté du désir de savoir et, avec une courageuse ténacité, ne laissa de répit au mariste que celui-ci ne l'eût initié aux doubles mystères de l'alphabet et de l'addition.

Lorsque je le connus, il comptait vingt ans et en avait passé seize auprès des sauvages Touaourous : je l'appelais en riant un « Canaque blanc. » On ne pouvait trouver nature plus droite ni plus courageuse. Exception faite des missionnaires, c'était, de tous les Européens que j'ai connus, celui qui possédait le mieux la Nouvelle-Calédonie. Je lui dois une grande partie de mes notes sur les dialectes et les légendes et, longtemps après mon retour en France, nous étions encore en relations épistolaires, lui m'adressant avec une infatigable ardeur tous les renseignements qu'il pouvait glaner. A une époque où mes préjugés bourgeois n'étaient point dissipés, il m'apparut comme la preuve que, à l'instruction près, les primitifs ne sont inférieurs ni moralement ni intellectuellement aux fruits hâtifs de notre civilisation.

De mon côté, j'appris à Delhumeau la soustraction et la multiplication. La dernière des quatre règles restait seule inexplorée, lorsqu'il dut me dire adieu pour tenter fortune dans le nord. Ce brave cœur bat-il toujours? Qui le sait? Les meilleurs ne disparaissent-ils pas les premiers?

Cependant, la grande nouvelle, attendue impatiemment depuis tant d'années, arriva sur les ailes du télégraphe européo-australien, éclatant comme une tumultueuse fanfare de délivrance : l'amnistie! La colonie en tressaillit depuis la baie du Sud jusqu'à la pointe de

Paâba. Six mille communards et leurs familles se levè-
rent pour acclamer le triomphe de la république une et
indivisible.

Radieuse et fugitive liberté, on croyait t'avoir à jamais
conquise !

En toute impartialité, je dois avouer que les marchands
de vin firent de bonnes affaires ce jour-là... et les jours
suivants.

— Que voulez-vous ! déclarait avec une rondeur qui
ne le quittait jamais l'ex-chef de flottille Peyrusset, pendant la Commune, tout le monde se soûlait : je faisais
comme tout le monde et ça m'est resté.

Il exagérait, certes, du moins, en ce qui concernait
« tout le monde, » mais la vérité est que, tandis que les
Versaillais se grisaient avec du sang, nombre de fédérés
se grisaient avec du vin : ils continuaient simplement
l'habitude prise pendant le premier siège, alors qu'à
défaut de manger il fallait bien boire pour soutenir sa
misérable carcasse.

Peu à peu, j'appris le départ de tous nos amis : le
père Etienne, Littré, Cipriani, Rava, Louise Michel. Le
périodique cyclone arriva, renversant comme un château
de cartes les édifices de Nouméa, interrompant les communications du chef-lieu avec le reste de l'île : à peine
mon père et moi y prîmes-nous garde.

Nous étions libres ! Mais une tombe nous retenait sur
cette terre de proscription : n'était-ce pas une trahison
de l'abandonner ? D'autre part, j'avais une situation fort
sortable : venant en tête du cadre colonial, je pouvais
devenir en peu de temps un personnage de marque dans
l'Eden administratif. Dans ces conditions, la ligne d'un
bourgeoisillon eût été toute tracée : rester, arborer d'une

façon coquette et non farouche le drapeau du fonction-
narisme républicain, épouser la fille de quelque colon
argenté et amoureux de la particule, puis laisser voguer
la galère.

Ce n'était pas mon idéal : certes, le service télégraphique semi-indépendant semi-périlleux, si différent de
la sujétion du bureau parisien, cette vie de plein air et
de naturalisme primitif, me plaisaient fort. La vraie liberté n'était-elle pas là, bien plus que dans les tournois
oratoires ou les luttes sanglantes des partis politiques ?

Oui, mais c'est la vie végétative du mollusque, la seule
digestion béate sous un beau ciel bleu. Mieux ne vaut-
il pas l'enfer où l'on pense que le paradis où l'on som-
nole éternellement ? De fait, resté en Nouvelle-Calédonie, je serais aujourd'hui quelque grave fonctionnaire à
peine radical, ne connaissant l'anarchisme que de très
loin, comme un rêve affreux, et ses adeptes que comme
des criminels !

Mon père, lui, s'ennuie désespérément dans ce pays
d'où toute vie publique se retire avec les déportés. Plus
de presse démocratique, de polémiques fougueuses, d'é-
lections républicaines emportées d'assaut ! Privés de
leur appoint, les journalistes locaux brisent leur plume,
Locamus s'adonne aux conserves alimentaires : Nouméa
va redevenir la ville des épiciers.

Je vois les souffrances de mon père, qui se meurt
faute de débouchés ouverts à son activité. Il se remé-
more aussi les heureux jours d'autrefois et ces souvenirs, combinés avec le soleil des tropiques, l'étouffent ;
les coups de sang se succèdent : il est temps que nous
partions.

Allons, le sort en est jeté ! Six années de repos forcé,

sous les cocotiers du monde océanien, ont dû nous re-
tremper pour les combats de la société civilisée, —
civilisée ! Nous ne sommes pas plus riches qu'à notre
arrivée, mais qu'importe ! Et voilà qu'une lettre de
France nous annonce la mort d'une parente avare et riche dont je serais naturellement héritier. Du coup, mon
père s'imagine que tout va pour le mieux, sauf la dé-
funte ; moi pas ; j'entrevois la silhouette d'un oncle cou-
reur de succession, médecin militaire bonapartiste qui
nous exècre et sera enchanté de damer le pion à des
communards. Beautés de la famille !

Je demande ma rentrée au chef-lieu, et un jeune collègue, Desruisseaux, vient me remplacer.

Adieu, Thio, ses mines et ses mineurs, ses mercantis
rapaces, ses débris indigènes et son fourbe missionnaire ! Deux Canaques pour porter mon bagage, un cheval pour franchir les quarante lieues me séparant de
Nouméa et... en route !

En soixante heures de chevauchée, montagnes, forêts,
rivières, marécages disparaissent successivement. Dans
mon impatience, je dépasse et perds de vue mes compagnons. Encore une nuit passée à la belle étoile, revolver
au poing, dans la plaine de Cocétolocoa et, le lendemain soir, je foulais le pavé de Nouméa.

Le 18 février 1881, ma démission ayant été acceptée,
nous nous embarquâmes sur le vaisseau *la Loire*, qui
appareilla, le lendemain matin, à destination de Brest.

CHAPITRE XV.

LE RETOUR.

La *Loire* emportait dans ses profondeurs onze cents personnes, passagers des deux sexes et équipage. Son capitaine, Brown de Colstown, était la fine fleur du réactionnarisme et, quoique protestant, digne d'avoir étudié chez les jésuites.

Une des plus belles tartuferies de cet officier supérieur, auquel la république bourgeoise a naturellement ouvert les bras, — il est aujourd'hui contre-amiral, — fut de considérer les proscrits rapatriés non comme amnistiés, c'est-à-dire jouissant de tous droits civiques, mais comme graciés. J'avais obtenu de partager leur compartiment, ancienne cage, dont la porte maintenant restait ouverte. Nous y étions vingt-neuf, le gros des déportés étant parti par les transports précédents.

Après de longues années d'exil, nos compagnons s'imaginaient revoir la France telle qu'ils l'avaient quittée. Quelques-uns ne se défendaient pas de croire que les populations allaient former la haie sur leur passage, prêtes à leur glisser sous le bras des portefeuilles de ministre. Comment la république pourrait-elle se passer de leur concours? Ces jacobins, pour la plupart courageux et sincères mais infatués de leur personne, ne se rendaient pas compte que, pendant leur absence, le monde avait marché.

Quelques autres, c'était le petit nombre, affirmaient

comiquement leur intention de ne plus se mêler de politique, dût le globe terrestre s'écrouler, et de vivre désormais en bonnes bêtes de somme.

Cinq revenaient du bagne : Dacosta, l'ancien secrétaire de Raoul Rigault à la Préfecture de police, mathématicien distingué et grammairien patriote ; Girault, condamné pour participation des moins démontrées, à l'exécution des otages ; Fortin, ci-devant chef de bataillon, qui s'était admirablement battu dans Belleville et, sous ses allures de bon garçon sans souci, couvait un désespoir d'amour, — les absents n'ont-ils pas toujours tort ! — Laurent, qui avait aussi commandé quelque part et, à son retour, se dédommagea du bagne par le mariage ; Lenôtre, brave officier fédéré, à l'intelligence lucide, rendu poitrinaire par les corvées de l'île Nou et qui nous abandonna en route, cousu dans un sac avec un boulet de cinquante livres aux pieds.

Une trentaine de *droits communs*, libérés qu'on rapatriait, étaient parqués dans un compartiment de la batterie, contigu au nôtre. On avait d'abord voulu les mêler à nous ; les communards protestèrent vivement, sentiment qui ne laissa pas de me choquer comme peu égalitaire. Etait-ce bien la peine d'avoir levé un drapeau d'émancipation pour rebuter des malheureux qui, somme toute d'après l'expression bourgeoise même, avaient *payé leur dette à la société ?* Un de ces malheureux, condamné pour meurtre, avait été reconnu innocent au bout de quinze ans de bagne et après avoir eu les deux jambes broyées sous un éboulement pendant qu'il piochait sur la route de Nouméa au Pont des Français. Le véritable assassin ayant fait des aveux complets, il avait bien fallu libérer l'innocent forçat, ce que les tortionnaires ne firent qu'à contre-cœur. Non seulement, cette victime de la Loi n'avait reçu aucune indemnité, mais encore était-elle dédaigneusement reléguée avec les parias dont le casier judiciaire était à jamais maculé.

Oh ! la justice du *Code*, quelle sinistre farce !

Deux autres, *commués* des travaux forcés à la réclusion en France (1), pendant les quatre mois qu'a duré le voyage, ont été confinés jour et nuit sur un espace d'un mètre carré, au pied du grand mât, ballottés par le roulis et le tangage. L'un était quelconque, l'autre une créature étrange, homme ou femme, on n'eût pu le dire. Sa voix, d'un acuitisme troublant, évoquait le souvenir des châtrés de la chapelle sixtine, tandis que sa face glabre, ses formes arrondies, ses manières onduleuses indiquaient de suite qui il ou plutôt *elle* était. Aucun indice viril ne subsistait chez ce *troisième sexe* et, sans doute, la nature l'avait-elle créé ainsi, intermédiaire entre le mâle et la femelle, ayant dépassé celle-ci sans atteindre celui-là.

Qu'on pense dans quel sens le bagne avait développé cette anomalie !

Notre cage communiquait avec une autre beaucoup plus petite, mais celle-ci hermétiquement verrouillée où furent enfermés plusieurs fous qui tous étaient victimes bien plus de l'incohérence sociale que de défectuosités de leur organisme. La première nuit, nous fûmes réveillés par des sons inarticulés, rauques, épouvantables : ils émanaient de la gorge d'un contre-maître que la vie abrutissante du bord, faite de bigoterie, de brutalité, de misères et d'autoritarisme inflexible, avait absolument animalisé. Il mourut au bout de quelques jours, nous laissant quatre compagnons. L'un était un

ancien bureaucrate devenu gâteux à la suite de mau-
vaises spéculations sur les mines : peu encombrant, il
n'ouvrait jamais la bouche et se contentait de se promener de long en large dans le réduit, en se frottant la
paume des mains d'un geste automatique. Son voisin
était encore un détraqué de la discipline et surtout de
la théorie militaires, un garde-chiourme alsacien, qui
avait l'unique mais peu divertissante marotte de réciter
à haute voix, des heures durant, l'école du soldat. Mais
le plus lamentable, le plus sympathique aussi de ces
pauvres insensés, était un gendarme beau, grand, fort,
à physionomie restée ouverte et intelligente en dépit de
son triste métier. Naturellement imaginatif et indépendant d'esprit, il était devenu détraqué au contact prolongé de ses co-Pandores : il se persuadait que ceux-ci
avaient installé dans leur compartiment un *téléphone*
d'une forme particulière pour recueillir ses moindres paroles, je crois même sa pensée, — Edison n'a pas encore
trouvé celle-là, — afin de moucharder auprès des chefs
hiérarchiques. Comme il connaissait bien ses collègues !
Soigné ou simplement traité avec douceur, il en fût
guéri ; jeté avec les fous dans une cage sans air et sans
lumière, sa folie s'empira, devint incurable : pendant
toute la traversée, nous assistâmes au naufrage de plus
en plus poignant de cette intelligence.

— Oui la terre a la forme d'une colonne torse, c'est
moi qui l'ai découverte et je vais vous le démontrer,
moi fils de Sodome et qui n'en rougis pas ! répétait le
malheureux, le plus souvent avec douceur mais parfois
aussi avec colère. — « Au commandement de droite, con-
» tinuait son voisin le garde-chiourme, sur le talon gau-
» che, d'un quart de cercle à droite, en élevant un peu la

» pointe du pied gauche et le pied droit, rapporter ensuite
» le talon droit à côté du gauche et sur la même ligne. »
Et le bureaucrate se frottait toujours les mains.

Les souffrances du gendarme, bien plus vives que celles de ses voisins à peu près réduits à la vie végétative,
finirent par émouvoir quelques amnistiés, malgré leur
antipathie naturelle pour tout ce qui portait un uniforme
pénitentiaire : gendarme ou non, n'en était-ce pas moins
un homme ? Quelques-uns venaient causer avec lui devant ses barreaux : après avoir été gardés à l'aller par
les *hirondelles de potence*, il pouvait leur sembler piquant
de se promener librement devant la cage de l'une d'elles.
Sous les latitudes assoiffantes, on lui passa de la boisson, eau demi-tiède, très vaguement coupée de citron
et de tafia. Enfin, deux fois, la porte du réduit se trouva
ouverte et le prisonnier, traversant en toute sécurité
notre compartiment, put monter prendre l'air sur le
pont.

Quel effarement ce fut, surtout la seconde fois ! Le
gendarme était alors arrivé à un état psychologique des
plus troublés : le sentiment de ses âpres griefs pouvait
lui faire commettre quelque acte redoutable, car il possédait une arme, un fort couteau qu'il étreignait de la
main droite. Aussi, officiers, quartiers-maîtres, marins,
soldats, passagers se reculaient-ils prudemment sur son
passage. Il monta ainsi sur la dunette de l'avant et as-
pira largement la forte brise imprégnée des émanations
salines de l'Océan.

Cependant, ses bourreaux s'étaient remis de leur première alerte : l'enseigne de service avait appelé le capitaine d'armes, qui avait donné des ordres au maître
d'armes, lequel au caporal d'armes et, finalement, celui-

ci aux gabiers. Mais aucun de ces braves n'osait s'approcher à portée du redoutable couteau. De loin, ils lançaient des nœuds coulants que le gendarme évitait ou tranchait, des pièces de bois par dessus lesquelles il sautait légèrement. Une dixaine, grimpés dans les haubans, n'attendaient que le moment de s'abattre sur lui, mais aucun ne s'approchait : tout l'avant du navire était à ce seul homme.

Pendant près de dix minutes, il défia les efforts d'un équipage : les passagers, massés sur le pont, regardaient et *in petto* admiraient. Enfin, le brave capitaine Brown de Colstown eut l'ingénieuse idée de faire jouer les pompes : l'évadé fut littéralement noyé, assommé, submergé de paquets liquides. La lutte contre l'intangible et inépuisable élément était impossible : avec un geste de résignation stoïque, le gendarme jeta son couteau à la mer. Aussitôt, quinze braves se précipitèrent sur cet homme désarmé et le réintégrèrent victorieusement dans son cabanon.

Notre traversée, moins longue de vingt-cinq jours que celle accomplie sur le *Var*, fut beaucoup plus pénible. Nous passâmes sans transition des régions tropicales dans les régions tempérées, longeant la Nouvelle-Zélande par l'est, à une grande distance des côtes, et obliquant de plus en plus vers le sud pour doubler le cap Horn par soixante degrés de latitude. Cela nous changeait des chaleurs néo-calédoniennes et, sans les vareuses et chaussettes de laine, achetées grâce aux souscriptions pour les amnistiés, nous eussions fait triste mine.

Trois de nos compagnons, épuisés des souffrances de l'exil, ne purent supporter celles du voyage : ils moururent l'un après l'autre. Le premier, un vieillard, expira

sans avoir eu le temps de se reconnaître : il était libre-
penseur déclaré et, malgré nos protestations, l'aumô-
nier vint officier sur son cadavre. Je me rappelle encore
le frémissement d'indignation qui courut parmi nous, à
l'apparition de ce noir oiseau de proie : d'un mouvement unanime, nous fîmes le vide autour de lui et ne
revînmes auprès du sac où gisait le mort qu'une fois le
débitant de latin retiré. Deux minutes après, l'immer-
sion était accomplie avec les honneurs usuels. Ces honneurs furent refusés à l'amnistié qui mourut ensuite, —
j'ai oublié son nom, — et qui, conservant jusqu'au bout
sa lucidité, signifia sa volonté d'être jeté à l'eau sans
oremus. La guerre était nettement déclarée entre nous
et l'autocrate du bord. Le troisième camarade, Lenôtre,
mourut entre le cap Horn et Sainte-Hélène. Sans doute,
Brown, tout de Colstown qu'il était, craignit-il l'effet
des protestations adressées par les amnistiés de marque
aux députés et journalistes libres-penseurs, car il capi-
tula et le défenseur de la Commune disparut dans les
profondeurs de l'Océan, salué par une décharge de
mousqueterie et le balancement des couleurs.

Huit ans ont passé depuis cette époque; les prêtres,
fidèles à leur vieille tactique, se sont efforcés d'attirer
dans les chemins de traverse le grand mouvement démocratique révolutionnaire qu'ils ne pouvaient vaincre
de face : ils se sont collé masque socialiste, anarchiste
même sur le visage, quitte à faire massacrer, — et avec
quelle pieuse joie ! — au jour de leur victoire, anarchistes et socialistes, leurs dupes de la veille.

En 1881, les revenants de la Commune se rappelaient
que Varlin avait été dénoncé aux tortureurs par un prêtre, que les hommes-liges du Gesù avaient poussé à la

répression sans merci en 71, comme à la capitulation
devant l'Attila germain par peur du triomphe de la république sociale en Europe. Les moins sanguinaires ne
regrettaient pas outre mesure les cartouches dépensées,
le 25 mai, sur les disciples de l'inquisiteur saint Domi-
nique.

Nous avions demandé au commandant de la *Loire*
qu'il nous exemptât d'entendre la prière dite, chaque
soir, sur le pont en présence des passagers et de l'équipage, la présence de mécréants renforcés tels que nous
ne devant rien avoir de particulièrement agréable au
Seigneur. — « J'y assiste bien, moi qui suis protestant ! »
nous répondit le « maître après Dieu ».

Ce qui froissait surtout notre amour-propre était l'o-
bligation de nous découvrir devant le prêtre, au moment
où l'officier de service prononçait la phrase sacramen-
telle : « La prière ! » J'émis alors l'idée que monter tête-
nue sur le pont, à ce moment solennel, nous dispense-
rait naturellement de tout acte d'humilité, sans donner
prise, cependant, aux rigueurs réglementaires. Cette
proposition fut adoptée, au grand dépit de l'état-major
clérical, qui guetta l'occasion de prendre sa revanche.

Celle-ci vint : Dacosta, Girault, Fortin, qui faisaient
gamelle ensemble, avaient mis de côté, depuis quelques
jours, leur ration de vin, pour fêter le plus dignement
possible l'anniversaire de la Commune. Brown, avec la
clairvoyance de la haine, eut quelques soupçons et, le
matin du 18 mars, une inspection minutieuse du capitaine d'armes amena la découverte du pot-aux-roses,
suivie de la saisie du pot-de-vin.

Cette confiscation d'un capital liquide formé de l'é-
pargne n'était rien moins qu'un attentat à la propriété.

Pareil fait, commis par un révolté au préjudice d'un homme d'ordre, est qualifié vol, exécuté par un salarié de l'Etat au détriment de l'adversaire socialiste, il sembla tout naturel et fit beaucoup rire les galonnés de l'arrière.

L'aventure n'était pas finie : sous l'impression désagréable de cet abus de pouvoir, Dacosta, Girault et Fortin se rendirent, ce soir-là, à la prière, le chef couvert et refusèrent de se décoiffer : ils furent, séance tenante, punis des fers. Au bout de huit jours, ils nous revinrent et l'opiniâtre acosta, cette fois, récidiva seul, à ses dépens, ses amis estimant sans doute que le jeu n'en valait pas la chandelle. La plupart d'entre nous continuèrent, jusqu'à l'arrivée, à monter sur le pont tête-nue : on les appelait les *purs*.

Nous doublâmes le cap Horn avec un temps relativement favorable, le thermomètre ne descendant qu'à un ou deux degrés au-dessous de zéro, ce qui était dur, néanmoins, pour des hommes habitués depuis des années aux chaleurs torrides. La mer était encore plus agitée qu'au cap de Bonne-Espérance ; ses lames semblaient des collines mouvantes, la marche de la *Loire*, emportée des profondeurs à la cime et retombant, l'instant d'après, de la cime aux profondeurs, offrait, bien plus en grand, l'image d'un traîneau lancé sur la pente zigzagante de montagnes russes. A ce point de jonction de deux océans, le Pacifique nous attirait irrésistiblement.

Un grand cétacé, jaloux de lutter de vitesse avec le monstre de bois et de toile, nous accompagna quelque temps, frôlant presque notre tribord.

Nous nous sentions épuisés : la rentrée dans les latitudes tempérées, puis chaudes, et surtout l'approche de

Sainte-Hélène, notre seule escale, nous ranimèrent. Le *Gulf Stream* nous baignant de sa douce tiédeur, charriait des algues et des graines étranges, des *raisins du tropique*, des débris arrachés à la côte brésilienne. Nous filions droit au nord-est; à mesure que nous approchions du continent africain, la mer se bleuissait, d'un bleu indigo, le ciel s'azurait d'un azur cru dans lequel trônait un soleil incandescent.

— C'est pourtant le même qui nous chauffera si mal cet hiver à Paris? soupirait un pauvre hère de passager que les voyages au long cours n'avaient pas enrichi.

Il y avait à peu près trois mois que nous ne voyions que le ciel et l'eau, quand nous jetâmes l'ancre devant Sainte-Hélène. Que Napoléon a dû s'y faire des cheveux! Une fois dans ma vie, j'ai plaint le tyran corse.

Qu'on se représente une île, presque un îlot, rouge, dénudée, calcinée, par la chaleur du ciel et celle du sol, surmontée sur tout son périmètre, de falaises à pic sur lesquelles sont élevées les fortifications et casernements anglais. Sur la plage, quelques maisons et une église; au centre, une étroite vallée s'entr'ouvre : c'est Longwood où aimait à se promener, au bord d'un ruisseau solitaire, le conquérant déchu.

Depuis, grâce à l'invention de Niepce et Daguerre, des photographes britanniques se sont établis sur les lieux et vendent aux voyageurs des vues du « tombeau de l'empereur », laissant volontiers croire aux ignorants que les restes de ce grand dévoreur d'hommes, autrement assassin qu'un Dâmé ou un Pahouman, sont toujours là.

A Sainte-Hélène, nous apprîmes des nouvelles d'Europe : la mort de Blanqui, celle du tzar Alexandre II dynamité par les nihilistes, ce qui nous causa un sensible plaisir : les communards marchaient alors pour la république universelle et ne saluaient dans la Russie que ses révolutionnaires.

Un numéro du *Figaro* m'apprit l'arrivée à Paris d'un parent sicilien, l'escrimeur San-Malato qui, après avoir mené la vie à grandes guides, cherchait à vivre de son fleuret, « non en vulgaire maitre d'armes, me dit-il, » mais en *signor* d'armes. » Cette pointe de vanité, qui devait lui attirer l'antipathie de ses confrères parisiens, fit bien sourire mon égalitarisme républicain.

Car je n'étais pas encore socialiste, n'ayant absolument aucune idée en matière économique. A l'époque où mon père avec ses amis, depuis assagis, luttait contre les maîtres de l'Italie, c'était l'indépendance politique, seule, qui était en jeu : l'industrialisme n'avait pas encore posé dans la péninsule le redoutable problème du travail. Aussi, tous les révolutionnaires italiens qui ont joué un rôle dans les guerres de 1848 ou de 1859, depuis Crispi, qui s'est galvaudé ministre, jusqu'à Cipriani, qui a souffert huit ans de bagne après huit ans de déportation, se sont-ils montrés plus préoccupés de l'étiquette nationale ou politique que du mécanisme social.

Mon père, républicain révolutionnaire, absolument sympathique à toute manifestation prolétarienne ou internationaliste ne s'était jamais embrigadé dans les partis anti-bourgeois. De fait, les blanquistes, dont il se rapprochait le plus, apparaissaient bien sectaires, et sa situation, beaucoup plus que ses idées, le tenait à l'écart des divers groupements ouvriers. Coopérateurs, mutuellistes, collectivistes naissants vagissaient alors dans un modérantisme étroit, paperassier et tâtillonneur, bien fait pour refroidir un tempérament tout d'action. Blanqui et Delescluze, ce stoïque jacobin, qui donna sa vie pour les idées décentralisatrices, étaient ses deux pôles : je ne parle pas, bien entendu, de Garibaldi et Mazzini qui, pour lui devenaient des demi-dieux. Cet enthousiasme latin pour les grands *leaders* se trouvait du reste, équilibré par la compréhension large des besoins humains, autrement forts que les catéchismes des doctrinaires.

Je grandis dans cette tendance, le sentiment et l'intuition claire l'emportant de beaucoup sur les subtilités du raisonnement; des rêves épiques avaient rempli ma prime adolescence : conspirations contre les tyrans, soulèvements internationaux, combats de géants à l'issue desquels les foules délivrées se tendaient les mains, tandis que les libérateurs en chef jubilaient modestement sans songer un instant, — les naïfs ! — à prendre la place des maîtres abattus. Y avait-il une pointe d'inconscient orgueil à côté de ce romantisme? C'est bien possible : quel est donc le tout jeune homme qui n'a pas entrevu devant lui le panache de Marceau?

Ambition! Ambition! vile quand tu t'exerces au détriment de l'humanité, n'en es-tu pas moins le moteur puissant qui lance en avant les mortels?

Colomb, Galilée, Fulton, Voltaire, Hugo, Garibaldi n'étaient-ils pas de sublimes ambitieux? Quel est donc l'être pensant et sentant qui peut rêver d'étouffer son moi dans la vie plate et monotone de la masse végétative, se complaire à ralentir sa marche rapide pour la régler sur le pas des écloppés?

Egalité sociale, oui ! Uniformité physique et morale, non !

Nous ne restâmes qu'une journée devant Sainte-Hélène, le temps de nous ravitailler un peu. Seuls, les officiers purent descendre à terre ; mais en compensation, nous reçûmes la visite de quelques soldats et sous-officiers. Un « bag-piper » écossais tira quelques sons de son instrument et deux habits rouges improvisèrent sur notre pont une gigue échevelée. Ces guerriers revenaient, pour la plupart, de se faire rosser par les boërs au Transvaal qui, sous le commandement de Joubert, avaient maintenu leur indépendance par trois victoires.

Un autre spectacle gratis nous fut offert par une bande de marsouins se livrant à mille folies, à cinquante brasses du rivage : ils semblaient littéralement jouer à saute-mouton.

Après avoir vu disparaître à l'horizon les falaises rutilantes de Sainte-Hélène, nous passâmes devant Ascension, simple banc de sable, peuplé principalement de tortues, soit dit sans offense au beau sexe local. Puis, nous ne revîmes plus que le ciel et l'Océan.

Les derniers jours d'une traversée paraissent toujours les plus longs : c'est alors qu'on calcule fiévreusement la distance qui sépare encore du but. A partir de la fin de mai, il fut impossible de demander une allumette sans s'entendre dire : « Eh bien ! nous approchons : plus que » douze cents lieues à faire ! »

— La France ! La France ! murmuraient quelques-uns des amnistiés qui, ayant perdu famille et amis pendant leur longue absence, n'avaient plus à espérer dans leur patrie que l'enfer du salariat ou la misère.

Par une matinée de juin, il y eut grand remue-ménage

sur la *Loire* et tout le monde courut sur le pont : la
vigie venait de signaler la terre.

Au loin, se profilaient, de moins en moins vagues, les
côtes de la vieille Armorique.

— Eh bien, la voilà donc, la France, mademoiselle
Aimée, Désirée! répétait sans se lasser un communard
sentimental.

Tant de fanatisme m'horripilait : la patrie de l'homme
qui pense n'est-elle pas partout? J'eus, moins d'une
heure plus tard, un nouvel exemple de chauvinisme.
Nous avions dépassé le Goulet, saluant et salué, échan-
geant des signaux avec les autres navires, finalement
jetant l'ancre et accosté par les embarcations du port.
Tout à coup, nous vîmes les marins du bord et même
quelques passagers jeter sur mon père et moi des regards
colères : une rumeur leur était venue de terre qu'on
allait avoir la guerre avec l'Italie. Indifférents ou même
sympathiques à ces gens l'instant d'avant, nous leur
étions soudain devenus ennemis parce qu'il plaisait au
cabinet Ferry d'aller à Tunis!

Laquelle est la plus grande, la canaillerie des gouvernants ou la bêtise des gouvernés?

Mais nous n'eûmes pas le temps de nous attarder en
réflexions de haute philosophie : déjà les amnistiés faisaient leurs préparatifs de débarquement; ils allaient
retirer leurs malles de la cale. Notre stupeur à nous deux
fut grande, en constatant que les nôtres avaient été sou-
lagées d'une foule d'objets ou, pour mieux dire, à moitié
vidées : cette perte nous était des plus sensibles car
nous arrivions presque sans le sou.

Nous nous rendîmes chez le commandant pour lui
demander quelques explications : un coup de théâtre

nous y attendait. Brown nous montra, radieux, une dépêche lui ordonnant de livrer aux gendarmes mon père,
expulsé du territoire français avant même d'y avoir
remis les pieds. C'est ainsi que le gouvernement républicain entendait l'amnistie.

Peu après, mon père était mis aux fers, vexation bien
inutile car au bout de dix minutes les hommes de la
maréchaussée se présentaient à bord et l'emmenaient au
fort Bouquin, qu'il avait quitté six ans auparavant! Deux
autres amnistiés, Girault et Trioreau, devaient, à leur
tour, être séquestrés une heure plus tard, sous prétexte
de folie.

Les démonstrations bruyantes ne servaient à rien; ne
pas perdre son sang-froid, quitter le bord, et agir
étaient les seules voie pratiques. Je pris place avec les
autres sur la chaloupe à vapeur.

Allons, enfants de la patrie....

commença à chevroter un ex-membre du Comité central qui brûlait de se faire le *leader* d'une petite manifestation républicaine.

Mais nul de nous ne fit chorus : vraiment, elle nous
accueillait d'une façon bien peu propre à exciter l'enthousiasme, cette république, pour laquelle on avait
donné sa liberté et pour laquelle on eût donné son sang!

———

CHAPITRE XVI.

EVOLUTION.

Je passe sur les faits sans importance pour le lecteur : vente de mes derniers bibelots à un marchand de curiosités exotiques du nom de Lelièvre, — il y en avait bien pour quatre cents francs, il m'en donna un louis : c'est le commerce ! — retour et démarches à Paris, retrait de l'arrêté d'expulsion. Ces pages sont le récit de faits vécus et d'une évolution morale, non le journal d'une vie.

Gomer, l'un des déportés de Galarinou, propriétaire d'une masure à Charonne, nous rendit l'hospitalité que nous lui avions souvent offerte à Oubatché.

C'était dans un coin perdu, aujourd'hui presque décent, alors effroyable, le passage Papier, habité principalement par des chiffonniers. Au milieu de ce coupe-gorge, large d'un mètre à son entrée dans la rue de Terre-Neuve et de deux mètres au plus à son centre, roulait un ruisseau fangeux. Les maisons, hautes de dix pieds au plus, étaient du matin au soir, remplies du piaillement aigu des mômes affamés ou battus, des colères conjugales de fauves malpropres et de hoquètements d'ivrognes. Pour dire vrai, l'humanité n'y paraissait pas belle.

A qui la faute ? La misère et l'ignorance peuvent-elles donner autre chose ?

Bien des fois, je l'avoue, devant ces créatures, plus

près de la brute que de l'homme et n'ayant de celui-ci
que la haineuse envie, — envie non de révolté mais
d'impuissant sordide, — ricanant du chapeau haut de
forme que je devais porter pour trouver un emploi,
mais s'aplatissant devant le distributeur du bureau de
bienfaisance, j'ai eu des mouvements de colère indignée
et me suis demandé, comme un Thiers ou un Gallifet, si
l'anéantissement de cette race serait un grand malheur.

Nourri de prose jacobine, porté à la synthèse bien
plus qu'à l'analyse, enfiévré moins par les griseries théoriques que par le besoin d'activité pratique, jamais je
n'avais raisonné à fond les causes du mal dont je voyais
les effets.

Ce séjour en plein enfer social m'apprit à connaitre un
monde jusqu'alors entrevu seulement par échappées. La
captation d'un héritage important par un oncle, défenseur de la famille et de la propriété, nous y retint deux
ans et demi. Deux ans et demi! je croyais bien ne pas
sortir de ce tombeau, car enfin le moyen pour quel-
qu'un qui ne sait manier que la plume de trouver un
travail rédempteur lorsqu'il est obligé de répondre :
« J'habite passage Papier! »

Je réussis, cependant, sur les indications de Rava, un
ancien déporté, à trouver place dans une agence d'informations politiques et financières où, de sept heures
du matin à onze heures du soir, avec une demi-heure
pour le déjeuner et deux heures pour le dîner, je tra-
duisais des journaux étrangers et polygraphiais à outrance. Cela me valait cent cinquante francs par mois,
que je touchai avec quelque peine : le directeur de cette
agence, M. Raqueni, est un homme d'opinions avancées
qui a combattu à Mentana et prononce des discours sur

l'union latine. Il ne dédaigne pas les fréquentations aristocratiques et possède assez de tact pour se faire apprécier des royalistes libéraux aux collectivistes modérés. Si jamais la monarchie de Savoie tombe à droite, M. Raqueni deviendra sous-secrétaire d'Etat... peut-être ministre.

Environ un mois plus tard, Olivier Pain, qui m'avait déjà procuré quelques travaux de copie, vint me proposer de quitter l'Agence Continentale pour le *Réveil Lyonnais*, journal radical socialiste où il entrait lui-même et, en bon camarade, s'efforçait de faire entrer les vétérans désargentés de la Commune. J'acceptai sur-le-champ et fus chargé des comptes-rendus de la Chambre. Jourde, Cournet et, je crois, quelque peu Protot, en furent aussi. Malheureusement, le directeur, que nous considérions comme un démocrate de bon aloi, n'était, nous l'apprîmes par la suite, qu'un marchand de papier, ancien rédacteur d'une feuille grivoise.

Cette circonstance, exploitée par les concurrents, jeta un froid dans le public et le tirage de cet organe, le plus avancé des quotidiens lyonnais, tomba en moins de deux mois de quarante mille à trois ou quatre mille exemplaires. Ce n'était pas assez pour subsister et, tandis que nous continuions, en naïfs à tartiner gratuitement au nom de l'abnégation républicaine, le directeur, qui avait dû retirer son nom des manchettes, et les administrateurs, abandonnant le journal à son malheureux sort, utilisaient en voyages d'agrément les dernières passes concédées par les compagnies de chemin de fer.

Après deux mois de collaboration payée et trois ou quatre de collaboration à l'œil, nous dûmes chercher

autre chose : je dis adieu à Pain, que je ne devais plus
revoir.

Ancien sous-secrétaire d'Etat au ministère des affaires
étrangères pendant la Commune, — fonction peu en-
combrante, — puis évadé de la Nouvelle-Calédonie avec
Rochefort, correspondant de journaux pendant la guerre
turco-russe, ami d'Osman pacha et défenseur de Plevna,
prisonnier des vainqueurs, échappé par miracle à la fusillade, infatigable organisateur de feuilles cramoisies,
Olivier Pain était un des derniers grands romantiques.
Sans doute son ascendance, — il était fils ou petit-fils
d'un général espagnol, — lui avait mis dans le sang
quelque chose de ces *conquistadores*, à la cruauté près
cependant, car s'il aimait un peu trop mettre flamberge
au vent, il était le cœur sur la main et ne marchait que
pour les causes qu'il croyait justes. Son odyssée au Sou-
dan, terminée par une mort déplorable, ne m'a pas surpris ; depuis Plevna, toutes ses idées étaient tournées
vers cette terre magique d'Orient. Il avait une imagination de feu, voyait loin et large, pour, souvent, se briser
aux petits détails inaperçus. Pain était-il socialiste ap-
profondi ? J'en doute. Révolutionnaire ? Incontestable-
ment et au premier chef,

Je revins à l'Agence Continentale, où, cette fois, je ne
trouvai que des occupations intermittentes, dérisoirement rétribuées. Cependant, on m'y faisait bonne figure ;
un journal, quotidien s'il vous plaît, la *Gazette du Soir*,
venait d'être mis au monde par l'actif Raqueni : j'y écou-
lai mon premier roman qui me fut payé en félicitations,
monnaie la plus courante chez les Latins.

Ecrire ! donner une forme à sa pensée ! Crier bien
haut ce qu'on sent, ce qu'on croit vrai, juste, beau ! C'é-

tait depuis longtemps mon rêve : j'ai cru au sacerdoce
du journalisme ! Et, cependant, déjà au *Réveil Lyonnais*, mon début, j'avais eu un travail plutôt d'employé
que de littérateur, Pain m'expliquant que le journalisme
actuel vivait beaucoup plus d'informations courantes que
de tirades grandiloquentes, réservées d'ailleurs aux rédacteurs en chef.

Devant l'organe d'alliance franco-italienne, fondé par
le directeur de l'Agence Continentale, ma désillusion
s'accentua : bien des choses m'étonnaient ; des concessions, des combinaisons singulières choquaient mon
idéal de justice absolue ; comment ! ces fidèles de Garibaldi et Mazzini fraternisaient avec l'opportunisme français et coquettaient avec l'ambassade italienne ! ces
démocrates s'inclinaient devant les noms et les titres à
éclat ! décidément il me semblait que la religion laïque
de liberté, progrès, fraternité, si hautement prêchée,
avait de singuliers ministres, Par bonheur, l'intuition
l'emporta sur une candeur développée par la vie sauvage :
je limitai ma copie au *rez-de-chaussée* du journal.

Au passage Papier j'étudiais les dessous du prolétariat ; à la *Gazette du Soir*, qui eût pu jouer un beau rôle,
je vis de près le monde des politiciens professionnels et
reconnus ce qu'il y avait d'ambitions cachées et de désirs de jouir sous ces beaux dehors. Le bailleur de fonds,
que je n'ai pas connu personnellement, était le général
Türr, vieux guerrier, qui, après avoir eu son heure, se
reposait dans l'opulence des fatigues de ses campagnes
garibaldiennes ; derrière lui s'agitait tout un monde d'affaristes français et italiens, ces derniers surtout flambants
et décavés, cachant leur pénurie sous des titres d'opéra-
comique. Etait-ce pour amener au soleil tout ce monde

que la déesse Liberté avait secoué sa torche, électrisant les foules et bronzant le cœur des martyrs ?

Ce sont les roitelets : et dire que, parmi les serfs de l'industrie, la plupart ne songent qu'à les remplacer ! Pourquoi es-tu mort, Molière ? Tu pourrais dépeindre, après le bourgeois gentilhomme, le prolétaire-bourgeois ! Une aristocratie, non plus de maîtres, mais de contre-maîtres ! L'anarchie nous en garde !

Avant même d'être républicain, j'étais complètement internationaliste ; elle me paraissait si stupide, si odieuse la haine de l'être humain né de l'autre côté de la montagne ou du fleuve ! Lorsque, quatre ans plus tard, j'eus quelques centaines de francs disponibles, je m'empressai de créer un journal, hebdomadaire naturellement, la *Révolution Cosmopolite*, qui vécut ce que vivent les organes pauvres, fondés pour servir une idée et non des intérêts.

La Gazette du Soir suspendit sa publication au bout de deux mois et demi, moins faute d'argent que faute d'entente, car, ainsi qu'il arrive souvent en semblable cas, les rédacteurs français et italiens de ce journal d'union passaient leur temps à se disputer.

Un ex-employé de l'agence Raqueni me proposa à ce moment, de l'aider à créer une agence de petite marque. J'acceptai, fis le gros du travail, consistant spécialement en traductions de journaux anglais, et me trouvai floué au moment solennel du règlement de comptes. Je ne dois pourtant pas trop médire de ce collaborateur peu délicat car ce fut son initiative qui m'inspira, un peu plus tard, ayant pu sortir de l'enfer du passage Papier, l'idée d'entreprendre pour mon propre compte travail similaire. Avec quelques feuilles de papier poly-

graphique, un crayon de verre, des imprimés et une
location de journaux montant à trois francs par mois,
je créai audacieusement l'*Agence Cosmopolite*, qui eut
Rothschild pour abonné.

Désormais j'avais une occupation indépendante qui
me permettait de vivre sans exploiter personne, car j'é-
tais à la fois directeur, traducteur, copiste, secrétaire et
caissier. Cinq ou six fois par mois, Gomer déchu de son
rang de propriétaire, allait porter la copie dans les bureaux, afin d'inspirer la croyance à un personnel nombreux et je le payais le plus largement possible : je ne
possédais, je l'avoue, aucun correspondant à Londres,
Berlin, Saint-Pétersbourg, Vienne ou Rome, mais me
tenais soigneusement au courant de tout le mouvement
européen, lisais le plus de journaux possible et, ma foi,
ne dédaignais pas de donner, de temps à autre, libre
cours à mon imagination Absolument ignorant des
opérations de Bourse, j'ai pu pendant cinq années, donner des nouvelles financières. L'*Agence Cosmopolite*,
cela sonnait bien, flattant mes sentiments anti-chauvins
et, en même temps, donnant l'illusion d'une maison
ramifiée un peu partout.

Je m'étends quelque peu là-dessus, l'abonnement de
Rothschild, que je n'avais aucune raison de cacher à
mes amis, ayant servi de prétexte à M. Edouard Drumont et à l'ex-séminariste Mourot pour calomnier les
anarchistes en général et moi en particulier. J'avais
vendu au financier juif ou plutôt à sa banque, car lui je
n'eus jamais occasion de le voir, des traductions et
revues de presse étrangère absolument comme un cor-
donnier eût vendu une paire de bottes ou comme le
fougueux anti-sémite lui-même eût vendu des numéros

de son journal. Quelle ne fut pas ma stupeur, exilé à
Londres en 1892, de lire des articles sensationnels de la
Libre Parole, dans lesquels le successeur de Veuillot,
bavant ses rengaines habituelles sur tout ce qui est obstacle à l'obscurantisme, me dépeignait avec des détails
très imaginatifs, comme l'agent du milliardaire de la
rue Laffitte ! L'attaque eût-elle été moins perfide et
moins lâche, j'en eusse beaucoup ri : à coup sûr, le plus
abasourdi a dû être Rothschild qui, abonné à une
quinzaine d'agences grandes et petites, n'a jamais accordé
à la mienne une attention particulière. D'ailleurs, bien
loin de chercher à provoquer cette attention, j'évitai
bientôt de faire circuler mon nom dans cette caverne de
la finance car, dans l'intervalle, j'étais devenu anarchiste
et mon richissime client n'eût pas tardé à se désabon-
ner.

Cela arriva à la longue, à la fin de septembre 1889.
Une conférence internationale avait réuni, à la salle
du Commerce les compagnons de France et de l'étranger : diverses questions y furent agitées et j'abordai
celle qui m'a toujours paru la plus brûlante, la plus
grave et malheureusement aussi la plus négligée : le
rôle à tenir par les révolutionnaires en cas de guerre. Je
conclus à l'absolue nécessité de descendre, ce jour-là,
dans la rue pour, sous peine d'irrémédiable déchéance,
ouvrir une situation révolutionnair en entraînant la
masse contre la haute finance. Pris entre ma conscience
et le péril que j'entrevoyais pour mes intérêts, je n'hési-
tai pas : je prononçai des noms.

Il y avait certainement dans la salle, la conférence
étant publique, des mouchards déguisés, peut-être aussi,
des agents de la maison Rothschild. Celle-ci se désa-

bonna du coup : je le comprends et aurais mauvais gré
de lui en vouloir.

Voilà dans quelle mesure, j'ai été l'agent de la juive-
rie ! J'ajouterai que je ripostai au calomniateur par une
lettre des plus insultantes qu'il avala sans en parler.
Détail comique, je recommandai à la poste anglaise
cette missive, dont l'enveloppe était libellée « à M. Drumont, directeur du canard « la Libre Parole » : la pré-
posée, qui n'était pas tenue de connaître les finesses de
la langue française, inscrivit gravement sur le reçu
« M. Drumont, director of the canard *La Libre Parole* »
Quant aux journaux, fort mal disposés à l'égard des
anarchistes — on était en pleine période dynamitarde,
— peu désireux de polémiquer avec un écrivain aussi
acerbe que déloyal, ils se refusèrent à toute insertion.
Je dus me borner à la publication, difficilement obtenue,
d'une lettre dans l'*En dehors*.

Un des écrivains qui contribuèrent le plus à mon évolution socialiste fut Lissagaray, alors en plein coup de
feu révolutionnaire.

Sa première *Bataille*, si différente de la seconde, était
un journal tout nerfs, bien propre à séduire un jeune
homme que ne satisfaisaient plus les pompeux clichés
des républicains arrivés, mais qu'eût rebuté la science,
indigeste autant que problématique, des doctrinaires.
Sans aller du coup jusqu'au tréfond, je vis qu'il y avait
autre chose que la religion républicaine enseignée au
peuple par les jouisseurs bourgeois. L'*Histoire de la
Commune* par le même écrivain me parut un livre réellement beau, l'un des rares que j'aie souvent relus : il
cadrait bien avec mes sentiments personnels, car j'étais
lassé de l'étroitesse des jacobins comme, par la suite, je

devais être horripilé de l'ignorance déclamatrice des romantiques, et impatienté du manque de virilité ou de la prétention des bonzes... Ouf ! *suum cuique*, à chacun son paquet !

Au passage Papier, nous avions eu pour voisin le « général » Eudes, qui, en dépit du titre belliqueux que lui continuaient les anciens communards, s'était pacifiquement adonné à l'industrie. Cette appellation militaire et hiérarchique me semblait jurer terriblement avec l'esprit du socialisme égalitaire ; néanmoins, Eudes, patron d'une scierie mécanique, se montrait tout à fait bon enfant avec ses ouvriers, se laissant facilement tutoyer par eux. Autoritaire mais sans aigreur, actif, d'un abord sympathique et entraînant, il semblait toujours prêt à ressaisir son commandement de 71 et, jusqu'à sa mort il est demeuré le chef de guerre de ce parti blanquiste, organisé militairement en vue d'une prise d'armes.

La rentrée des amnistiés avait reformé le mouvement socialiste sur deux lignes parallèles : le blanquisme et le parti ouvrier. Au premier, allèrent les hommes violents et peu raisonneurs, au second, les gens studieux et modérés. Quant aux ambitieux, ils se faufilèrent dans les deux clans, choisissant, selon leur appréciation, celui qui avait le plus de chances de les porter au pouvoir.

Simples radicaux révolutionnaires, à l'exception de quelques-uns, les blanquistes jouaient fort habilement du mot « Commune », synonyme, selon les opportunistes de communisme ou communalisme. Leur manque de conceptions économiques devait leur attirer les turbulents rétifs à l'étude et éloigner d'eux les socialistes désireux d'arriver à autre chose qu'à des changements

14.

d'étiquette ou de personnel. En dépit de l'habileté de
Granger et de l'érudition de Vaillant, ils n'eussent pu
être que le bras, non la tête, de la révolution.

Le parti ouvrier n'était pas parfait non plus. Formé
de groupes imbus, pour la plupart, du timide esprit
coopérateur, il devait, malgré l'habileté de son leader,
l'ex-anarchiste Brousse, manœuvrer avec quelque lourdeur, écrasant sous son modérantisme les éléments les
plus avancés.

Si les chefs des divers partis socialistes, au lieu de se
laisser tenter par l'impatiente convoitise du pouvoir au
point de recourir à ce suffrage universel dont ils avaient
tant de fois raillé l'impuissance, s'étaient contentés d'organiser leurs forces, prêts à saisir l'occasion aux cheveux, ils eussent évité la dislocation et les guerres intestines. En respectant le groupement, par tempérament,
cette union, dont ils avaient plein la bouche, ne se fût
pas irrévocablement brisée pour se transformer bientôt
en haineuses compétitions électorales. Leur autoritarisme égoïste les perdit et éloigna d'eux une foule de
convaincus pour en faire des socialistes indépendants
ou des anarchistes.

Je ne tardai pas à être étonné du manque de sens
révolutionnaire des chefs socialistes. A l'issue des as-
sommades du Père-Lachaise, sous le préfectorat de
Gragnon, ils s'étaient bornés à rédiger une protestation
énergique vouant le ministère à « l'exécration de l'humanité. » Protester énergiquement semblait leur rôle
éternel. Au moment du désastre tonkinois de Lang-
Song, ils n'avaient pas su profiter du mouvement d'indignation qui porta vingt mille parisiens devant le Palais-Bourbon et fit choir le cabinet Ferry. Lors des ma-

nifestations républicaines d'octobre 1885, provoquées
par l'arrivée à la Chambre de deux cents députés réactionnaires, ils ne donnèrent signe de vie.

Ce fut à cette dernière occasion que je pus constater
la plasticité des foules, leur élan et aussi leur manque
de solidité. Je déambulais, un soir, du neuvième arrondissement sur le boulevard des Italiens, lorsque je me
trouvai soudain dans un cercle de manifestants chantant
la *Marseillaise* et huant le *Gaulois* qui avait illuminé sa
façade pour célébrer la victoire conservatrice.

Je pris ma bonne part de la démonstration qui se termina par des charges de police et une protestation, —
l'inévitable protestation, — portée dans les bureaux du
Cri du Peuple, où nous reçurent Séverine et Duc-
Quercy. Ce fut ma première intrusion dans ce sanctuaire
de la révolution sociale où je ne revins pas très souvent.
Et cependant, l'aspect de sa souriante prêtresse n'avait
rien que de très attirant : à la fin du second Empire,
tous les collégiens étaient amoureux de mademoiselle
Massin; durant l'existence du *Cri du Peuple*, bien des
cœurs de jeunes révolutionnaires brûlèrent in-petto
pour la continuatrice de Vallès, qu'ils identifiaient un
peu dans leurs rêves avec la déesse Liberté.

La manifestation se renouvela le jour suivant et, naturellement, je n'y manquai pas. Elle fut plus accentuée
que la veille : la foule, exaspérée par l'attitude gouail-
leuse de ses ennemis, arracha d'une bâtisse en construction de la rue Drouot une grande pancarte vernissée du
Gaulois.

— Brûlons-la! m'écriai-je, obéissant à je ne sais quelle
impulsion spontanée.

A peine avais-je poussé ce cri, l'affiche était déchirée

en quatre ou cinq morceaux qui flambaient comme autant de torches.

Avec ces flambeaux improvisés, nous descendîmes le boulevard dans la direction de la place de la République où, la veille, nous nous étions heurtés aux policiers. Une irrésistible impulsion, ce *nescio quid divinum*, nous poussait vers la grande place où convergent les artères du Paris révolutionnaire et s'élève la Marianne de bronze, à deux pas des pavés que Delescluze et tant d'autres arrosèrent de leur sang. Je ne sais comment cela s'était fait, j'avais pris rang en tête de la colonne et, quand nous fîmes halte devant la statue, comme il me semblait que la foule attendait quelque chose, en un instant, je me trouvai sur la dernière marche du piédestal, prononçant mon premier discours révolutionnaire.

Qu'ai-je dit? Des choses justes ou des bêtises? Peut-être l'un et l'autre.

En tous cas, j'agissais sous l'impression du moment et la foule vibrait avec moi : des acclamations s'élevaient, des chapeaux s'agitaient au bout des bras comme pour saluer l'invisible république.

Je redescends, trop pénétré pour savourer une vanité mesquine. Tout à coup, une clameur retentit : « La po-
» lice! » En un instant, nous restons quinze.

A nous quinze, qui ne nous connaissions pas, nous battons le pavé jusqu'à deux heures du matin, tâchant de tenir en éveil Paris et la démocratie, tantôt faisant boule de neige dans les rues populeuses, tantôt nous égrenant sous les charges des gardiens de la paix.

On finit par se séparer; d'ailleurs, que faire? Nous n'avons ni visées insurrectionnelles ni but fixe. On ne pouvait que manifester : c'est fait.

A ce moment, je fréquentais un cercle littéraire, *La Butte*, se réunissant à Montmartre, dans l'atelier d'un peintre, ancien communard qui a mis depuis des flots d'eau dans son vin. Le président de ce cénacle, président cordial et sans morgue, était Paul Alexis, le Trublot du *Cri du Peuple*. Là, je connus un certain nombre de jeunes, enthousiastes comme on l'est à vingt ans, et la plupart n'atteignaient pas cet âge.

Jacques Prolo, qui a toutes les qualités, sauf celles de l'exactitude dans ses rendez vous ; Schiroky, que j'avais converti au socialisme révolutionnaire et qui me devança dans la voie anarchiste ; Gérondal, déserteur belge élégant et martial, — qu'est-il devenu ? — fondèrent avec moi le groupe cosmopolite.

Ignorants encore ou insoucieux des rivalités marxistes et bakouninistes, nous ne visions rien moins, ô présomption de la jeunesse! qu'à reconstituer l'Internationale et pour ne pas tomber, dès le début, sous le coup des lois répressives, nous avions adopté l'adjectif « cosmopolite » pensant naïvement que cette couverture nous faciliterait la tâche.

Sept années se sont écoulées et, si je souris parfois de notre candide enthousiasme, je ne m'en moque pas : on ne peut vaincre qu'en croyant soi-même au triomphe.

Ce fut en mai 1886, à la commémoration de la Semaine Sanglante, que notre groupe se trouva constitué. Nous allions, restant d'idolâtrie, porter une couronne sur la tombe de Flourens. Pour notre début, Prolo eut les honneurs du martyr : il avait, en franchissant l'entrée du Père-Lachaise, déplié une étoffe rouge pouvant à la rigueur, passer pour un drapeau; il fut arrêté et gardé au poste pendant une heure.

Après un si beau commencement, nous ne pouvions nous arrêter en route : la *Révolution Cosmopolite* fut fondée et le passage des Rondonneaux acquit des droits à l'immortalité.

J'habitais alors un vaste et assez beau logement dans le susdit passage, long et étroit boyau s'étendant entre la place des Pyrénées et le mur nord-est du Père-Lachaise. La maison, beaucoup plus élevée que ses voisines, pouvait admirablement servir d'observatoire; de mes pénates transformés en corps-de-garde démagogique, nous étions prêts, au premier appel du clairon révolutionnaire, à bondir sur la mairie du vingtième, ou, enjambant le cimetière et descendant la rue de la Roquette, à nous précipiter sur celle du onzième.

Car notre nombre s'était accru. Certes, la rédaction autoritaire du *Cri du Peuple*, qui nous avait considérés comme des recrues faciles, se montrait un peu dépitée en nous voyant voler de nos propres ailes; mais, à défaut des chefs solennels, des militants modestes et dévoués nous apportaient leur concours.

Ne voulant pas prendre parti dans les mortelles disputes des possibilistes, marxistes, blanquistes et anarchistes, dont nous n'avions pas encore sondé à fond les divergences théoriques, nous nous étions déclarés indépendants. Et, candides comme des Hurons, nous faisions chaleureusement appel à l'union des diverses fractions socialistes, cherchant de bonne foi à faire fusionner le feu et l'eau, la dictature du quatrième Etat et l'autonomie individuelle. O rêve! Les anarchistes et quelques indépendants seuls nous vinrent.

Une de nos premières recrues fut Alain Gouzien, alors âgé de dix-neuf ans et qui avait déjà glissé des articles dans quelques journaux socialistes. Il était doué d'une mémoire extraordinaire et d'une fiévreuse activité qui lui faisait tantôt nous rendre de grands services, tantôt nous compromettre horriblement.

Nous le bombardâmes notre trésorier, fonction peu ardue. Depuis, il a fait parler de lui, créé des groupes, des feuilles éphémères comme le fut la nôtre, foudroyé des contradicteurs dans des réunions publiques, tantôt gamin, tantôt meneur influent et, au retour de son service militaire, finit piteusement à la *France chrétienne*, sous-ordre de l'immonde Léo Taxil. Pauvre Gouzien! Il eût pu trouver mieux. Il n'avait aucune méchanceté et me témoignait une sympathie sincère. Un peu de mysticisme et les promesses du jésuite-pornographe le firent choir. Au lendemain de sa conversion (!) il ne bava pas sur ses anciens amis, d'ailleurs, profitant des tendances ultra-idéalistes d'un grand nombre d'anarchistes, les séculaires ennemis de tout affranchissement, masqués en socialistes chrétiens, cherchaient à nous attirer à eux. Ils n'attirèrent guère que Gouzien et un pauvre diable sans aucune valeur, du nom de Bebin.

Il est rare de traverser une période d'ébullition révolutionnaire sans voir surgir l'inoubliable type du faiseur de systèmes. Un vieux monsieur, du nom de Lagrue, qui paraissait excellent homme quoique un peu raseur, vint nous communiquer les plans de son Crédit-Impôt, panacée capable, selon lui, de résoudre pacifiquement la question sociale et dont il demandait en vain l'application aux divers gouvernements depuis 1848. Après

quelques discussions, courtoises mais sans résultats,
nous ne le revîmes plus.

Et le bougonnant Parthenay, très sensé et très révolutionnaire sous sa rude enveloppe! Il venait à l'anarchie
du blanquisme et, comme ceux qui avaient traversé ce
parti, assez énergiques pour y avoir séjourné, assez
raisonneurs pour en être sortis, il apportait des qualités
de ténacité et de précision.

Blanqui était bien le *Gaulois* latinisé, matérialisant le
but et ne perdant pas de vue l'objectif pour le subjectif.
Autoritaire, certes, mais qui, comme le dogmatique
Karl Marx et le libertaire Bakounine, incarnait bien le
tempérament d'une race.

Au contraire, le socialisme modéré et tâtillonneur
avec un fond de sentimentalisme, semble avoir pris naissance chez les Celtes : Français du nord, Belges et Anglais. Ceux d'entre eux qui, larges d'allures, sont, comme
Tortelier, venus du parti ouvrier à l'anarchie, ont généralement montré plus d'enthousiasme idéaliste que de
révolutionnarisme pratique. Attendant tout de la masse,
beaucoup plus que d'eux-mêmes, renonçant souvent à
préconiser des solutions de peur de passer pour autoritaires, ils oubliaient qu'ils avaient droit de parler haut
et d'agir, comme partie intégrante, non la moins bonne,
de cette même masse. La masse, hélas! son propre
n'est-il pas de se réveiller de son séculaire sommeil une
fois tous les vingt ans? Quelques-uns la croient toute-
puissante parce qu'elle suit aveuglément des individus
qui surgissent de son sein et parce qu'elle a la force du
nombre. Ils citent à l'appui de leur dire la prise de la
Bastille, défendue contre tout un faubourg par une poignée d'invalides et de Suisses presque sans munitions

et dont la moitié ne voulaient pas se battre. Quelle erreur! Cette initiative qui manque à la foule, efforçons-nous de la faire naître, de la développer, mais en attendant qu'elle vienne, ne renonçons pas à la nôtre.

Que le lecteur ne voie pas dans ces lignes une attaque à des camarades dignes de toute estime. Comme propagandiste personne n'a fait autant que Tortelier : travailleur laborieux et modeste qui, des années durant, a craché ses poumons pour convertir ses frères de misères à ce qu'il sentait vrai et juste, s'élevant souvent, lui prolétaire sans autre culture que celle qu'il s'est donnée, à d'admirables hauteurs d'éloquence. Jacques Roux, Pouget, Malatesta sont, parmi les connus, les hommes avec lesquels je marcherais en période révolutionnaire, mais à Tortelier, je dus sinon ma conversion à l'anarchisme, — il me fallut plus d'un jour pour cela, — du moins la première impression favorable à cet idéal.

C'était, bien avant la création du *groupe cosmopolite*, au Cirque d'Hiver, à un meeting blanquo-guesdiste tenu pour protester contre l'exécution mystérieuse mais probable d'Olivier Pain par les Anglais. Vaillant présidait, très solennel, après les discours de Guesde, Chauvière, Girault, Susini, presque tous tirés à quatre épingles, un homme de taille moyenne et trapue, à physionomie intelligente, vêtu très proprement en travailleur, se présenta au bureau et demanda la parole. Vaillant la lui refusa : il avait reconnu l'ennemi libertaire. Mais la salle, choquée d'un procédé aussi peu égalitaire chez un champion de la démocratie rutilante, protesta, bien que composée de soldats disciplinés du socialisme étatiste : sans doute, elle avait été moins clairvoyante que le président. Celui-ci, avec la plus mauvaise grâce du monde, dut enfin accorder la parole.

« Citoyens, commença Tortelier, au nom des groupes » anarchistes et en mon nom personnel... »

Il ne put en dire davantage : une tempête de huées, de sifflets, s'éleva, couvrant sa voix, forte cependant : quoi! un misérable anarchiste osait se faire entendre après les sublimes prophètes du socialisme! Quelle impudence! Aussi, ils le lui firent bien sentir, ces défenseurs de l'égalité et de la fraternité. Ils avaient pu, par erreur, forcer la main à Vaillant, mais comme ils se rattrapèrent! A cinq mille contre ce seul homme, ils réussirent à étouffer sa voix.

Quoi! c'est cette meute d'esclaves qui devrait nous conduire à la liberté!

Tortelier, que je voyais pour la première fois, fut admirable de courage. Pendant un mortel quart d'heure, adossé au bureau, les bras croisés sur sa poitrine, il tint tête à ce déchaînement d'écume et de bave, d'insultes, d'invectives, à l'hostilité du bureau. Chaque fois qu'il ouvrait la bouche, l'orage redoublait : à la fin, il se retira calme et dédaigneux.

Une telle attitude me frappa profondément : à n'en pas douter, elle décelait la conviction sincère.

Qu'était-ce donc que l'anarchie? Qu'étaient-ce que les anarchistes?

Jusqu'à ce jour, les jugeant d'après les journaux, je les avais considérés comme des fous ou des mouchards payés pour faire tomber la République au profit des vieux partis. L'engouement de Louise Michel pour ce groupement nouveau me semblait une quasi-démence, explicable seulement par sa nature enthousiaste de

poète. Deux ou trois fois, attiré par les affiches j'étais
entré dans des réunions publiques où péroraient de
jeunes libertaires et, je l'avoue, en étais sorti, écœuré
de la grossièreté de langage, du manque de science et
d'idées élevées ou pratiques, me demandant comment
semblables déclamateurs pouvaient être écoutés cinq
minutes. C'étaient alors les débuts du parti : à part
deux ou trois, les hommes de valeur comme Reclus,
Kropotkine, Émile Gautier étaient retirés de la lutte
ou confinés dans leurs études de cabinet, une tourbe
de braillards ignorants qui devaient plus tard nous
quitter, — bon débarras ! — pour le boulangisme ou
l'anti-sémitisme, hurlaient épileptiquement et s'intitu-
laient anarchistes parce que c'était l'épithète la plus
avancée. Ils commençaient à former des groupes aux
noms rocambolesques : le *Poignard*, la *Torche*, la
Bombe, etc. Mais le *Poignard* n'entaillait jamais, la
Torche fumait sans brûler et la *Bombe* ne faisait rien
sauter.

Je puis sembler sévère : je ne crois pas être injuste.
C'est parce que je veux triomphante et non ridiculisée
l'idée pour laquelle nous luttons, que j'attaque, comme
je l'ai fait depuis des années, ce romantisme imbécile
qui ne cache que le vide d'idées sous l'emphase des
mots. Si on combat, c'est pour vaincre et, pour vaincre,
il faut savoir. Quoi ! vous voulez détruire les bastilles
du Capital, briser le gourdin de l'État, et vous ne vous
demandez pas comment assurer la consommation dans
la commune insurgée, l'échange amiable entre villes et
campagnes, le ravitaillement, la circulation, les corres-
pondances, et cette misère, qui a bien son importance :
la défense ?

Les anciens groupes, uniquement adonnés à la propagande au jour le jour et grisés de subtilités oiseuses, n'ont jamais pris en mains ces questions. La révolution, survenant à l'improviste, les eût trouvés à cent pieds au dessous de leur tâche et la foule qui, pensant peu, sachant encore moins, aime les résolutions prêtes, fût allée infailliblement aux autoritaires : c'eût été gai ! Depuis, l'idée a conquis des recrues de valeur : c'est à celles-là, à ces troupes fraîches qui ne sont pas épuisées par les discussions stérilisantes, par la lutte et ses amertumes, que je m'adresse. Si elles ont à cœur l'émancipation de l'individu et de l'humanité, qu'elles se mettent de suite au travail, qu'elles laissent les dilettanti discuter sur l'amour libre, sur la bonté ou la méchanceté native de l'homme, et tiennent des solutions prêtes. Sous peine de mort, il en est temps !

Je me rappelle quelle fut notre amertume à Pouget et à moi, au sortir d'une réunion privée, tenue quelques soirs avant le 1er mai 1890.

C'était chez un de nos meilleurs camarades, un propagandiste énergique, à la parole charmeuse, qui serait parfait s'il consacrait aux questions d'urgence immédiate le quart du temps qu'il emploie à formuler ces syllogismes ou à pratiquer l'amour libre. J'espérais qu'il y aurait au moins l'ombre d'un débat sur la situation : ah bien ! oui ! on s'amusa à disserter sur la théorie de la spontanéité.

Ah Faure ! quand donc cesseras-tu d'être le Lovelace de l'anarchie pour en devenir le Danton.

Peut-être n'avons-nous pas assez insisté, par cette peur bête de passer pour autoritaires, mais non, nous sentions bien que nous détonions parmi les casuistes, et ce fut la rage au cœur que, fort avant dans la nuit, je quittai le rédacteur du *Père Peinard* sur cette réflexion mélancolique :

— Avoir eu près de vingt ans pour faire la critique des fautes de la Commune et ne pas se montrer plus intelligents qu'elle !

La jeune génération prolétarienne, aussi bien que bourgeoise, ne sait pas deux mots d'histoire contemporaine : elle se meut dans une Europe qu'elle ne connaît pas, au milieu d'hommes et de partis dont elle ignore les noms, le passé, le but et les ficelles.

Certains de mes amis, pourtant lucides, croient que c'est un bien parce que cela la forcera à créer du nouveau ; je ne partage pas cet optimisme : pas plus en sociologie qu'en histoire naturelle, les générations spontanées ne sont pas fréquentes ; tout s'enchaîne et l'avenir se construit avec des matériaux du passé.

Certes, quand le tonitruant Chauvière s'imaginait entraîner les foules en leur parlant d'Etienne Marcel et de Danton, on pouvait sourire. Ceux-là sont bien morts ; mais tout au moins, serait-il nécessaire d'étudier un peu ces formes modernes, le Gèsu, la franc-maçonnerie, la finance, d'apprendre quelles furent les fautes de la Commune pour en éviter la répétition et de ne pas se laisser prendre aux grimaces des curés socialistes.

Le plus bel exemple de présomptueuse ignorance m'a été donné dans une réunion à la salle Rivoli par un orateur que je ne nommerai pas.

« Avant la révolution de 1789, commença-t-il, la » France était très divisée : il y avait la Gaule, le dé-» partement du Var et beaucoup d'autres provinces,

» sans cesse en guerre les unes contre les autres. Il y
» avait aussi des combats de gladiateurs... »

Prolo et moi, assis près du bureau, n'avons pu en
entendre davantage. Nous sommes partis, égayés d'a-
bord, puis bientôt assombris par tant d'ânerie.

Certes, le premier balbutiement de l'esclave jusqu'alors bâillonné et sevré de toute vie intellectuelle, ne
peut être que quelque chose d'informe, risible ou insup-
portable pour les délicats. Le nègre, la femme, le prolétaire, courbés longtemps, sous un joug abrutissant,
doivent traverser des phases pénibles avant d'arriver à
l'émancipation complète.

Un ébéniste de Charonne, Méreaux, m'entr'ouvrit le
premier les horizons de l'anarchie. Convaincu jusqu'au
fanatisme, modeste, d'allures sympathiques, il s'était
introduit dans notre groupe avec le seul objectif d'y
faire de la propagande. Il s'attacha à ma conversion et
bien qu'affligé alors d'un bégaiement, qu'il perdit plus
tard en prison, il ne me lâcha pas qu'il ne m'eût fait
avaler une à une toutes les théories libertaires. Touché
de tant d'ardeur, je me laissai aller à une débauche de
controverses. Je commençai alors à entrevoir qu'il y
avait dans l'anarchie autre chose que la tourbe dépeinte
par les journaux bourgeois et que si cette conception
d'une société sans autorité semblait difficilement réali-
sable, elle était tout au moins le contre-poids indispensable empêchant la liberté individuelle de sombrer
dans le triomphe prochain du socialisme.

CHAPITRE XVII.

POUR LA SOCIALE.

Notre *Révolution Cosmopolite* eut quatre numéros, tirés à cinq mille exemplaires, pour la plupart, distribués gratuitement. Après une interruption de plusieurs mois, causée par la pénurie d'argent, elle reparut sous la forme de revue bi-mensuelle. Louise Michel, Odin, Cassius, (pseudonyme cachant un savant, ami de Blanqui), Auguste Saint-Denis, vieux prolétaire tourmenté d'une démangeaison poétique, le docteur Castelnau, etc..., furent cette fois, nos principaux collaborateurs. Nous tombâmes glorieusement et à temps, car; de nouveau la caisse se vidait, sur un article d'Odin qui valut trois mois de prison à son auteur et à notre gérant Pons.

Un énergique, convaincu et modeste, celui-là, pas un de ces gérants de carton, prêts à couvrir indifféremment pour du vil métal la prose de Jules Guesde et celle de Paul de Cassagnac. Il avait prêché d'exemple dès 71, quittant l'armée versaillaise pour se joindre aux fédérés, ce qui lui valut cinq ans de réclusion, à l'expiration desquels il reprit sans bruit sa place de combat.

Une réunion orageuse à Choisy-le-Roi, à l'issue de laquelle deux mille inconscients de toute la région, rassemblés par des bourgeois cléricaux, se ruèrent héroïquement sur dix orateurs, me valut avec trois jours de

captivité, la connaissance de Voghera et de Rovigo,
deux inséparables qui ne pouvaient vivre sans se disputer. Particularité originale, Voghera était né dans une
ville d'Italie portant le nom de son ami. Venu en amateur à cette réunion organisée par Gouzien, il suivit
courageusement le compagnon Bécu et moi, qui étions
demeurés aux prises avec la foule et riposta aux assom-
mades par trois coups de revolver qui, chacun, blessè-
rent leur homme. Nous fûmes arrêtés par la police on
ne peut plus à propos : nous allions être mis en pièces
et je dois reconnaître que le commissaire de police reçut les trois horions qui m'étaient destinés. Un des
agents qui m'appréhendèrent, se trouvait le neveu d'un
déporté intimement connu à Nouméa.

— Messieurs, nous dit le lendemain le commissaire,
après une nuit passée, dans une cellule de deux mètres
carrés, Choisy-le-Roy est un pays fort tranquille, —
nous saluâmes ironiquement, — en conséquence son
budget n'a prévu les frais d'entretien d'aucun prisonnier.
Je suppose que vos opinions libertaires ne vous empêchent pas d'être soumis à la tyrannie de l'estomac : je
comprends ces besoins et j'ose dire que je les partage ;
en outre, j'ai trop à cœur les intérêts du commerce local pour ne pas contribuer à sa prospérité dans la faible limite de mes attributions. Si donc vous désirez
vous faire apporter des victuailles d'un restaurant quelconque ou même tout autre, vous n'avez que l'embarras du choix, à la seule condition de payer. Dans votre
intérêt, qui seul me guide, je vous recommanderai le
restaurant Brouillard : célérité, discrétion, cabinets
particuliers... pardon ! j'oubliais... et prix modérés.

Ce discours nous ayant servi d'apéritif, nous accor-

dons notre clientèle momentanée au restaurant Brouillard. Après quoi, sous la garde d'agents en bourgeois,
nous roulons vers le dépôt, dans un omnibus de campagne, également à nos frais. L'obligeant fonctionnaire
s'était fait un scrupule de nous diriger sur Paris à pied,
ses placides administrés nous attendant sur la grand'
route pour nous écharper.

Après quarante-huit heures de cellule, Bécu et moi
sommes remis en liberté, notre autre camarade nous
rejoignit quelques jours plus tard.

N'ayant pas été trouvé porteur d'arme, j'échappai,
cette fois, aux amertumes de l'exil. Mes compagnons,
possesseurs d'un revolver, passèrent plus tard en jugement et furent condamnés à la prison, aggravée de l'expulsion pour Voghera.

Celui-ci, en attendant, vint au groupe cosmopolite
avec son ami Rovigo et tous deux eurent bientôt attiré
une bande de compatriotes dignes de recommencer à
Belleville l'expédition des Mille. Que sont-ils devenus,
ces camarades enthousiastes, dont les « Porca Madona! »
faisaient trembler le passage des Rondonneaux ?

L'élément révolutionnaire italien est brave; son défaut est l'intolérance, une intolérance qui n'a rien à
faire avec la large conception d'anarchie. Des siècles de
foi brûlante, ont faussé chez nombre de Latins le sens
de la liberté. Quelques-uns, et des plus sincères, n'a-
vaient-ils pas formulé cet article de foi inouï, qui eût
fait reculer un pape : « Quiconque signe un livre ou un
» article de journal, ne peut être anarchiste. »

Quelle aberration grotesque ! supprimer ce sentiment
d'individualité, orgueil si l'on veut, mais stimulant indispensable pour s'élever et élever avec soi les autres

15.

au-dessus de ce niveau moyen de bêtise et d'ignorance
que durent briser par leur révolte les Colomb, les Galilée ! Si l'individualisme doit régner, c'est non en économie, mais dans le domaine de la pensée, de la philosophie, de l'art. Et quel moyen d'être vraiment soi, s'il
faut astreindre son esprit à la règle commune, formulée
par quelque tyran anonyme ?

Dans ce cas, adieu Louise Michel, Kropotkine, Reclus,
Grave, qui, tout comme moi signez vos livres ! Adieu Séverine, Mirbeau, Richepin, Hamond, recrues ou auxiliaires précieux, qui signez vos articles !

Ça de l'anarchie ! Oh là là ! quel est le fanatique du
couvent qui a glissé cette bourde à l'oreille de compagnons ?

Aux Rondonneaux eut lieu une altercation homérique
entre Merlino, savant théoricien, qui n'est pas enragé
sur le chapitre de l'action individuelle, et le groupe *Gl'
Intransigenti*, représenté par Pini et Parmeggiani, compagnons un peu vifs dans la discussion. Pauvre Pini ! il
avait l'étoffe d'un héros et, aujourd'hui, se consume au
bagne, après une évasion manquée, sa ferveur anarchiste
l'ayant amené à exproprier ceux qui ont trop au béné-
fice de ceux qui n'ont rien du tout. Parmeggiani, beau
gaillard aux yeux d'escarboucles, incendie le cœur des
Anglaises, après avoir échappé à une extradition, grâce
à l'admirable dévoûment de sa compagne. Je crois bien
que si le beafteck lui manquait, il mordrait à même dans
les bourgeois. Priez Dieu, capitalistes qui y croyez, que
la viande de boucherie soit toujours à sa portée !

En 1886, on se croyait chaque jour à la veille de la
révolution sociale : le *Cri du Peuple* avait fait surgir de
terre toute une armée prolétarienne qui, malgré l'incon-

testable talent de Jules Guesde, a fini par se disperser,
fatiguée de l'intolérance criarde des chefs. Nos esprits,
chauffés à blanc, vivaient bien plus dans la société future
que dans celle-ci ; on méprisait le présent pour l'avenir,
restant de folie religieuse : la révolution sociale tombant
fatalement du ciel, selon la théorie marxiste, c'était un
peu le jugement dernier qui doit équilibrer les biens et
les maux, récompenser et punir.

Cette idée de providentialisme, qui ne laissait aucun
but à l'activité humaine, a causé le plus grand mal. Si
la révolution doit venir d'elle-même, de par le seul jeu
des concurrences économiques, à quoi bon y travailler ?
Les militants n'ont plus qu'à s'abandonner entre les
mains de leurs chefs, qui, lorsque le moment sera venu
tout seul, entreprendront le grand œuvre de réorganisa-
tion. Tout au plus, ont-ils à verser leur obole pour l'entretien des bréviaires socialistes, qu'ils peuvent lire et
relire sans avoir droit de les critiquer.

Que l'enchaînement des faits, le *déterminisme* soit
universel, que, par suite, le libre arbitre n'existe pas,
aucun homme ayant mordu à la science moderne ne le
mettra en doute ; mais que l'homme soit une activité
consciente, un facteur d'événements, qui le niera ? La
distinction a toujours été faite entre le fatalisme scientifique, le *déterminisme*, et le fatalisme passif du musulman qui laisse brûler sa maison parce que « c'était
écrit. »

D'ailleurs, en dépit de leur valeur personnelle, Guesde
et ses amis ont, en tant que leaders, des allures d'un
caporalisme prussien, cassant comme leur doctrine, un
vocabulaire hérissé de mots bizarres, qui déconcertent
et choquent la foule. Malgré de tardifs succès électo-

raux, ils sont condamnés à demeurer longtemps un état-major sans armée.

Ayant constitué le groupe cosmopolite, nous nous efforçâmes de le ramifier en une *Ligue cosmopolite* et les correspondants de notre revue se mirent à l'œuvre pour créer des sections. M. Déroulède, apôtre des haines nationales, avait fondé sa « Ligue des patriotes » ; nous organisions le groupement opposé, tout en évitant un titre comme celui d'*anti-patriote* plus propre à choquer les susceptibilités populaires qu'à nous amener des adeptes. Nous n'étions pas encore arrivés à l'anarchie, bien que sur la pente qui y mène, et la principale différence entre nous et les compagnons était que ceux-ci ne voyaient guère que l'idée pure ou des faits minimes en eux-mêmes, qui nous passionnaient peu, déménagements à la cloche de bois, expropriations individuelles, tandis que nous rêvions prise d'armes, mouvements d'ensemble, insurrections générales.

Malgré nos appels très sincères à l'union, nous nous étions brouillés avec la rédaction autoritaire du *Cri du Peuple* qui nous considérait comme d'abominables anarchistes ; nous-mêmes en froid avec la *Révolte*, pour qui nous étions de pseudo-blanquistes, trop peu respectueux de la spontanéité des foules. Et cependant, si nous avons des reproches à nous adresser, c'est d'avoir, par une exagération de scrupules libertaires, aliéné plusieurs fois notre initiative pour ne pas froisser de braves gens dont le propre était d'en manquer absolument et de ne vivre que dans les subjectivités. La *Révolte*, créée par un savant de premier ordre, aussi large de cœur que d'esprit, Kropotkine, démeurera comme un impérissable monument philosophique ; elle a proclamé dans leur intégralité les idées, les plus élevées, le vrai but social : elle n'a pas été, elle ne pouvait être, un journal d'action, entraînant les prolétaires à la lutte, leur montrant les solutions pratiques. Notre tort à tous, aux militants anarchistes comme aux rédacteurs mêmes de ce journal d'une honnêteté impeccable, a été de confondre une feuille de haute philosophie avec un organe de lutte pratique, l'*Encyclopédie* avec l'*Ami du Peuple* et le *Père Duchesne*.

Grave, le gérant de la *Révolte*, avec qui je me suis trouvé en lutte aussi mordante que désintéressée, jusqu'à ce que la prison commune nous réconciliât, — ce qui s'est fait de grand cœur de part et d'autre, — est un digne caractère.

Il appartenait à l'une des professions manuelles où le travailleur peut le mieux se reconquérir et penser, l'une de celles qui fournit le plus d'anarchistes, la cordonnerie. Effroyablement logicien, tenace comme un rocher de l'Auvergne, son pays, studieux acharné, principalement des choses abstraites, il était tout marqué pour la gérance du journal de Kropotkine et d'Elisée Reclus ; il est devenu lui-même écrivain et impitoyable critique des sociologues bourgeois. M. Molinari n'a pas le dernier mot avec lui.

La petite phalange de la *Révolte* représentait dans le groupement anarchiste, le noyau immaculé, silencieux, et il faut le dire sectaire, à la fois intransigeant en théorie et endormi en action. Elle lira ces lignes : qu'elle ne s'y trompe pas, qu'elle n'y voie pas une récrimination mais une critique amicale ; mieux ne vaut-il pas s'inspecter à la veille de la bataille que s'injurier après la défaite ?

Les débuts tumultueux du parti déconcertèrent ces hommes que le travail de la pensée avait séparés de la masse. De peur d'être débordés par les braillards et les suspects, ils fermèrent leur porte à double tour, prirent une allure un peu doctorale, et, lorsque plus tard, de jeunes recrues sincères, bouillonnantes d'activité, quelques-unes de valeur, se présentèrent, ils leur cassèrent bras et jambes. Toute action tant soit peu étendue ou combinée devenant entachée d'autoritarisme, il ne resta plus que l'action individuelle, louable certes, mais insuffisante pour tout résoudre. Et, comme il y a toujours, même parmi les révolutionnaires, plus de blagueurs que de héros, l'action individuelle, pour beaucoup, ne consista plus que dans les petites choses ou même dans des actes étrangers au but poursuivi : c'était la Vendée dégénérant en chouannerie.

Il est évident que le boulangisme naquit en partie de l'impéritie des divers partis socialistes, qui n'eurent ni l'esprit ni le sens révolutionnaire de profiter du mécontentement général et s'emparer de la situation. Le boulangisme mort, ce fut le tour de l'agitation antisémite, fomentée par les cléricaux et sur laquelle des naïfs se déçurent : le tour des vrais révolutionnaires ne venait jamais.

La *Révolte* s'aperçut trop tard du danger : elle voulut faire machine en arrière et s'y prit mal.

La critique de certains actes individuels, tels que ceux de Ravachol qui, lui, porta sa tête sur l'échafaud, exaspéra contre les individualistes d'action, tandis que, d'autre part, le divorce continuait avec les anarchistes *pratiques*.

Parmi ces derniers, se trouvait un savant de la plus

haute valeur, qui capitaine de la Commune à vingt ans, puis, déporté en compagnie de son père, avait fait son évolution vers le socialisme anarchiste. Homme de tempérament autant que d'érudition, il s'indignait du gaspillage de forces où nous réduisaient la folie des ergotages métaphysiques et la perpétuelle crainte de paraître autoritaire. Il jeta le cri d'alarme dans une remarquable brochure, l'*Anarchie et la Révolution*, qu'il signa du pseudonyme hébertiste de Jacques Roux. Mais, hélas ! le pli fatal était pris.

Peu après, le *Père Peinard* fut créé par Pouget, militant actif autant que Grave est raisonneur, et non moins entêté. Les premiers numéros étaient conçus dans un langage plus que faubourien, qui s'est depuis atténué, moyen comme un autre d'attirer une catégorie de lecteurs qu'eût rebutés la subtile philosophie de la *Révolte*. Le *Père Peinard*, dont la lecture horripile les délicats, a eu le grand mérite de retenir dans le mouvement des gens de culture primitive, qui, aux jours de luttes, sont les meilleurs.

Intermédiaire d'allures entre la *Révolte* et le *Père Peinard*, parut l'*Attaque*, également hebdomadaire, qui débuta avec les dieux du socialisme : Vaillant, Guesde, Deville, Chirac l'homme chiffre, pour mourir dans les plis du drapeau anarchiste.

Son fondateur, directeur, rédacteur en chef et gérant, Gégout, caractère indépendant s'il en fût, lâcha les marxistes, dont le monotone sectarisme, le faisait bâiller, comme il avait lâché sa bourgeoise famille et le sous-préfectorat de Falaise. Il arriva très rapidement à un anarchisme cramoisi mais plein de verve et agréablement rembourré de toutes sortes de belles choses, principale_

ment d'amour libre. Je n'oserais jurer que les allures
abruptes de certains compagnons n'aient pas un peu
tourné ses ardeurs militantes en philosophie rabelai-
sienne. Il est artiste jusqu'au bout des ongles et Mont-
martrois fieffé ; cette double qualité explique son froid à
l'égard de Ravachol.

Incompressible et tonnant, déchaînant souvent la tempête, jamais l'animosité, Gegout, alors que la fièvre propagandiste eût pu me rendre sectaire, m'a rappelé que
l'anarchisme était non la cristallisation de l'être humain
dans une doctrine rigide, quasi-religieuse, mais l'incessante et large évolution des idées et des sentiments.

Pauvre *Attaque* ! Gegout, Faure, Weil et moi, devenus
ses rédacteurs, l'aimions bien, tandis que notre collaborateur et ami, Mougin, investi du secrétariat, corrigeait
les épreuves avec la sévérité du plus implacable puriste :
il mourra en recommandant son âme à la grammaire.

Je fus cause de la condamnation de Gegout à quinze
mois de prison et à trois mille francs d'amende, pénalité
que je partageai naturellement, l'ayant provoquée par
un article dans lequel les juges découvrirent une série
de conseils à l'usage des manifestants du 1er mai (on se
trouvait en avril 1890). C'était absolument faux, car nous
croyions peu aux révolutions à jour fixe ; mais ne fallait-
il pas au pouvoir un prétexte pour incarcérer, ce jour-là,
les adversaires considérés comme gênants ? Une réunion
publique retentissante, qui venait d'avoir lieu au « Concert des fleurs », à Clichy, décida de notre sort, et le
ministère Constans, prévoyant un accès d'indépendance
de la part du jury, eut la précaution de rédiger, le matin
même des débats (28 avril), un arrêté d'expulsion me
frappant comme perturbateur italien.

Il faut dire que ce 1ᵉʳ mai inspirait une peur bleue à la bourgeoisie, malgré la défaillance des socialistes autoritaires aussi piteux à ce moment que matamoresques six mois auparavant. Notre condamnation avait été précédée par celle de Michel Zevaco, secrétaire de rédaction de l'*Egalité*.

Quelques mots sur ce journal et son directeur.

Jules Roques est un curieux spécimen de boulevardier, à la fois amoureux d'art et pratique en affaires. Le premier peut-être, il conçut l'idée de substituer à la vieille réclame, lourde et gauche, une publicité gracieuse, flattant l'œil. Géraudel a eu foi en son habileté, et s'est réveillé millionnaire. Enrichi lui-même, bien que ne thésaurisant pas, Roques chercha à connaître sous toutes ses faces la vie dont jusque-là il avait surtout entrevu les amertumes. Il prodigua les louis sans compter, organisa pour la satisfaction de l'œil des bals sans feuille de vigne, créa un journal hebdomadaire illustré, le *Courrier Français*, où les meilleurs dessinateurs donnèrent leur coup de crayon ; puis, ces multiples occupations ne lui suffisant pas, il fonda un quotidien, l'*Egalité*.

Sceptique et amoureux d'impressions nouvelles, absolument étranger au socialisme et cependant assez indépendant d'esprit pour admettre que la société avait besoin d'un nettoyage, Roques ne craignit pas d'appeler à la rédaction de son journal Guesde, Vaillant, Fournière et autres démagogues de haute marque. Comme d'habitude, leur sectarisme éloigna les lecteurs : il fallut réduire les frais et l'emploi de compositrices typographes, détermina le départ des rédacteurs.

C'était le moment de saisir l'*Egalité* : un quotidien

entre les mains de vrais révolutionnaires, prêts à travailler
pour une idée et non pour des appointements, ayant
assez de tact pour ne s'adresser qu'à la masse en évitant
les rengaînes d'écoles, quelle force ! Toute la succession
du *Cri du Peuple* était à prendre. Pouget et moi courûmes chez Roques, qui nous reçut bien sans s'engager :
notre malheur fut d'y retourner avec quelques camarades
soupçonneux et cassants. Une rédaction panachée, im-
provisée à la hâte, romantique et très vide à l'exception
de deux ou trois, nous dama le pion. Nous devions nous
retrouver en prison avec les meilleurs d'entre eux.

L'*Egalité* vécut encore une année, tirant de l'aile,
n'ayant plus pour rédacteurs sérieux que Zévaco et
Odin, — je ne parle pas de l'algébriste Chirac, qui se
prenait lui-même pour prophète et, à la veille des manifestations belliqueuses invitait la foule à livrer aux policiers les perturbateurs !

Quand l'*Egalité* fut morte, le marquis de Morès, catholique à tempérament révolutionnaire, avec lequel la
prison nous avait mis, Gegout et moi, en relations fort
courtoises fit proposer à quelques anarchistes, dont je
fus, de créer ensemble un journal de combat, et anti-
sémite, proposition que nous déclinâmes. La main ul-
tramontaine apparaissait trop visiblement ; or, si nous
luttions contre la république bourgeoise ce ne pouvait
être au profit de la réaction cléricale, chauvine et monar-
chique. Quelque temps après, *La Libre Parole* parut et,
rééditant la vieille tactique de 1789 et 1848, mina, sous
le masque avancé, toutes les idées d'émancipation.

Le réveil clérical est très curieux à étudier depuis
l'année 1888. Il est indéniable que le boulangisme fut
un mouvement en partie double ou même triple, —

démocratique avec Rochefort, Laisant, Granger, etc,
réactionnaire avec les ralliés de toutes nuances, convoitant chacun le triomphe pour son parti, tandis que le *brav'général*, grisé de popularité, au fond meilleur que son entourage, qui l'a renié après la défaite, espérait bien demeurer le *deus ex machinâ*.

A l'affût depuis des années pour renverser une république que ne protégeait plus l'enthousiasme populaire les ultramontains virent tout le parti qu'ils pouvaient tirer du boulangisme et, par l'intermédiaire du père jésuite Dulac, lui fournirent des subsides. L'entretien de l'état-major coûtait cher ; au dire de ses collègues, enfermés avec nous à Sainte-Pélagie, Laguerre avait, à lui seul, absorbé, en deux années, neuf cent mille francs.

Il me semble qu'avec le dixième de cette somme nous eussions remué le monde !

En guerre, le pire parti est de n'en prendre aucun : Boulanger, mauvais stratégiste ne sut pas ce qu'il voulait, il fut trop légalitaire ou pas assez.

Mes amis et moi, restés fidèles à Marianne, continuions la lutte oratoire et écrite contre le gouvernement en y joignant la lutte contre le césarisme naissant. Tout en regrettant de voir des lutteurs de la veille égarés entre le chanoine Déroulède et le royaliste de Mackau, nous ouvrions une campagne de meetings avec cet ordre du jour : « Ni parlementarisme ni dictature : la sociale ! »

Eudes, avec son tempérament militaire avait entraîné les blanquistes du côté du général. Ce ne fut certes pas sa faute si les manifestations de décembre 1887 contre la candidature de Ferry à la présidence de la république ne se terminèrent par une prise d'armes.

Nous avions hautement exprimé notre méfiance pour

ces démonstrations, les voyant tourner en simple révolution politique, couronnée tout au plus par l'avénement d'un Comité de Salut Public qui eût collé au mur, pêlemêle avec les opportunistes, les raisonneurs socialistes et libertaires. Cependant, les anarchistes ne furent pas les derniers dans la rue ce jour-là. — « Qui sait ! » se murmurait-on, mais nous constations avec désespoir que les cris de : « Vive la Sociale ! » ne dominaient pas sur ceux de « Vive Boulanger ! » Une fois de plus, je pus apprécier l'initiative de la foule : des derniers meetings tenus salle Favié pendant que l'émeute grondait, il ne sortit que confusion. Ici un orateur, noyé dans les tumultueux remous de l'assistance, lisait d'une voix étouffée la recette pour fabriquer de la dynamite, — il était bien temps ! Un autre jetait la nouvelle que cinq cents personnes, — rien que ça —, avaient été massacrées aux Champs-Elysées et aussitôt le public se précipitait au dehors aux cris de « Vengeons-les ! »..... pour aller se coucher.

A cette époque, Boulanger n'avait qu'à pousser de l'avant. Blanquistes, radicaux et déjà monarchistes, étaient avec lui ; la troupe l'eût acclamé, le Conseil municipal se fût déclaré en sa faveur : il n'osa pas. Même hésitation au 27 janvier 1887 : pour n'avoir pas eu l'audace de son ambition, il devait perdre la partie.

Quand le clergé vit le boulangisme en baisse, il organisa l'anti-sémitisme.

L'éreintement du personnel opportuniste par Drumont avait ravi nombre d'anarchistes qui, bonnes âmes, avaient cru voir dans le fougueux polémiste un converti, ou peu s'en fallait, à nos idées. L'ombre de Veuillot devait bien rire !

Je ne partageai pas cette appréciation : il fallait être archi-aveugle pour voir un adepte de la théorie *Ni Dieu ni maître* dans l'écrivain qui regrettait le bon temps où saint Louis faisait brûler la langue aux blasphémateurs et qui s'efforçait de détourner contre les seuls juifs les colères populaires. Débarrasser la banque chrétienne d'une rivale heureuse, faire oublier l'expropriation du capital productif en brûlant quelques chiffons de papier chez Rothschild, remplacer la guerre sociale par la religieuse, tirer les marrons du feu pour la monarchie cléricale, dont Drumont ne gourmandait que l'hésitation lâche, ah bien, non !

Lorsque, à Sainte-Pélagie je me trouvai en contact avec Morès, mes idées ne se modifièrent pas. Le marquis révolutionnaire était un charmant co-détenu, crâne jusqu'au romantisme, d'une érudition agréable et, sans les calomnies impudentes du journal drumontiste où il écrivait, il est probable que le hasard nous faisant nous rencontrer nous eût laissés très courtois vis-à-vis l'un de l'autre : tirez les premiers messieurs les Français ! Mais, entre nos partis, la lutte est à mort : l'un s'appelle la réaction, l'autre la révolution.

Je sortis de prison à la fin de juillet 1891. Le cabinet Constans ayant fait mine de vouloir m'expulser, j'avertis son chef que je lui contestais ce droit devant le Conseil d'Etat. Pour éviter les criailleries des journaux, l'omnipotent ministre suspendit, sans le rapporter, le décret qu'il avait rendu quinze mois auparavant. Il était réservé à son successeur Loubet de l'appliquer, les vertueux imbéciles étant généralement les plus féroces.

A mon retour au soleil, l'allure du mouvement anarchiste me parut bien changée. Cinq ans auparavant, c'était le bouillonnement désordonné ; pendant le boulangisme, ç'avait été, au milieu du désarroi, la fidélité au drapeau du socialisme international ; à la veille du 1er mai 90, les anarchistes avaient résolument pris une attitude offensive. Et maintenant, c'était la dissertation doctorale et pacifique sur le nouvel évangile social. Quelques individus avaient mis à la mode les conférences contradictoires avec les curés soi-disant socialistes, malgré les objurgations énergiques du *Père Peinard* et, pendant ce temps, l'abbé Garnier, prévoyant judicieusement le rôle immense des groupements ouvriers dans la bataille contre le capital, s'efforçait d'organiser ses syndicats mixtes.

Le plus pressé, selon moi, était d'empêcher que le cléricalisme nous débordât tout à fait. Déjà, une réaction de l'esprit se faisait : en littérature avec le socialisme, en science avec l'occultisme, en économie avec le socialisme chrétien, en politique avec la russomanie, l'influence mystique perçait victorieusement. Il fallait réagir ou nous réveiller la corde au cou.

Et, à un certain nombre d'amis, nous commençâmes notre œuvre. Mais pendant ce temps, les désespérés qui avaient toujours attendu la lutte, perdirent patience. Decamps, coupable de s'être défendu héroïquement contre les gendarmes avait été condamné : Ravachol fit parler la dynamite.

CHAPITRE XVIII.

LES PROSCRITS DE LONDRES.

Londres est le classique refuge des proscrits de toute foi vaincue. C'est là que se réfugièrent successivement les fils de la monarchie légitime et les représentants de la branche cadette, les prolétaires insurgés de Juin, les bourgeois démocrates victimes du Deux Décembre et, plus tard, la famille Bonaparte. Les communards s'y établirent, emplissant le quartier français du bruit de leurs querelles et de leurs accusations, triste résultat de la défaite! Les anarchistes, pourchassés comme bêtes fauves après les explosions de mars 1892, suivirent l'exemple général : ils vinrent demander à la capitale du Royaume-Uni le travail et la liberté.

Prévenu, grâce à des intelligences dans la place, que j'allais être appréhendé par les bénins agents de Lozé, je leur faussai compagnie, ce dont je me félicitai encore plus en voyant mon nom figurer sur la liste des expulsés. Etait-ce la peine d'avoir tenu, chez d'innocents anthropophages, le gouvernail des services publics, — pends-toi Prudhomme! — pour secouer sur le sol français la poussière de mes sandales? Mais ce n'était pas le moment de récriminer, alors que des camarades étaient arrêtés ou expulsés avec un ensemble admirable. Après six jours de retraite absolue chez des amis, dont la con-

cierge m'a pris pour M. Jules Mary, je sautai dans un
wagon de troisième emportant pour tout bagage une
canne. Quelques jours après, comme je finissais de laver
mon linge dans ma cuvette, après une véritable soûlerie
d'eau claire, j'appris que le couple Drumont-Mourot me
dénonçait comme l'agent de Rothschild. Infâme patron!
pourquoi m'as-tu payé si mal?

Une rue du quartier français a conquis la célébrité :
c'est Charlotte Street et, dans cette rue, une maison a
droit aux honneurs de l'histoire : c'est celle de Victor
Richard, fidèle ami de Vallès et de Séverine, le plus jovial, le plus souriant des épiciers. Oui, épicier, mais il
l'est si peu! tous les réfugiés y viennent, car cet épicu-
rien professe sans sectarisme, des opinions cramoisies;
j'y vins aussi.

— M. Richard est-il là? demandai-je au flegmatique
René, son employé de confiance.

René m'examine avec une nuance de soupçon : de
fait, s'il vient des proscrits dans la boutique, il y vient
aussi des mouchards, français naturellement. Le principal de ceux-ci est l'inspecteur Houillier qui vole généralement au correspondant du *Figaro* le nom de Johnson et demande l'adresse des fugitifs *pour leur rendre
service.*

Il paraît que je n'ai pas l'air d'un policier, car c'est
sans arrière-pensée que René me répond :

— Il est encore couché — le sybarite! — mais si vous
voulez attendre une petite demi-heure...

Je me risque à demander l'adresse de Louise Michel.
Les soupçons reviennent : René me regarde comme si
je voulais forcer la caisse. Je me nomme, il se trouve
que je ne lui suis pas inconnu : la glace est rompue;

nous échangeons une poignée de main et je vole à Huntley Street embrasser ma vieille amie.

Pénétrer dans son home n'est pas facile : les concierges ont beau ne pas exister à Londres, ce qui ferait trouver l'exil moins maussade, Louise Michel est en quelque sorte gardée à vue par une voisine anglaise laide et méchante dont le mari exerce le noble métier de recruteur. Chaque visiteur a maille à partir avec cette mégère.

C'est bien la Louise Michel de Nouméa et des réunions publiques que je revois, toujours enthousiaste, vaillante en dépit des années, de la prison, de l'exil, la prophétesse anarchiste vivant en plein dans son idéal. Menacée du cabanon par des bourgeois qui considèrent toute noble exaltation comme folie, elle était venue s'installer à Londres, attendant, pour rentrer en France, l'heure révolutionnaire.

Depuis plusieurs années, Londres possédait un proscrit, redoutable à ses proscripteurs et qui, pendant un quart de siècle a, sans compter, abattu les maîtres du pouvoir, frayant la voie à l'anarchie, lui qui n'est pas anarchiste. Maniant la verve comme une épée, il a toujours porté des coups mortels : il a été le rire de Paris comme Voltaire avait été l'esprit de la France. Malgré d'assez sérieuses brouilles, les partis politiques avancés, ont été, chaque fois, heureux de le revoir avec eux, car il était à lui seul toute l'opposition. J'oubliais de dire son nom, mais le lecteur l'a depuis longtemps reconnu : c'est Rochefort.

Ce Parisien exilé du boulevard a trouvé dans l'immense fourmilière londonienne un coin qui rappelle le parc Monceau. C'est sur un hôtel de Clarence Terrace à

deux pas de la station de *Baker-street* (rue Boulanger,
quelle coïncidence!) que le rédacteur en chef de l'*Intransigeant* a jeté son dévolu : demeure très confortable
certes, mais ornée avec plus de goût artistique que de
luxe. Des tableaux de maitres italiens, flamands et même
anglais, car il en est d'aussi remarquables que peu connus, un groupe de Clodion, un bronze de Dalou, représentant le pamphlétaire au retour de son précédent
exil, ornent la salle à manger du rez de-chaussée et les
deux étages. Les fenêt es plongent sur le lac de Re-
gent's Park où glissent les canots, conduits par de
jeunes misses, et sur les taillis qu'animent les jeux de
babies.

Que de visiteurs se sont présentés dans cette maison!
Visiteurs de toutes sortes : amis sincères, vieux compagnons de lutte, admirateurs enthousiastes, vulgaires
courtisans, pique-assiettes et politiciens affaristes qué-
mandant la charité de quelques billets de mille avec une
petite campagne électorale. Et, parmi tous, Louise Michel, qui s'est instituée, à elle seule, comité de secours
ambulant pour les malheureux quelle que soit leur étiquette sociale.

Les anarchistes, car on ne peut donner ce nom aux
transfuges, étaient, pendant le boulangisme, demeurés
aussi éloignés de celui-ci que du gouvernement. Pas-
sionnément internationaliste, nous sentions bien que
l'avénement du parti révisionniste signifiait la guerre à
brève échéance. Impuissant à donner satisfaction à la
fois aux républicains avancés et aux réactionnaires, au
grand et au petit commerce, aux patrons et aux ouvriers, talonné, en outre, par Déroulède, le général
Boulanger une fois au pouvoir devait fatalement cher-

cher la diversion des gouvernements aux abois. Et la
guerre, c'était en cas de triomphe, la bourgeoisie conso-
lidée, en cas de défaite, l'écrasement du vieux foyer révolutionnaire.

Aussi, ai-je été bien heureux le jour où Rochefort,
calomnié par ses anciens alliés, a rompu avec eux pour
se rapprocher de la démocratie socialiste. Il n'est pas
anarchiste de doctrine, ce tombeur de gouvernements;
n'importe, j'aime toujours mieux le voir à gauche qu'à
droite.

L'*Intransigeant* malmena d'abord les dynamiteurs,
mais, dans l'affolement du début, des organes même
anarchistes avaient commis cette erreur d'oublier que
tout acte de révolte a droit à notre sympathie, surtout
quand celui qui le commet risque sa tête. Plus tard,
l'attitude de Ravachol détermina un langage autre et
bientôt des compagnons furent ouvertement défendus
dans l'*Intransigeant*.

L'un de ceux-ci, Gustave Mathieu, eut une véritable
odyssée. Sa patronne, madame Viard, ayant soustrait
des marchandises à ses créanciers, l'accusa pour se dé-
charger. L'anarchiste prouva facilement son innocence
et fut remis en liberté provisoire; celle-ci serait devenue
définitive, si, peu de temps après, Ravachol et Simon,
plus connu sous le sobriquet de Biscuit, n'eussent commencé à faire sauter des immeubles. Mathieu, étant
leur ami, fut naturellement inquiété et, comme il n'avait
en la justice bourgeoise qu'une confiance des plus limi-
tées, il crut prudent de mettre la Manche entre lui et
M. Atthalin.

Mathieu eut alors une chance extraordinaire : obligé
de se cacher, car les journaux affolés lui mettaient sur

le dos une foule de méfaits, ainsi qu'à Pini, alors au
bagne guyanais, et son extradition n'eût pas fait de
difficultés, il arriva de nuit dans le quartier français,
demanda une adresse compromettante, se nomma et eut
la chance de se trouver en face d'un anarcophile. L'im-
prudent fut logé, mis en lieu sûr et le surlendemain,
prévenus à quelques-uns, nous prîmes toutes nos dispositions pour le soustraire à l'œil perçant de Houillier,
plus Johnson que jamais.

Pendant que Mathieu, confiné dans les retraites suc-
cessives que nous lui trouvions, attendait avec une impatience fiévreuse le moment de respirer l'air libre, les
feuilles publiques continuaient à signaler sa présence à
Paris, à Lille, à Reims, à Lyon, à Perpignan, à annoncer son arrestation dans les lupanars, vieille calomnie
qui prend toujours. A la fin, horripilé de se voir traiter
dix fois par jour de voleur, de faussaire et d'assassin, il
me dit :

— Tant pis ! j'en ai assez : je suis décidé à affronter
une interview, je pourrai ainsi dire ce que j'ai sur le
cœur. Connais-tu un reporter sincère?

Diable !

Je me rappelai cependant un journaliste, rencontré
sur la paille humide de Sainte-Pélagie, M. Maurice
Leudet, toujours à l'affût de l'actualité, débrouillard
comme pas un et, chose bien rare, scrupuleux de la vérité. Je mis les parties en présence et voici comment,
deux jours plus tard, l'interview de Mathieu parut dans
le *Figaro*.

A ce moment l'affaire Viard était appelée en justice
correctionnelle. Au mépris de toute pudeur, alors que
la *plaignante* n'osait même pas paraître à l'audience et

qu'il ne se trouvait pas un témoin à charge contre Mathieu, celui-ci fut condamné à cinq ans de prison.

Ah! la magistrature!

Dans sa colère, l'anarchiste écrivit une lettre des plus vives à Quesnay de Beaurepaire, alors procureur de la république, et la meute des mouchards français le pourchassa de plus belle.

— « Quel est le nom de ce gentleman? » me demanda un jour l'hôtesse du *lodging*, où servant de trucheman et de guide, je présentai l'ex-employé de madame Viard.

— Monsieur Quesnay, répondis-je vivement, pensant que ce nom magistral dérouterait le détective Houillier.

Peu après, cependant, nous acquîmes la certitude que Mathieu ne serait point extradé et il put travailler ouvertement dans la capitale. Malheureusement, la police française ne se tenant pas pour battue, l'attira dans une embuscade sur le continent. Arrêté dans son département natal et incriminé d'une foule de méfaits dont il démontra la fausseté, le malchanceux anarchiste fut en fin de compte, jugé contradictoirement pour l'affaire Viard et condamné à un an d'emprisonnement, les prêtres de la déesse « Lex » ne se déjugeant pas, surtout quand ils ont tort. Comme la première fois, la plaignante n'osa pas affronter les débats.

Les policiers anglais sont, quoi qu'on dise, très inférieurs en subtilité aux policiers français. Le Goron londonien, Melville, organisateur de faux complots, qui, à Wolesall, fit condamner aux travaux forcés quatre anarchistes, coupables simplement d'imprudence, échoua piteusement dans tous ses essais pour arrêter Mathieu, Schouppe et l'auteur de l'explosion Véry. Bien qu'on

ait, à tort ou à raison, cru savoir le nom de cet audacieux dynamiteur, ce n'est pas à un anarchiste qu'il appartient de le nommer dans un livre.

Lui, un homme convaincu jusqu'au fanatisme, un de
ces énergiques qui ne gaspillent pas en paroles le temps
de l'action, tout le contraire de celui qu'on avait un moment cru son complice, Francis et dont je ne parlerais
pas si ce vantard stupide, qui a spéculé sur la solidarité
des compagnons, ne les avait insultés en se prétendant
délaissé par eux, alors qu'il a, par souscriptions et trucs
divers, reçu à lui seul plus que tous les militants ensemble. Les journaux bourgeois ont, en jubilant, repro-
duit les calomnies de cet individu peu intéressant sur
les anarchistes, dont quelques-uns, restés inconnus des
magistrats, ont risqué le bagne pour lui. Ce blagueur
qui, se croyant en sûreté, emplissait le quartier français
de ses vantardises et que néanmoins Melville ne put arrêter qu'au bout de quatre mois, s'est bien tenu devant
la cour d'assises ; que cela lui soit compté ! Il est permis,
cependant, de s'esclaffer en lui voyant revendiquer la
qualification de théoricien à côté de Proud'hon et de
Kropotkine (sic), Gorille qui se croit savant parce qu'il
a trouvé un livre qu'il lit à l'envers !

Ayant, comme chacun le droit de dire hautement ma
façon de penser, je m'insurge contre ces prétendus
anarchistes, bons à discréditer une idée, si une idée,
surtout la plus haute, pouvait être discréditée par de
tels individus. Ils revendiquent le titre d'hommes d'action : quel blasphème ou quelle bouffonnerie ! les vrais
hommes d'action, les enragés de la grande révolution,
les incendiaires de la Commune, les dynamiteurs anarchistes, aussi bien que les conspirateurs carbonari, que

les nihilistes exécuteurs de généraux et de tzar, agissaient sans pose. Qu'on approuve ou non leurs actes, on est forcé de reconnaître que la conviction et non l'intérêt personnel armèrent Ravachol, qui mourut le front haut, et *l'autre*, le meurtrier du délateur Véry. Mais ceux-là, ces péroreurs assourdissants, eunuques qui ne font pas et empêchent les autres de faire, qui crient « aux pontifes » et, dans leur ignorance, sont plus despotes que les doctrinaires, ce serait une étrange faiblesse que de les laisser sans riposte parler au nom de l'anarchie qu'ils présentent à l'image de leurs conceptions enfiévrées, ou brutales.

Le dynamiteur pour de bon échappa aux Melville, aux Houillier, aux Fédée. Ceux-ci, perquisitionnant dans une maison où ils ne trouvèrent rien, se virent donner une sérénade par le rédacteur en chef de *l'En-dehors*, Zo d'Axa, réfugié sur le sol anglais, tandis qu'une nuée d'anarchistes gouailleurs enveloppait les mouchards déconfits. Le fugitif se trouve en sûreté où il est, où il restera jusqu'à ce que l'heure qu'il attend, sonne pour tout vrai révolutionnaire.

Cependant, deux tendances se faisaient jour parmi les anarchistes de Londres, répondant chacune à un état d'esprit, à un tempérament particuliers : l'une était favorable, l'autre contraire à l'organisation.

Croire que quelques explosions peuvent suffire à renverser toute une société est une erreur aussi profonde que de s'imaginer la révolution susceptible d'être décrétée à jour fixe et tirée au cordeau. Que des audacieux, jaloux à l'excès de leur autonomie et se sentant étouffer dans le groupement, préfèrent agir en solitaires, rien de plus juste, il faut respecter leur initiative et surtout

ne pas les traiter de mouchards quand ils font quelque
chose. Mais, de leur côté, ils sont tenus à respecter également l'action des méthodistes et à ne pas leur lancer
à tout propos l'accusation de cheffisme. Ce manque de
tolérance réciproque amena à Londres des zizanies.

Il faut bien l'avouer, tandis que la philosophie anarchiste faisait de rapides progrès atteignant avec les martyrs de Chicago l'apogée du sublime, le sens révolutionnaire, s'émoussait chez nombre de nos camarades. L'absence d'objectif nettement déterminé, le manque d'ali-
ment à une activité pratique ont, jusqu'à ce jour, contribué à notre impuissance, — qui, à la vérité, n'a pas été
plus grande que celle des autres fractions socialistes.
Nous avons été quelques-uns à le crier sans cesse qu'il
ne fallait pas toujours laisser fuser nos forces dans la
poésie ou la métaphysique : on nous traitait d'autoritaires.

Et les occasions se présentaient, et jamais on n'en
profitait.

Nous avions commencé ici une campagne de manifestes, dont quelques-uns « *Dynamite et Panama* », « *A bas
la Chambre* ! » etc., firent sensation, les journaux bourgeois s'empressant de les reproduire. Paris avait semblé
bouillonner un instant, en janvier 1893, à la veille de la
rentrée des Chambres ; mais, comme toujours, les socialistes autoritaires, braves de loin se trouvèrent mal, le
jour venu et une poignée infinitésimale d'anarchistes
sans armes, manifestant sur la place de la Concorde, fut
facilement dispersée. Venu subrepticement à Paris, je
pus constater, un quart d'heure plus tard, combien les
abords de la Chambre étaient peu menacés. D'ailleurs,
le majestueux Lozé, alors préfet de police, était là, tou-

jours aussi haut en couleur, protégeant de sa présence
la tourbe inquiète des panamistes et des pots-de-viniers.

Quelques mois après, la Belgique sembla à deux
doigts de la révolution : Malatesta, le compagnon Delorme et moi y courûmes, pensant qu'il y aurait peut-
être autre chose en jeu que le suffrage universel. J'en
puis parler sans vantardise, car nous n'y fîmes absolument rien. Les anarchistes locaux, isolés de la masse, n'a-
vaient aucun moyen d'action. Excellents camarades,
affinés de pensée, quelques-uns pleins de résolution, ils
se trouvaient, cependant, perdus sans armes, sans plans,
sans alliés, dans ce mouvement tumultueux de tout un
peuple qui ne les connaissait pas. Dans les bois du centre, où nous nous étions rendus pour joindre une colonne de grévistes qui devait, disait-on, marcher sur
Bruxelles et qui ne se montra même pas, nous nous
trouvâmes tout juste une dizaine avec deux revolvers.
C'était trop peu pour venir à bout des troupes royales ;
nous n'avions plus qu'à rentrer honnêtement à Bruxelles par le chemin de fer et aller boire du faro. Ainsi fî-
mes-nous, après nous être ravitaillés de pain d'épices,
seul comestible trouvé par Malatesta qui, guerillero ex-
périmenté, s'était délégué aux approvisionnements. Ce
qu'il était dur, le pain d'épices ! Delorme faillit y laisser
sa mâchoire.

Le grand coupable fut le *parti ouvrier*, dont la pusil-
lanimité entrava toute sérieuse action révolutionnaire.
Reprenant dans son journal, *Le Peuple*, l'éternelle ren-
gaine des agents provocateurs, il invitait les manifestants
à se défier de gendarmes déguisés se glissant dans leurs
rangs. On avait donc l'agréable perspective d'être fusillé par la troupe ou assommé par les travailleurs, qui

se montraient d'une défiance et d'un particularisme inouïs. Lorsque la comédie du vote plural fut adoptée par le parlement, les quatrième-étatistes, ralliés aux bourgeois radicaux, crièrent victoire et pacification. Ils avaient hâte d'en finir.

A notre retour dans Bruxelles, nous trouvâmes Cipriani, arrivé le matin même : nous l'avions déjà vu à Londres un mois auparavant.

Figure étrange, car elle appartient bien plus à l'époque déjà lointaine de l'épopée garibaldienne, qu'à notre temps de raisonneurs sceptiques! Le profil est énergique et fin, la taille haute, l'allure générale altière. Cipriani est un des rares militants de la génération passée qui ne soient pas fatigués. Pendant sa déportation, il vivait fort stoïquement, se faisant un point d'honneur de n'accepter rien, même de ses amis. A son retour, il fut expulsé de France pour avoir défendu Louise Michel contre des argousins, puis, arrêté en Italie, y subit huit années de bagne, les juges, aussi honnêtes dans la péninsule que partout ailleurs, exhumant une affaire d'Égypte, vieille d'une quinzaine d'années, dans laquelle, Cipriani, attaqué, avait tué son agresseur.

L'amitié me ferait commettre un mensonge, si je disais que Cipriani a épousé la doctrine anarchiste. Qu'il le veuille ou non, il est de tempérament dictatorial : mais son feu révolutionnaire n'est pas éteint et, si certains actes individuels le déconcertent, les premiers qui marcheront au combat général, anarchistes ou socialistes, le verront de leur côté.

Ce fut, si mes souvenirs sont exacts, peu avant cette expédition pacifique que je vis chez Leudet, M. Jules Huret, alors en tournée pour son enquête sur l'évolu-

tion sociale. Ses articles dans le *Figaro* avaient été lus
autour de moi avec intérêt, mais l'écrivain ne me parut
pas sympathique. Son premier mot, évidemment déplacé,
fut pour traiter Kropotkine de « vieux gâteux », pauvre
Kropotkine! était-ce bien la peine d'avoir donné ta liberté, ta fortune, ta science et ta santé pour t'entendre
traiter ainsi par un jeune écrivain gonflé de quelques
succès!

Le journaliste, je dois le dire, était sur le coup du
désappointement. Après avoir feuilleté en hâte quelques
pages de la *Conquête du Pain*, dernier ouvrage du philosophe russe, pour connaître au moins quelque chose
de lui, il avait pris le chemin d'Acton, où réside le continuateur de Proud'hon et de Bakounine. Une dame
brune, d'une trentaine d'années, à l'aspect sérieux et décidé, ouvrit au coup de marteau. « Je viens pour inter-
» viewer le prince Kropotkine », lui dit délibérement le
visiteur. « Le prince Kropotkine ne veut pas se faire in-
» terviewer », répondit sur le même ton la femme de
notre ami, car c'était elle. Et, malgré les représentations
du journaliste, elle lui ferma la porte au nez.

Semblable mésaventure avait rendu M. Huret très
cassant, presque impertinent : après avoir traité Kropotkine de vieux gâteux, il décrocha à l'adresse de Malatesta une épithète aigre-douce. Naturellement, je m'em-
poignai avec cet appréciateur sévère qui ne pouvait faire
moins que me considérer comme le dernier des imbéciles et, ma foi, ce fut juste si la conversation ne dégé-
néra pas en mangeage de nez.

Remâchant les rengaines bourgeoises, mon interlocu-
teur me demanda ironiquement si nous étendions notre
sympathie fraternelle aux voleurs et aux assassins.

Parler de voleurs et d'assassins, quand on a dans son
clan, prêt à les saluer bien bas, et à s'honorer de leur
fréquentation, des banquiers, des ministres et des généraux ! Quel aplomb bourgeois !

Et pourtant, M. Huret n'est pas sans valeur ; ses
campagnes décèlent de l'initiative et de la volonté ; son
tort est de s'être trop vite grisé de ses succès d'inter-
views. Le jour où, comme les vrais hommes d'étoffe, il
sera devenu modeste et ne jugera plus les personnes et
les choses qu'il ne connaît point sur une quinzaine de
pages lues en wagon, même ses contradicteurs véhé-
ments l'apprécieront.

Peut-être, après notre rencontre, a-t-il réfléchi sur
les inconvénients de trop de morgue, car l'interview de
Malatesta, qu'il a, peu après, fait paraître dans le *Figaro*,
est non seulement très sincère, mais conçue sans acri-
monie.

C'est dans le quartier plébéien d'Islington, chez De-
fendi, ancien combattant de la Commune qui cumule
aujourd'hui l'anarchisme et l'épicerie, que Malatesta
trame de noirs complots contre la bourgeoisie. Tout le
contraire des théoriciens de la *Révolte*, il se préoccupe
beaucoup moins des progrès de l'idée pure que des faits
et, par faits, il ne se contente pas d'entendre, comme
quelques-uns, les déménagements à la cloche de bois.
S'il n'avait à son actif le coup de main de Bénévent,
exécuté en 1877, avec Cafiero, Ceccarelli et quelques
autres camarades, — une trentaine au plus, — et diverses condamnations un peu partout, motivées par des
faits révolutionnaires, ses contradicteurs le traiteraient
d'opportuniste. Son tempérament n'étant pas en cause,
ils se contentent de le traiter d'autoritaire, ce qui ne les

empêche pas de s'adresser à lui toutes les fois qu'il y a
un acte sérieux de propagande ou de solidarité à accom-
plir. Certes, il n'y a pas d'hommes indispensables, mais
il y en a d'utiles; et l'on peut dire que si Kropotkine
est un cerveau, Malatesta est un bras.

Non, qu'il dédaigne le raisonnement : je l'ai vu — et
entendu aussi — aux prises avec Lucien Weil, le plus
effroyable forgeur de syllogismes. Qui l'a emporté? je
ne saurais le dire; au bout de cinq minutes, mes tempes
éclataient, mon tympan martyrisé ne percevait plus que
des flots éclatantes ripostant à des susurrements rapides. Comment ne m'a-t-on pas transporté à Bedlam?

Je ne résiste pas à l'envie de citer ici un apologue,
digne de celui de Menenius Agrippa, que m'a narré Malatesta. Il est à l'adresse de ceux qui reprochent de descendre des sublimes intransigeances théoriques pour
aborder l'action pratique.

Une commune de l'Italie avait un Conseil très avancé,
à l'exception d'un individu regardé avec suspicion par ses
collègues. Ce galeux proposa, un jour, d'adopter l'éclairage à l'huile, usité dans les autres parties de la péninsule. On en avait bien besoin car, en dépit des hautes
vues du *municipio*, la ville était, chaque nuit, plongée
dans les plus profondes ténèbres.

En entendant la proposition faite, un conseiller se
leva, pâle d'indignation.

— Quoi ! bégaya-t-il, est-ce la peine de tenir en main
l'éblouissant flambeau du progrès pour qu'on ose nous
proposer la fumeuse lumière à l'huile, nous ravalant ainsi
au rang des municipalités les plus arriérées ? Ne savez-
vous pas que ce mode d'éclairage ne convient déjà plus

17

aux besoins modernes, que partout, les spécialistes se livrent à d'ardentes recherches et qu'on est à veille de trouver mieux. L'éclairage à l'huile, jamais !

Il fut criblé d'applaudissements, et la commune demeura dans l'obscurité.

Quelques années après, le gaz avait, en effet, remplacé le combustible liquide : les édiles de la localité s'applaudissaient d'avoir si bien résisté aux objurgations du *réactionnaire.*

Celui-ci, cependant, ne craignit pas, un jour, de proposer le vote d'un crédit, permettant de s'éclairer au gaz comme dans les autres villes.

Les administrateurs communaux se regardèrent avec stupeur. Quoi ! cet incorrigible n'avait pas profité de la leçon des événements. S'éclairer au gaz, maintenant comme tout le monde : comme si le gaz était le dernier mot du progrès !

Le retardataire fut conspué d'importance et, comme on s'était passé de l'huile rétrograde, on se passa du gaz opportuniste.

Le temps s'écoula, amenant de nouveaux progrès : l'électricité, à son tour, détrôna le gaz.

— Eh bien, se disaient fièrement les conseillers, n'avons-nous pas eu raison de tenir bon ? Que de frais évités pour l'installation d'appareils que nous serions contraints de changer aujourd'hui, si nous avions eu la naïveté d'écouter ce ramolli !

Le « ramolli » osa pourtant demander l'éclairage à l'électricité ; mais, cette fois, on ne l'écouta même pas : on était fixé sur son état mental. S'il continue à siéger au Conseil, c'est par pure tolérance de ses collègues qui le considèrent comme irrémédiablement fou.

De cet apologue, j'en rapprocherai un, beaucoup plus court, raconté autrefois par Pouget.

Deux paysans se promenaient, un soir, sans mot dire, perdus dans la contemplation du firmament. — A quoi rêves-tu ? demanda l'un. — Je m'imaginais, répondit l'interpellé, que le ciel était devenu un pré immense dont je me trouvais le propriétaire. — Et moi, fit le premier, qui ne voulait pas demeurer en reste d'imagination, il me semble que toutes les étoiles sont un troupeau de moutons m'appartenant et broutant dans ton pré. — Broutant dans mon pré ! Ah ! voleur !... Et les voilà qui se battent.

Les théoriciens absolus, se chamaillant pour la prévalence de leurs systèmes futurs, sont un peu semblables à ces deux campagnards.

Ce qui est certain, c'est que les Etats marchent à une immense dislocation politique et économique ; que d'autre part, la conscience individuelle a grandi, détruisant le prestige des gouvernants, apprenant peu à peu aux masses à penser et agir par elles-mêmes. Certes, le cri impérieux des besoins matériels inassouvis dominera au jour de la bataille, la voix des philosophes ; bien des heurts déconcerteront les timides, mais l'Humanité peut-elle abdiquer ses destinées ? Pourrait-elle, après avoir entendu l'appel des Reinsdorf, des Spies et des Parsons, retomber au troupeau servile, au communisme du couvent ? O Liberté ! Toujours trahie, saignante et muti-

lée, tu es incompressible, éternelle comme le progrès.
Après être apparue aux esclaves antiques, aux Bagaudes,
et aux Jacques, avoir inspiré montagnards et hébertis-
tes, éveillé l'Europe au clairon de la révolution, fait
flotter le drapeau rouge de la Commune, tu devais jeter
au vent, comme un verbe nouveau, le nom de la société
sans maîtres : l'anarchie !

ÉPILOGUE

Depuis que la dernière page de ce livre a été écrite, les événements ont marché. La lutte pour la transformation sociale s'est engagée avec une nouvelle violence ici par des actes individuels, là par des révoltes en masse.

Les mineurs français et anglais, les paysans de Sicile ont revendiqué leur droit à la vie. Pallas a donné la sienne pour venger les garrottés de Xerès et ses mânes ont reçu à Barcelone un terrible holocauste ; Auguste Vaillant a jeté sa bombe aux rois de la république.

Pauvre Vaillant ! qui m'eût dit, il y a huit ans, que tu serais devenu, un jour, dynamiteur et martyr ?

Des repus lui ont reproché une condamnation pour mendicité, après qu'il eut essayé tous les métiers pour vivre. Quelle terrible patience faut-il à de tels hommes pour tendre la main !

C'était, antithèse qui ne semblera étrange qu'aux seuls naïfs, un homme doux jusqu'à la timidité, un sentimental devenu capable de fortement haïr parce qu'il était

capable de fortement aimer. Il a traversé toutes les phases du socialisme, s'effarouchant jadis aux théories des
compagnons qu'il devait plus tard dépasser de toute la
hauteur du fait accompli. Il a fini par perdre patience,
écœuré de voir ses anciens chefs de file ne plus déployer d'énergie que pour entrer au Palais-Bourbon et
alors il est parti en guerre à lui seul.

Quand on arrive aux hommes qui, pour réaliser un
idéal, savent donner vie et liberté, on oublie leurs misérables caricatures. On oublie surtout ces gens qui ne sont
d'aucun parti et qui spéculent sur tous, hurlant aujour-
d'hui au capitaliste, demain à l'anarchiste et que la bourgeoisie, qui les a produits, voudrait faire passer pour nôtres. Secouons la boue, mais ne calomnions pas le sang,
ô philosophes qui rêvez la paix et le bonheur universel,
car ce sang, qui, déjà empourpre l'horizon, annonce la
grande aurore. Puisque l'humanité paie chèrement ses
conquêtes, que la refonte de tout un monde ne peut s'o-
pérer sans douleur, vienne au plus tôt... mais j'oubliais
que la presse n'est plus libre !

FIN

TABLE